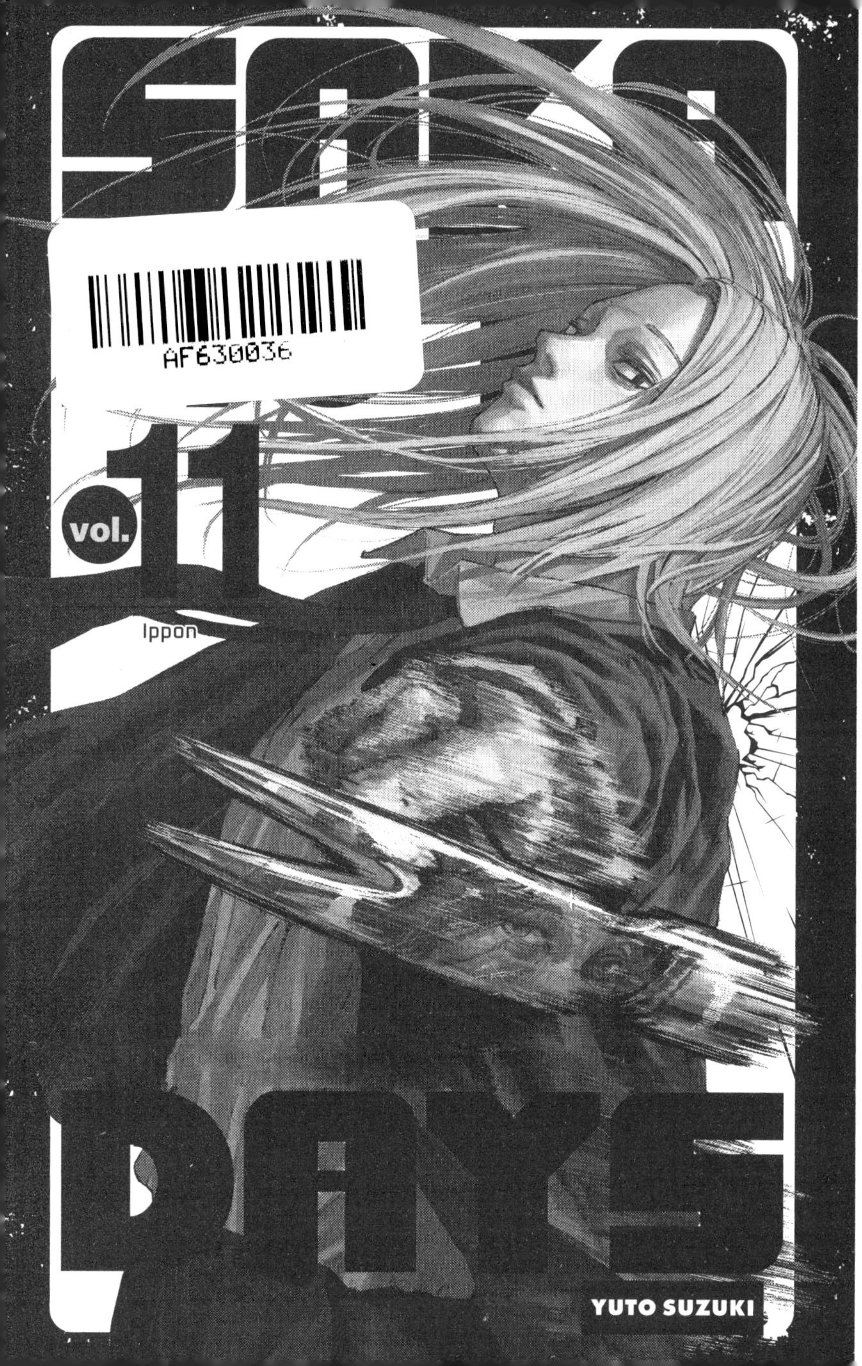
vol. 11
Ippon
DAYS
YUTO SUZUKI

SAKAMOTO DAYS

VORSTELLUNG DER FIGUREN

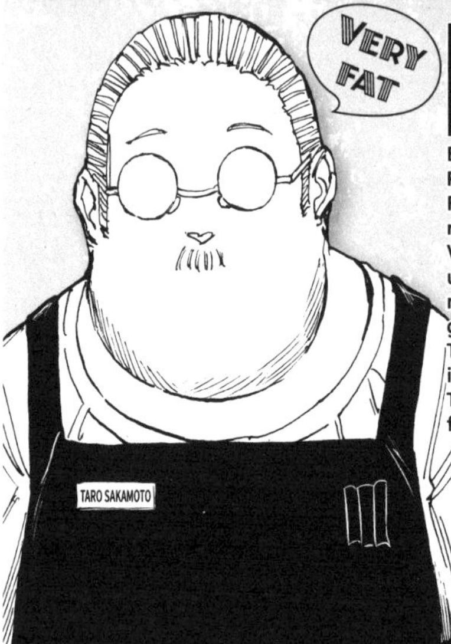

TARO SAKAMOTO

Ehemals der stärkste und gefürchtetste Profikiller. Führt jetzt einen kleinen Familienbetrieb, einen Tante-Emma-Laden namens »Sakamoto«, in einem ruhigen Viertel der Vorstadt. Ein recht schweigsamer und gefräßiger Zeitgenosse, der, obwohl er mittlerweile kugelrund ist, noch immer die gefährlichsten Tötungstechniken und alle Tricks und Kniffe eines waschechten Profikillers instinktiv beherrscht. Seine Frau und seine Tochter liebt er über alles. Gehörte früher ORDER an.

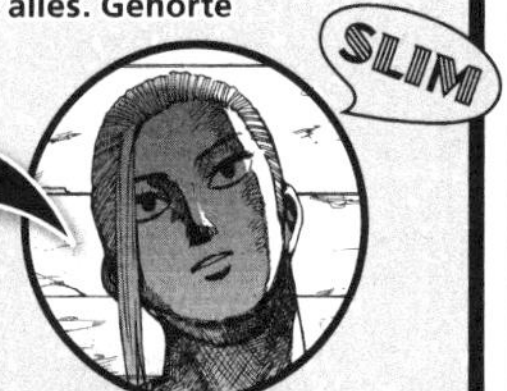

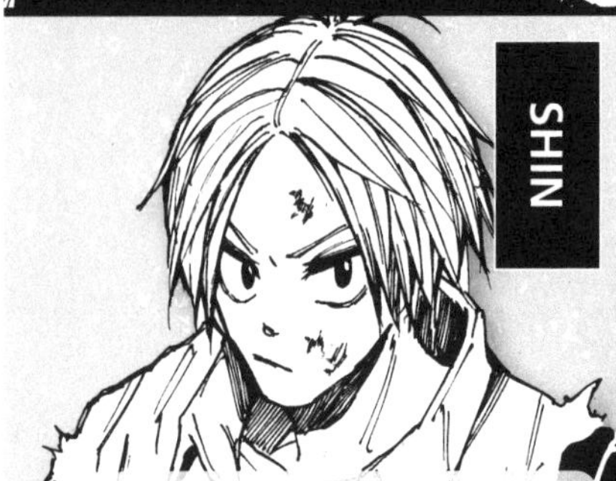

SHIN

Ehemaliger Untergebener Sakamotos. Telepath, der die Gedanken anderer Menschen lesen kann. Wurde von Sakamoto gerettet und arbeitet seitdem bei »Sakamoto«. Besitzt eine Art Zukunftsblick, eine Fähigkeit, die ihm erlaubt, Bewegungen und Geschehnisse vorherzusehen, ihn allerdings bei übermäßiger Anwendung auch in Todesgefahr bringt.

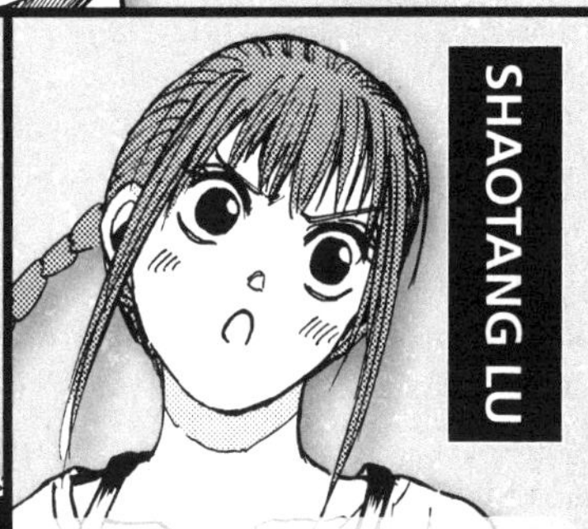

SHAOTANG LU

Tochter einer Triaden-Familie. Sakamoto rettete ihr das Leben, als sie von einem verfeindeten Clan, der ihre gesamte Familie ausgelöscht hat, verfolgt wurde. Arbeitet auch in Sakamotos Laden. Sobald sie betrunken ist, verwandelt sie sich in eine absolute Kung-Fu-Meisterin.

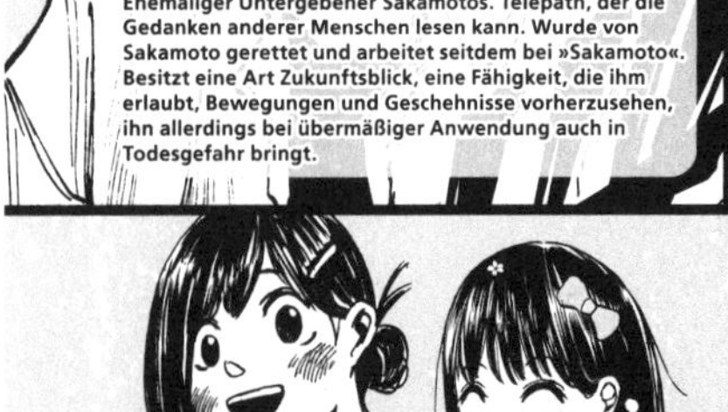

AOI & HANA SAKAMOTO

Sakamotos geliebte Frau und Tochter. Beide haben sein Leben verändert.

ORDER

DIESE ELITETRUPPE IST DIE WICHTIGSTE EINRICHTUNG DES JBA. SIE IST DAFÜR ZUSTÄNDIG, DIE WELT DER PROFIKILLER IN ORDNUNG ZU HALTEN.

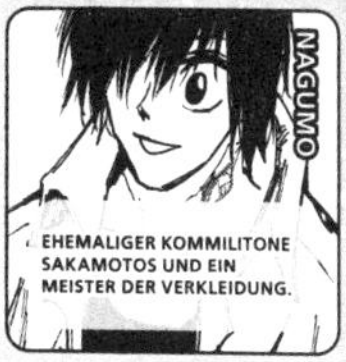

NAGUMO

EHEMALIGER KOMMILITONE SAKAMOTOS UND EIN MEISTER DER VERKLEIDUNG.

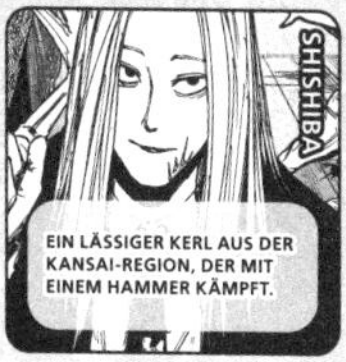

SHISHIBA

EIN LÄSSIGER KERL AUS DER KANSAI-REGION, DER MIT EINEM HAMMER KÄMPFT.

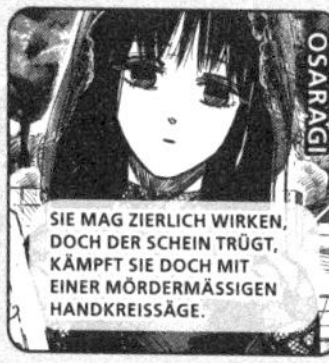

OSARAGI

SIE MAG ZIERLICH WIRKEN, DOCH DER SCHEIN TRÜGT, KÄMPFT SIE DOCH MIT EINER MÖRDERMÄSSIGEN HANDKREISSÄGE.

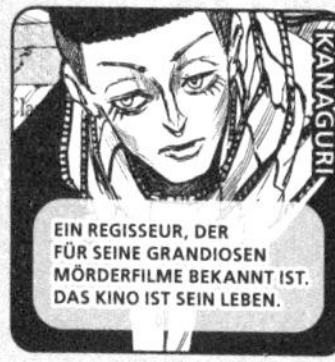

KANAGURI

EIN REGISSEUR, DER FÜR SEINE GRANDIOSEN MÖRDERFILME BEKANNT IST. DAS KINO IST SEIN LEBEN.

DAS NETZWERK RUND UM X

EINE MYSTERIÖSE GRUPPIERUNG VON KILLERN, DIE ES AUSSCHLIESSLICH AUF DEN JBA ABGESEHEN HAT. DER GRUND FÜR IHRE ANSCHLÄGE IST UNBEKANNT.

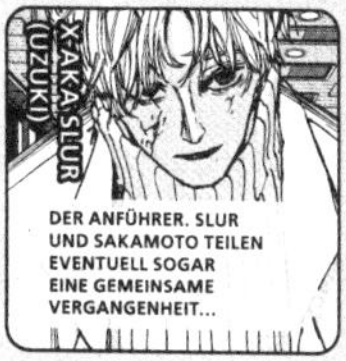

X AKA SLUR (UZUKI)

DER ANFÜHRER. SLUR UND SAKAMOTO TEILEN EVENTUELL SOGAR EINE GEMEINSAME VERGANGENHEIT...

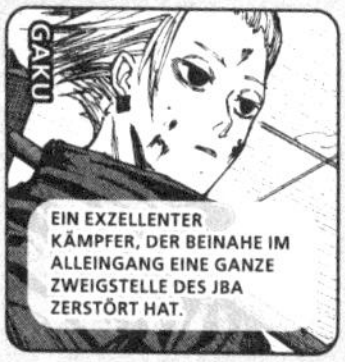

GAKU

EIN EXZELLENTER KÄMPFER, DER BEINAHE IM ALLEINGANG EINE GANZE ZWEIGSTELLE DES JBA ZERSTÖRT HAT.

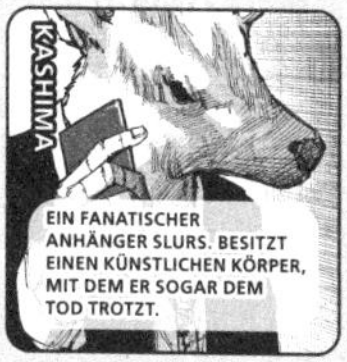

KASHIMA

EIN FANATISCHER ANHÄNGER SLURS. BESITZT EINEN KÜNSTLICHEN KÖRPER, MIT DEM ER SOGAR DEM TOD TROTZT.

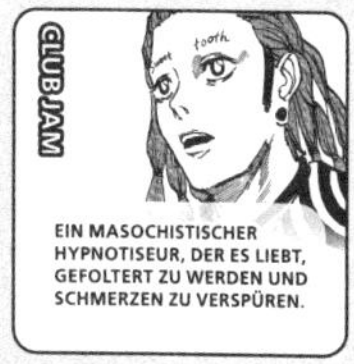

CLUB JAM

EIN MASOCHISTISCHER HYPNOTISEUR, DER ES LIEBT, GEFOLTERT ZU WERDEN UND SCHMERZEN ZU VERSPÜREN.

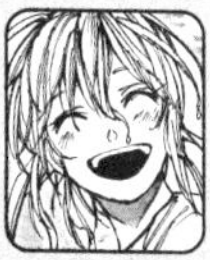

AKIRA

SIE IST RELATIV SCHÜCHTERN UND UNGESCHICKT IM UMGANG MIT WAFFEN, ABER BESITZT SCHEINBAR EIN VERBORGENES TALENT...

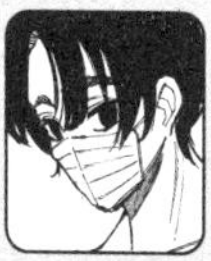

MAFUYU SEBA

EIN TYP MIT REINLICHKEITSFIMMEL. WURDE ZUSAMMEN MIT TORAMARU VON SLUR ENTFÜHRT.

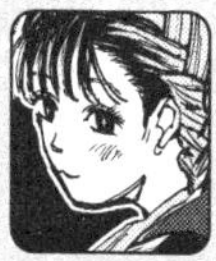

TORAMARU

EINE DER KANDIDATINNEN, DIE AUF EMPFEHLUNG ZUGELASSEN WURDE. EINST GROSSER SAKAMOTO-FAN.

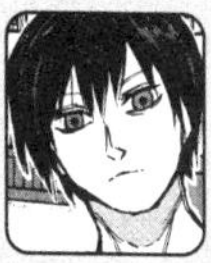

AMANE

STUDENT DER JCC, DER SICH DEN JBA ZUM FEIND ERKLÄRT HAT. SCHEINT MIT SLUR IN VERBINDUNG ZU STEHEN...

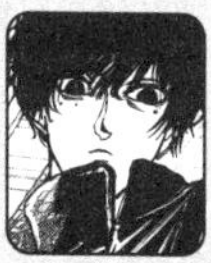

NATSUKI SEBA

PROMOTIONSSTUDENT IM ERSTEN JAHR IN DER WAFFENABTEILUNG DER JCC UND DER ÄLTERE BRUDER VON MAFUYU.

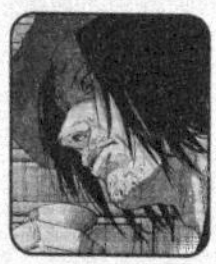

YOTSUMURA

EHEMALIGES MITGLIED VON ORDER UND SHISHIBAS FRÜHERER MENTOR.

STORY

Es war einmal ein legendärer und erstklassiger Profikiller. Sein Name: Taro Sakamoto. Er war der beste von allen, die Nummer 1 unter den Auftragsmördern, von der gesamten Verbrecherwelt gefürchtet und bewundert zugleich. Doch eines Tages... verliebte er sich! Danach folgten Schlag auf Schlag: Ruhestand, Hochzeit, Nachwuchs – und dann... wurde Sakamoto fett! Und zwar so richtig. Mittlerweile betreibt er einen Tante-Emma-Laden, einen kleinen Familienbetrieb namens »Sakamoto« und kaum, dass er der Unterwelt den Rücken gekehrt hat, sieht er sich ständig neuen Gefahren ausgesetzt. Sakamoto findet indes heraus, dass ein Kopfgeld auf ihn ausgesetzt wurde. Dafür verantwortlich zeichnet sich ein Mann namens »Slur«. Als Sakamoto versucht, die ganze Sache aufzuklären, wird er in einen Kampf zwischen Slur und dem JBA hineingezogen. Um die Datenbank mit Informationen über Slur zu lokalisieren, treten Shin, Akira und Seba gegen Frau Satoda an, eine alteingesessene Professorin der JCC. Sie berichtet ihnen, dass sich hinter der Datenbank in Wahrheit der Hausmeister der Universität verbirgt, ein Mann mit einem außergewöhnlichen Gedächtnis! In der Zwischenzeit verfolgt Sakamoto Amane, einen jungen Studenten, der von Slurs Ideologie begeistert ist. Amane schaltet das Sicherheitssystem der Universität ab und ermöglicht Kanaguri und Club Jam so, auf das Unigelände zu gelangen.

SAKAMOTO DAYS vol. 11

INHALT

DAYS 89 Sensei 1

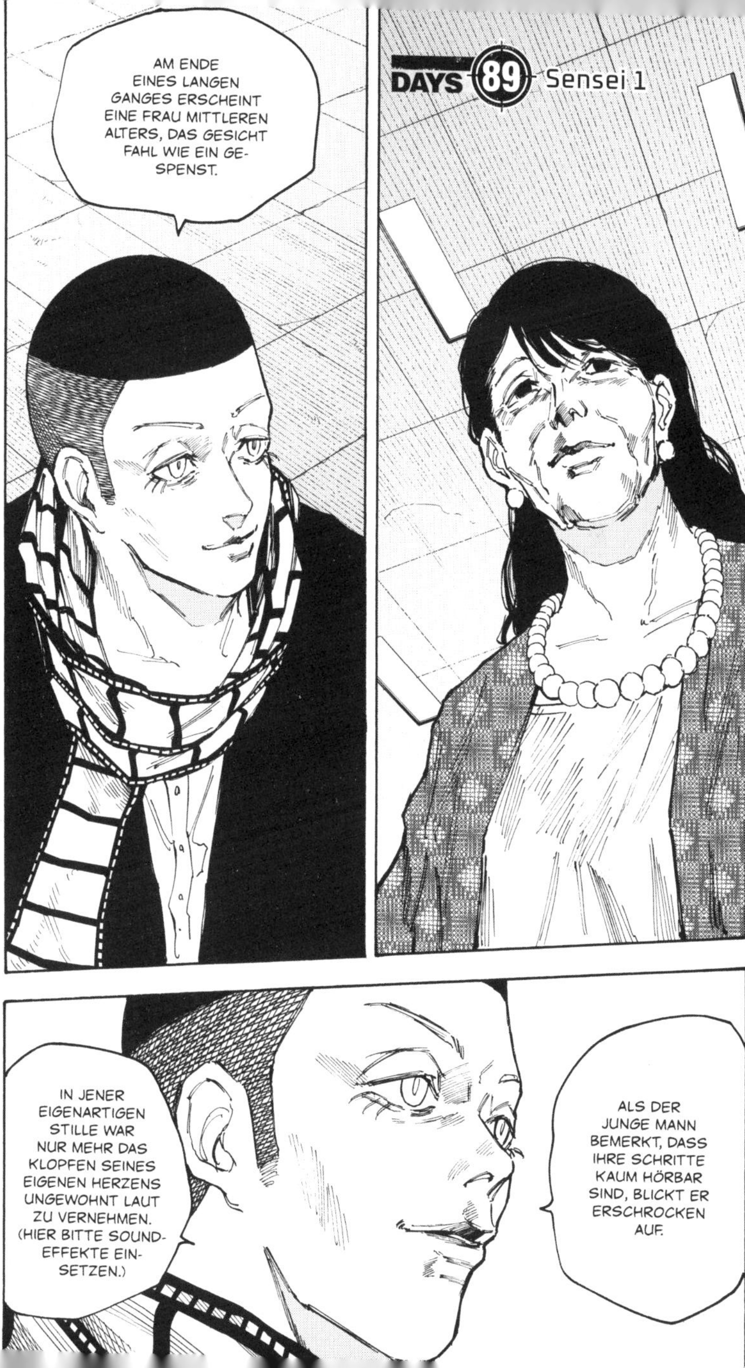

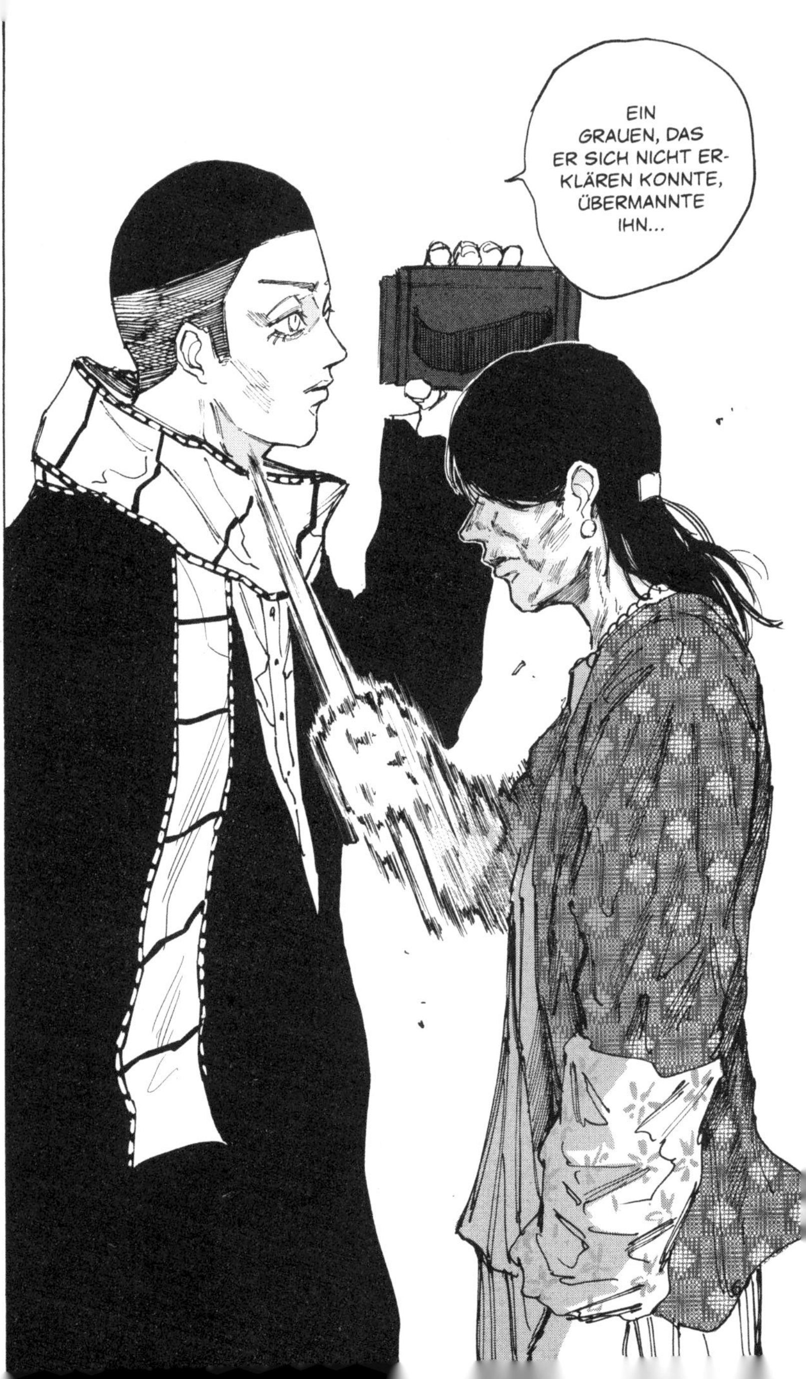
EIN GRAUEN, DAS ER SICH NICHT ER- KLÄREN KONNTE, ÜBERMANNTE IHN...

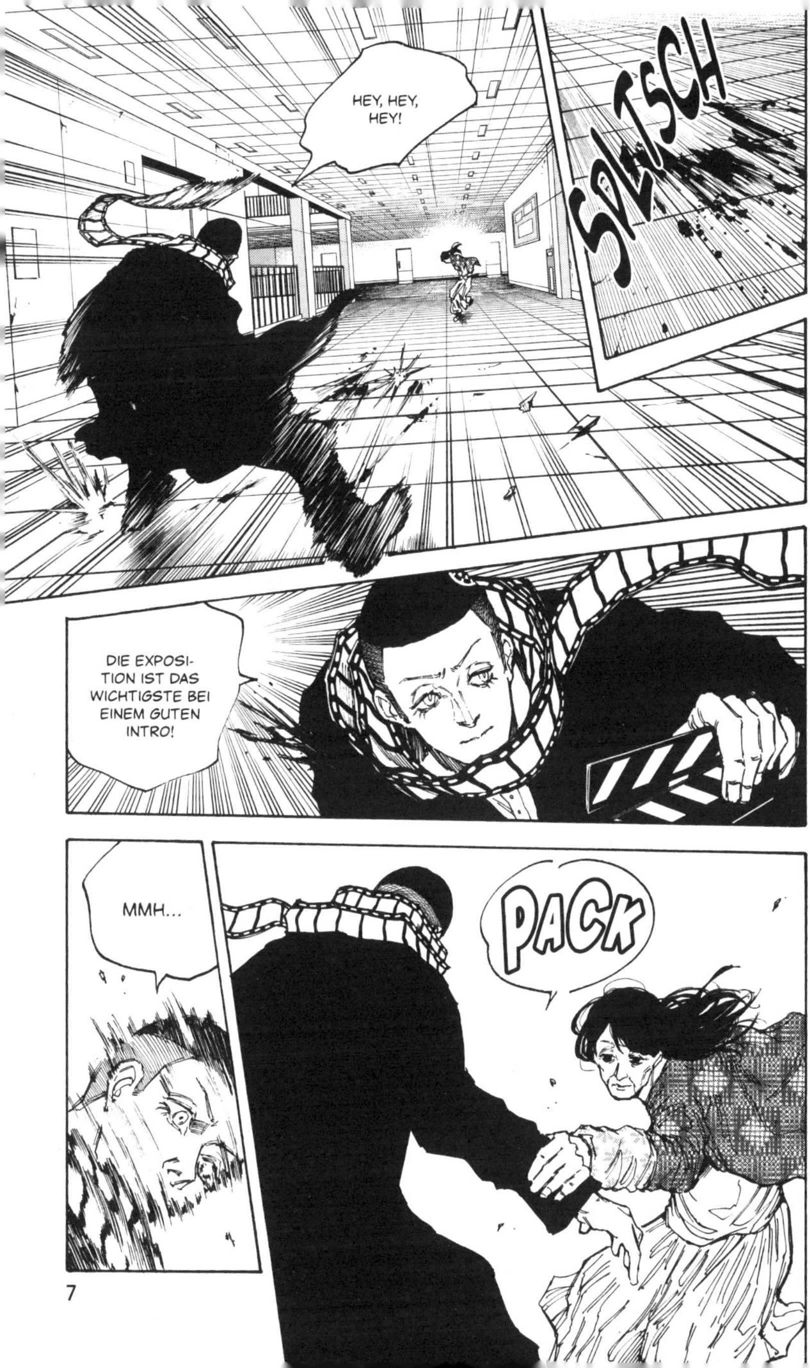
SPLTSCH
HEY, HEY, HEY!
DIE EXPOSITION IST DAS WICHTIGSTE BEI EINEM GUTEN INTRO!
PACK
MMH...

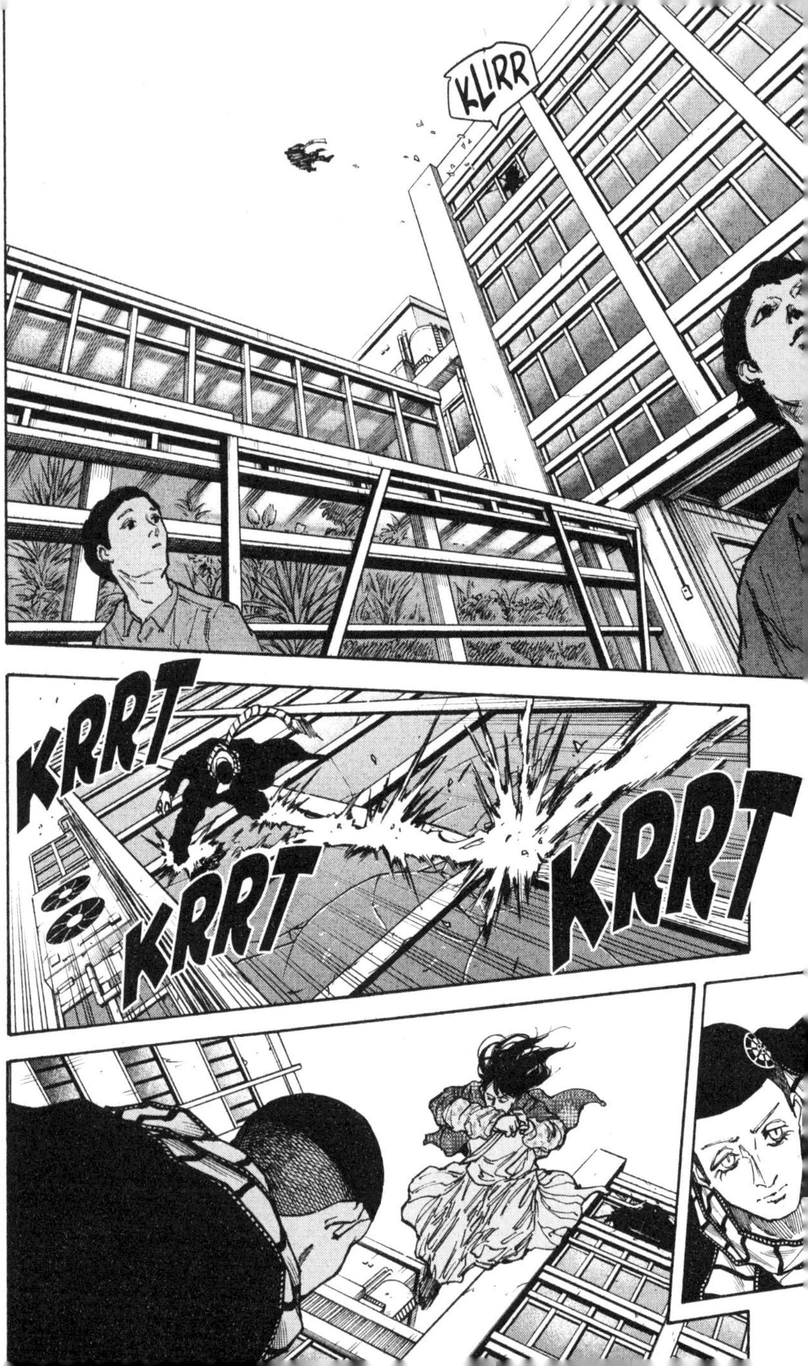

KLIRR
KRRT
KRRT
KRRT

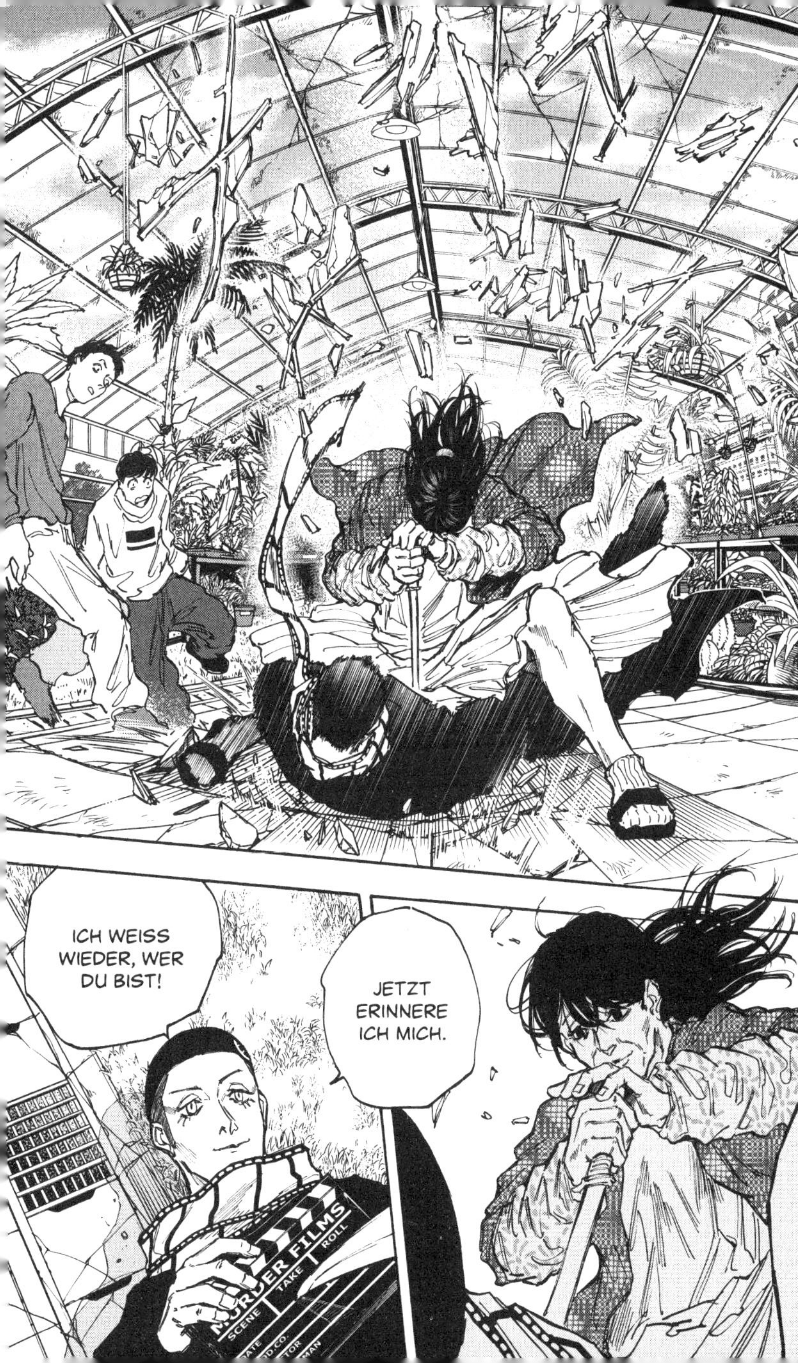
JETZT ERINNERE ICH MICH.
ICH WEISS WIEDER, WER DU BIST!
MURDER FILMS
SCENE
TAKE
ROLL

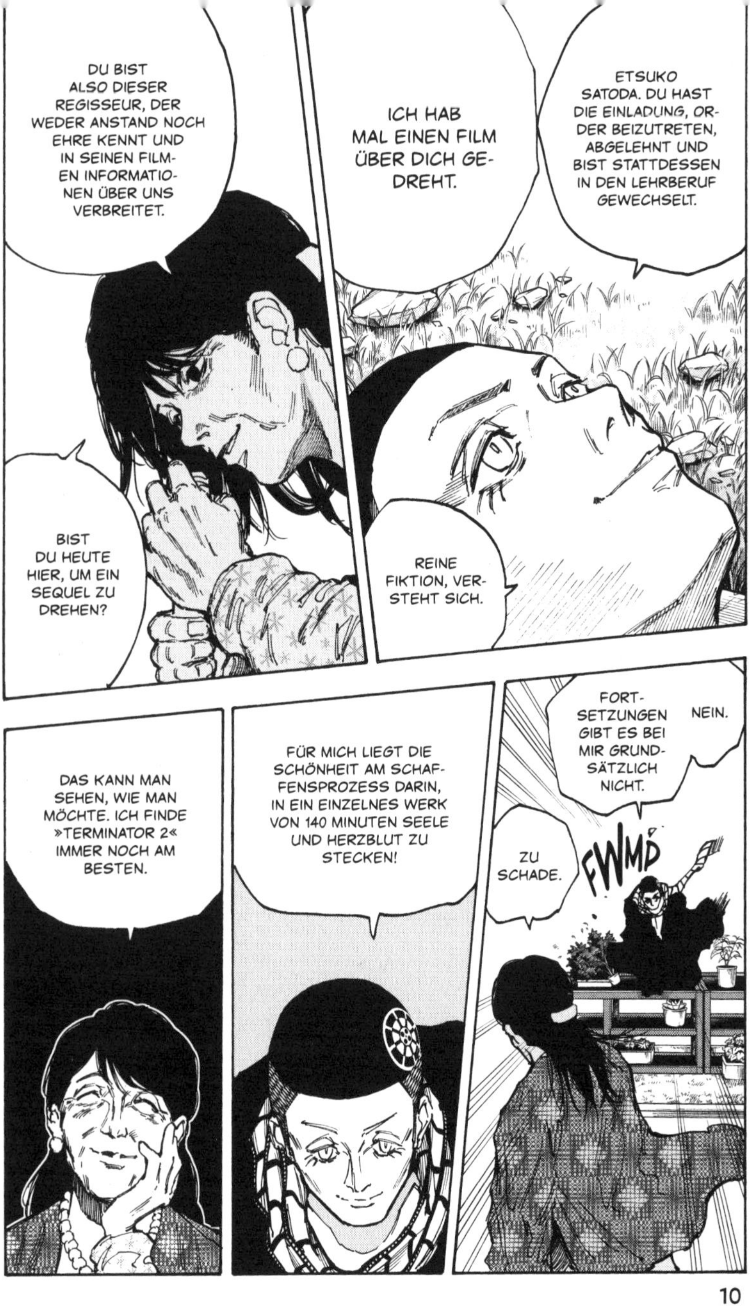
ETSUKO SATODA. DU HAST DIE EINLADUNG, ORDER BEIZUTRETEN, ABGELEHNT UND BIST STATTDESSEN IN DEN LEHRBERUF GEWECHSELT.
ICH HAB MAL EINEN FILM ÜBER DICH GEDREHT.
REINE FIKTION, VERSTEHT SICH.
DU BIST ALSO DIESER REGISSEUR, DER WEDER ANSTAND NOCH EHRE KENNT UND IN SEINEN FILMEN INFORMATIONEN ÜBER UNS VERBREITET.
BIST DU HEUTE HIER, UM EIN SEQUEL ZU DREHEN?
NEIN.
FORTSETZUNGEN GIBT ES BEI MIR GRUNDSÄTZLICH NICHT.
ZU SCHADE.
FÜR MICH LIEGT DIE SCHÖNHEIT AM SCHAFFENSPROZESS DARIN, IN EIN EINZELNES WERK VON 140 MINUTEN SEELE UND HERZBLUT ZU STECKEN!
DAS KANN MAN SEHEN, WIE MAN MÖCHTE. ICH FINDE »TERMINATOR 2« IMMER NOCH AM BESTEN.

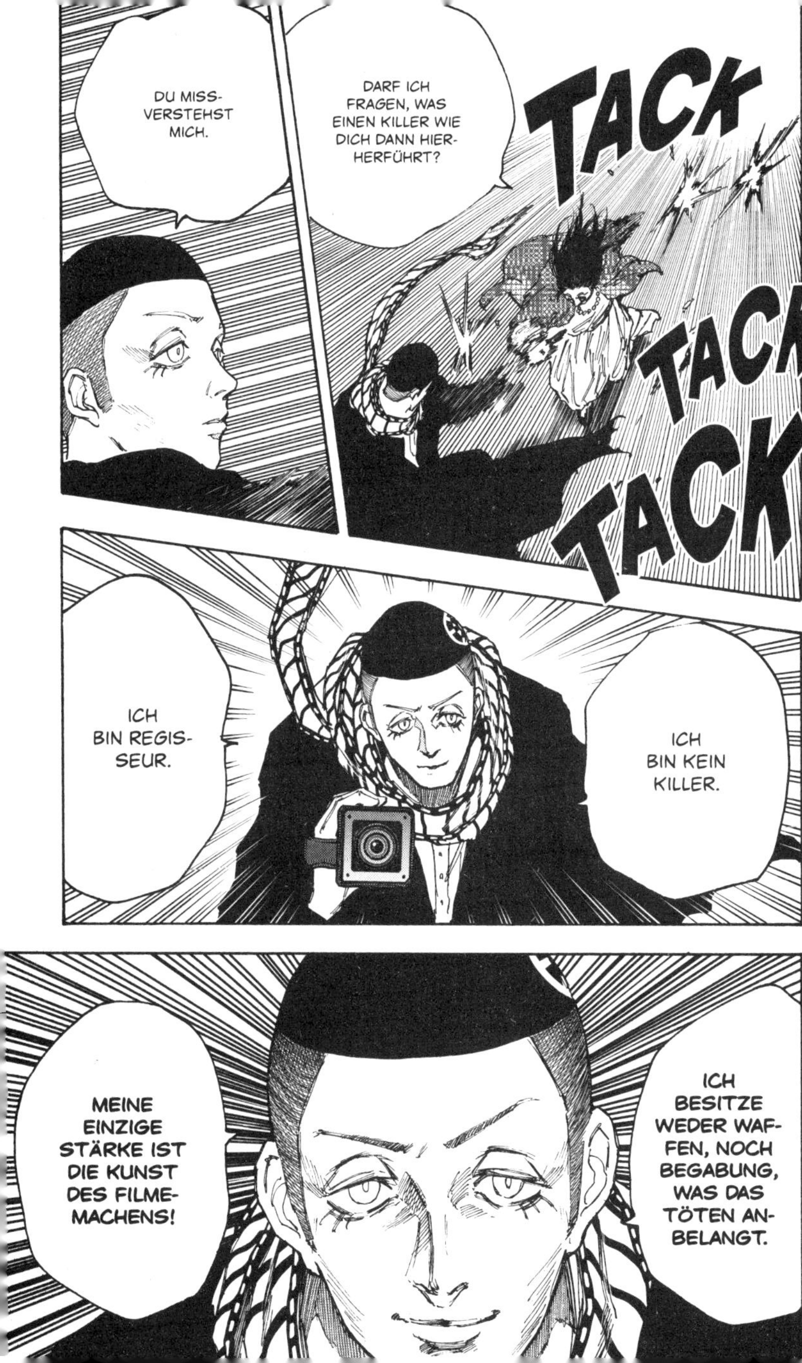
DARF ICH FRAGEN, WAS EINEN KILLER WIE DICH DANN HIER-HERFÜHRT?
TACK
TACK
TACK
DU MISS-VERSTEHST MICH.
ICH BIN KEIN KILLER.
ICH BIN REGIS-SEUR.
ICH BESITZE WEDER WAF-FEN, NOCH BEGABUNG, WAS DAS TÖTEN AN-BELANGT.
MEINE EINZIGE STÄRKE IST DIE KUNST DES FILME-MACHENS!

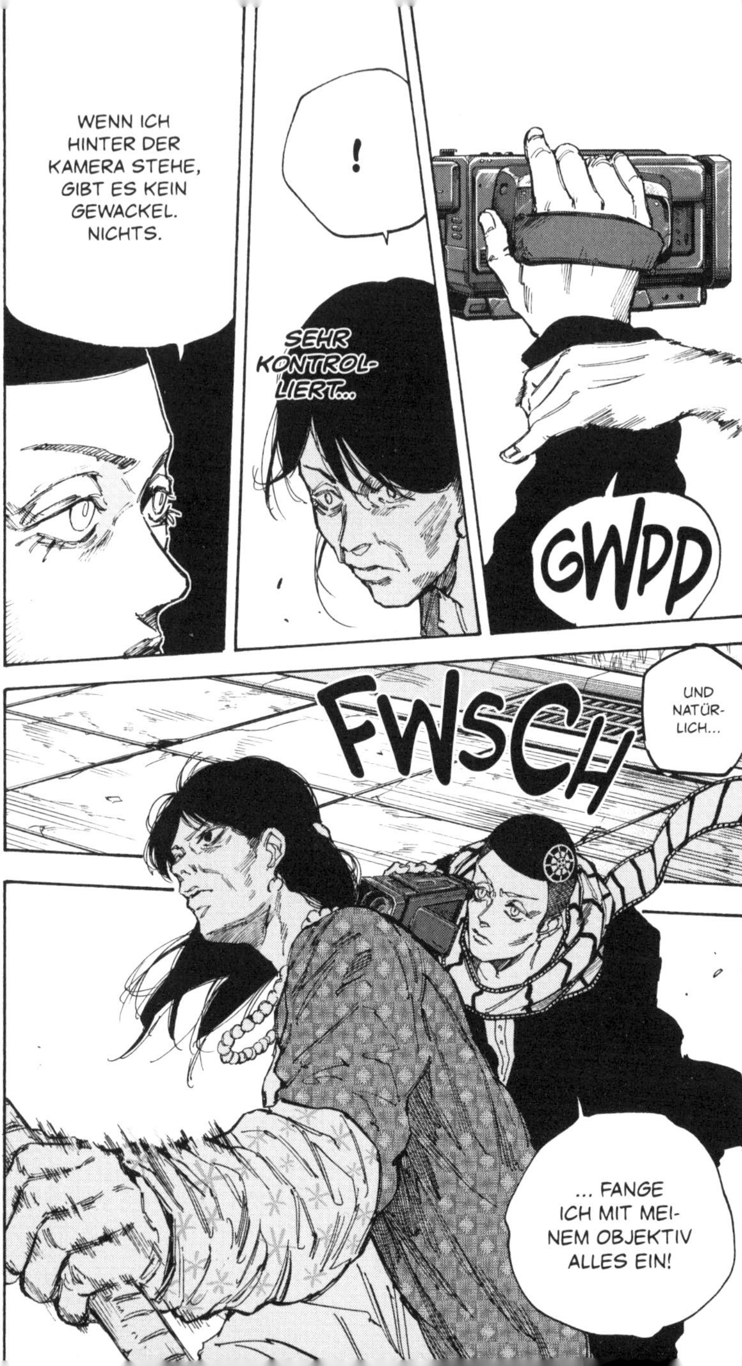

WENN ICH HINTER DER KAMERA STEHE, GIBT ES KEIN GEWACKEL. NICHTS.
!
SEHR KONTROLLIERT...
GWDD
UND NATÜRLICH...
FWSCH
... FANGE ICH MIT MEINEM OBJEKTIV ALLES EIN!

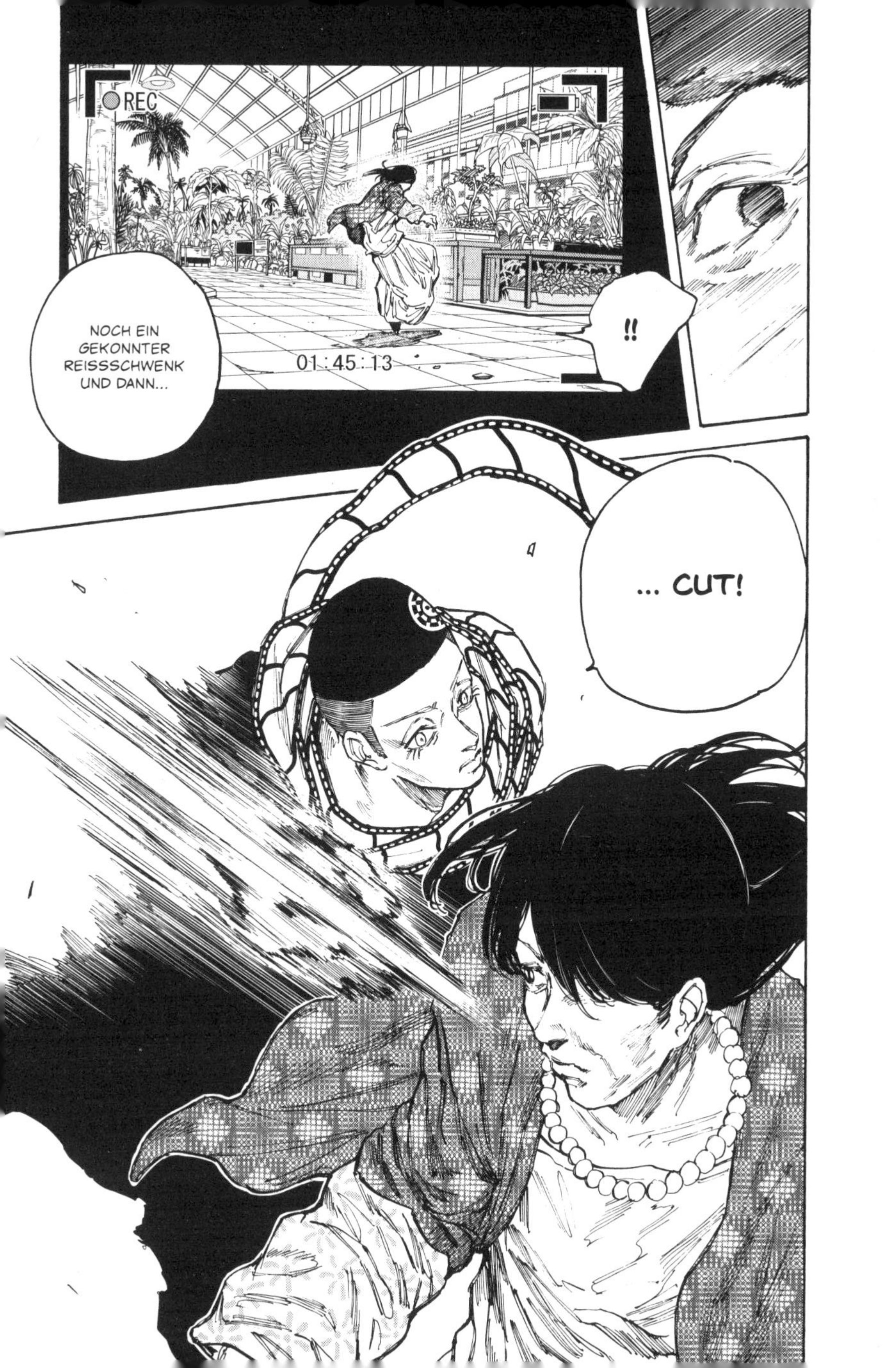
REC
01:45:13
!!
NOCH EIN GEKONNTER REISSSCHWENK UND DANN...
... CUT!

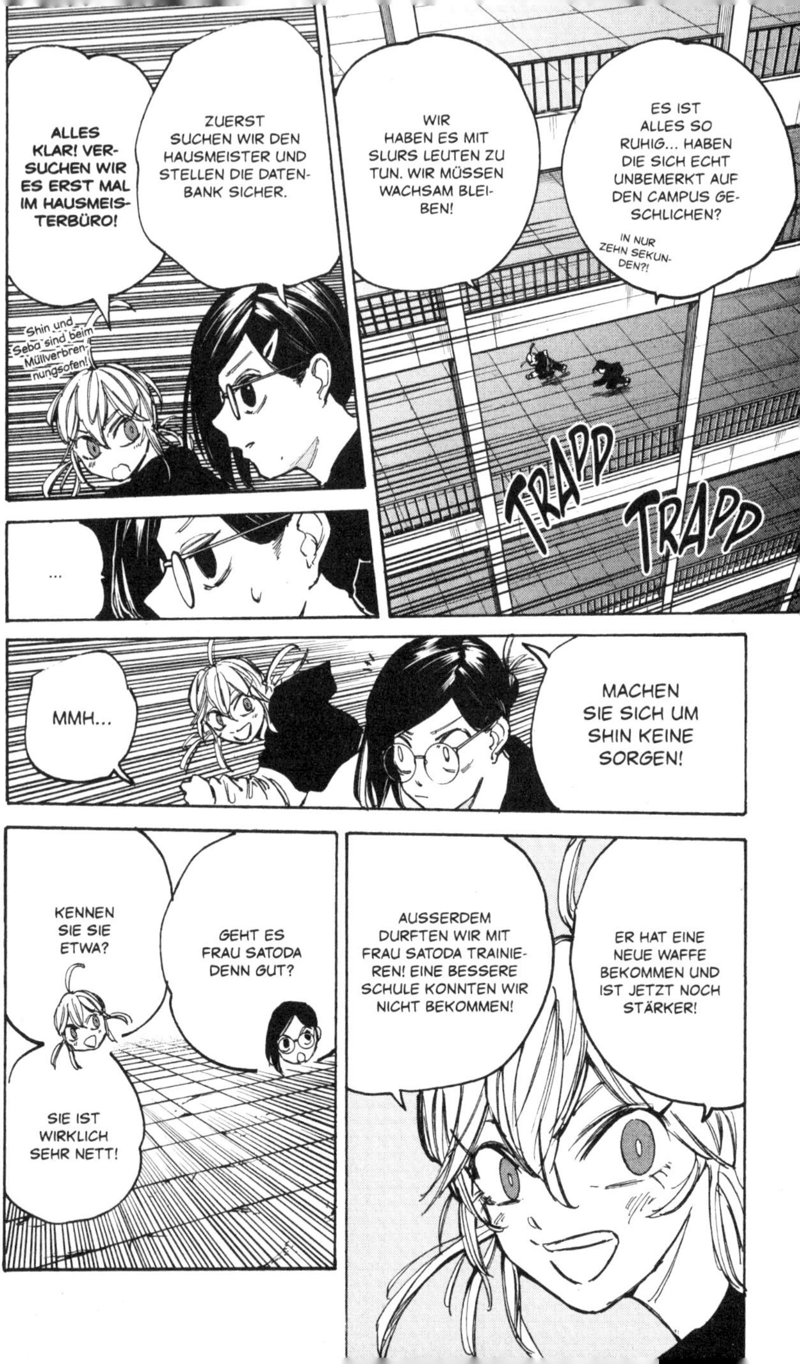
ES IST ALLES SO RUHIG… HABEN DIE SICH ECHT UNBEMERKT AUF DEN CAMPUS GESCHLICHEN?
IN NUR ZEHN SEKUNDEN?!
WIR HABEN ES MIT SLURS LEUTEN ZU TUN. WIR MÜSSEN WACHSAM BLEIBEN!
TRAPP
TRAPP
ZUERST SUCHEN WIR DEN HAUSMEISTER UND STELLEN DIE DATENBANK SICHER.
ALLES KLAR! VERSUCHEN WIR ES ERST MAL IM HAUSMEISTERBÜRO!
Shin und Seba sind beim Müllverbrennungsofen!
…
MACHEN SIE SICH UM SHIN KEINE SORGEN!
MMH…
ER HAT EINE NEUE WAFFE BEKOMMEN UND IST JETZT NOCH STÄRKER!
AUSSERDEM DURFTEN WIR MIT FRAU SATODA TRAINIEREN! EINE BESSERE SCHULE KONNTEN WIR NICHT BEKOMMEN!
GEHT ES FRAU SATODA DENN GUT?
KENNEN SIE SIE ETWA?
SIE IST WIRKLICH SEHR NETT!

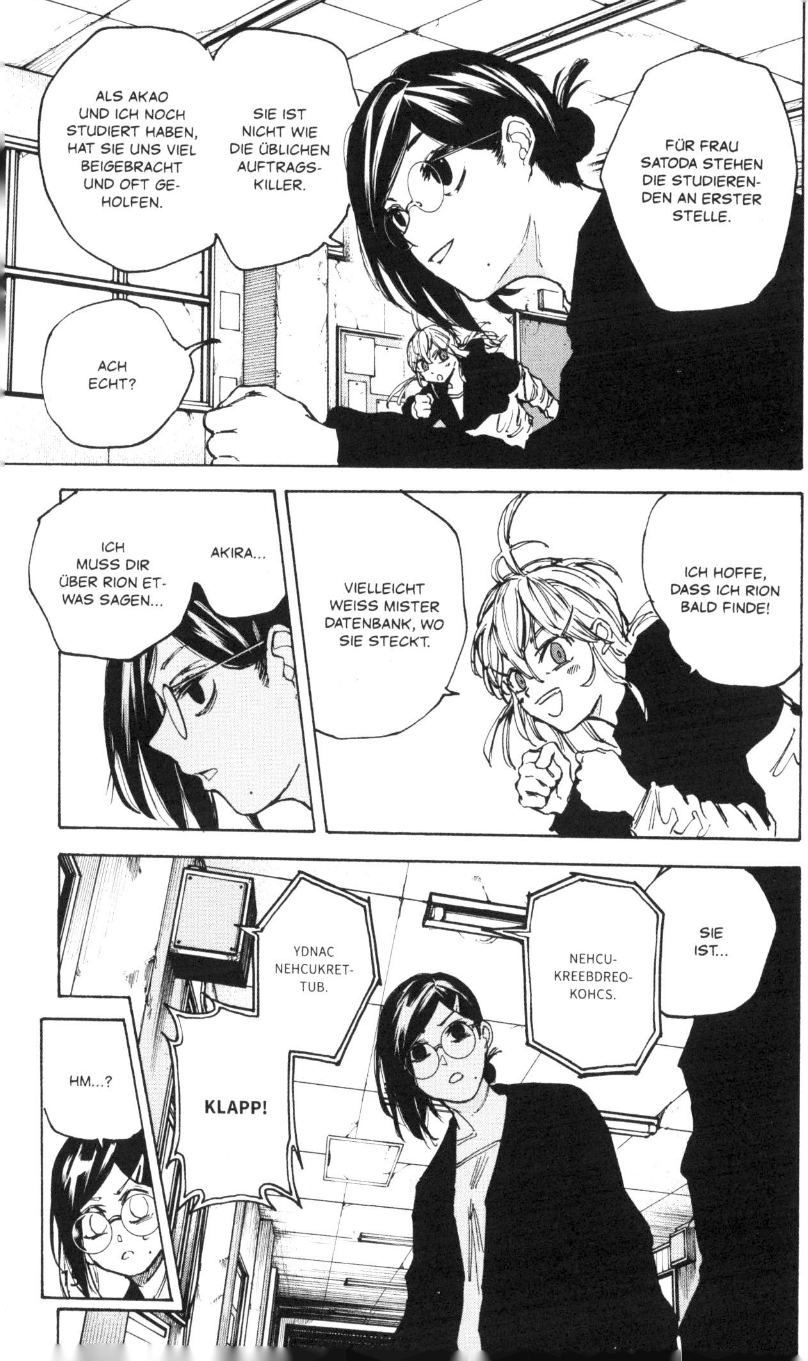
FÜR FRAU SATODA STEHEN DIE STUDIERENDEN AN ERSTER STELLE.
SIE IST NICHT WIE DIE ÜBLICHEN AUFTRAGSKILLER.
ALS AKAO UND ICH NOCH STUDIERT HABEN, HAT SIE UNS VIEL BEIGEBRACHT UND OFT GEHOLFEN.
ACH ECHT?
ICH HOFFE, DASS ICH RION BALD FINDE!
VIELLEICHT WEISS MISTER DATENBANK, WO SIE STECKT.
AKIRA...
ICH MUSS DIR ÜBER RION ETWAS SAGEN...
SIE IST...
NEHCUKREEBDREOKOHCS.
YDNAC NEHCUKRETTUB.
KLAPP!
HM...?

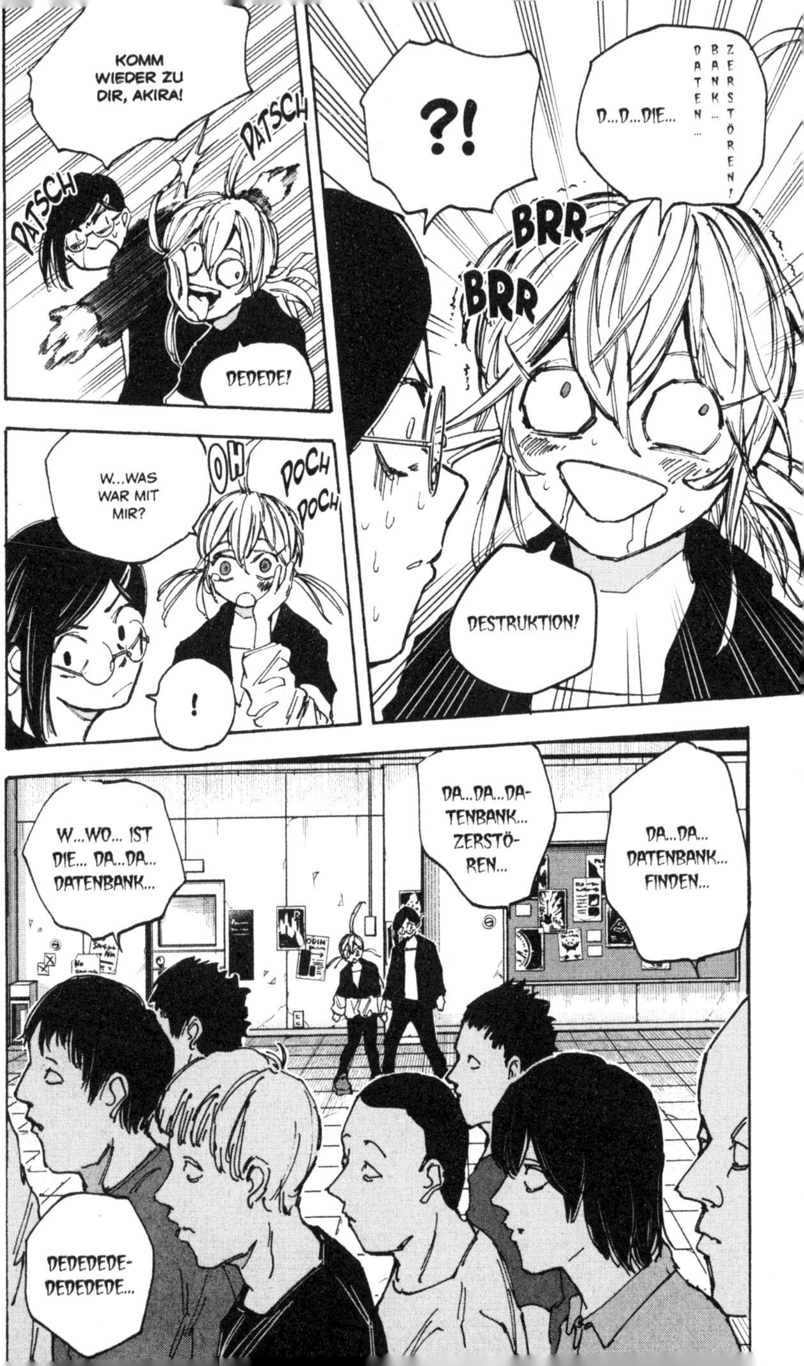
D...D...DIE...
DATEN... BANK... ZERSTÖREN!
?!
BRR
BRR
DESTRUKTION!
KOMM WIEDER ZU DIR, AKIRA!
DATSCH
DATSCH
DEDEDE!
W...WAS WAR MIT MIR?
OH
POCH POCH
!
DA...DA... DATENBANK... FINDEN...
DA...DA...DA-TENBANK... ZERSTÖ-REN...
W...WO... IST DIE... DA...DA... DATENBANK...
DEDEDEDE-DEDEDEDE...

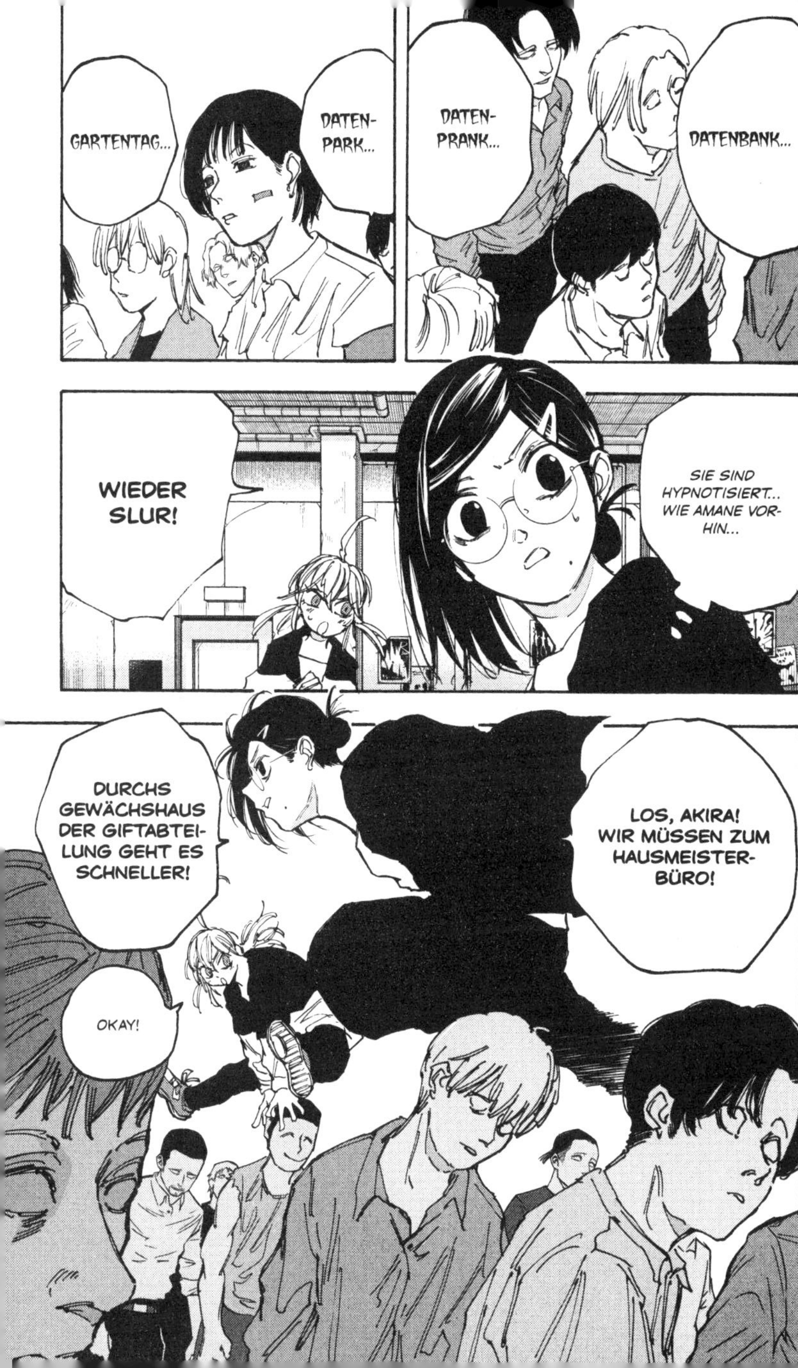
DATENBANK...
DATEN-PRANK...
DATEN-PARK...
GARTENTAG...
SIE SIND HYPNOTISIERT... WIE AMANE VOR-HIN...
WIEDER SLUR!
LOS, AKIRA! WIR MÜSSEN ZUM HAUSMEISTER-BÜRO!
DURCHS GEWÄCHSHAUS DER GIFTABTEI-LUNG GEHT ES SCHNELLER!
OKAY!

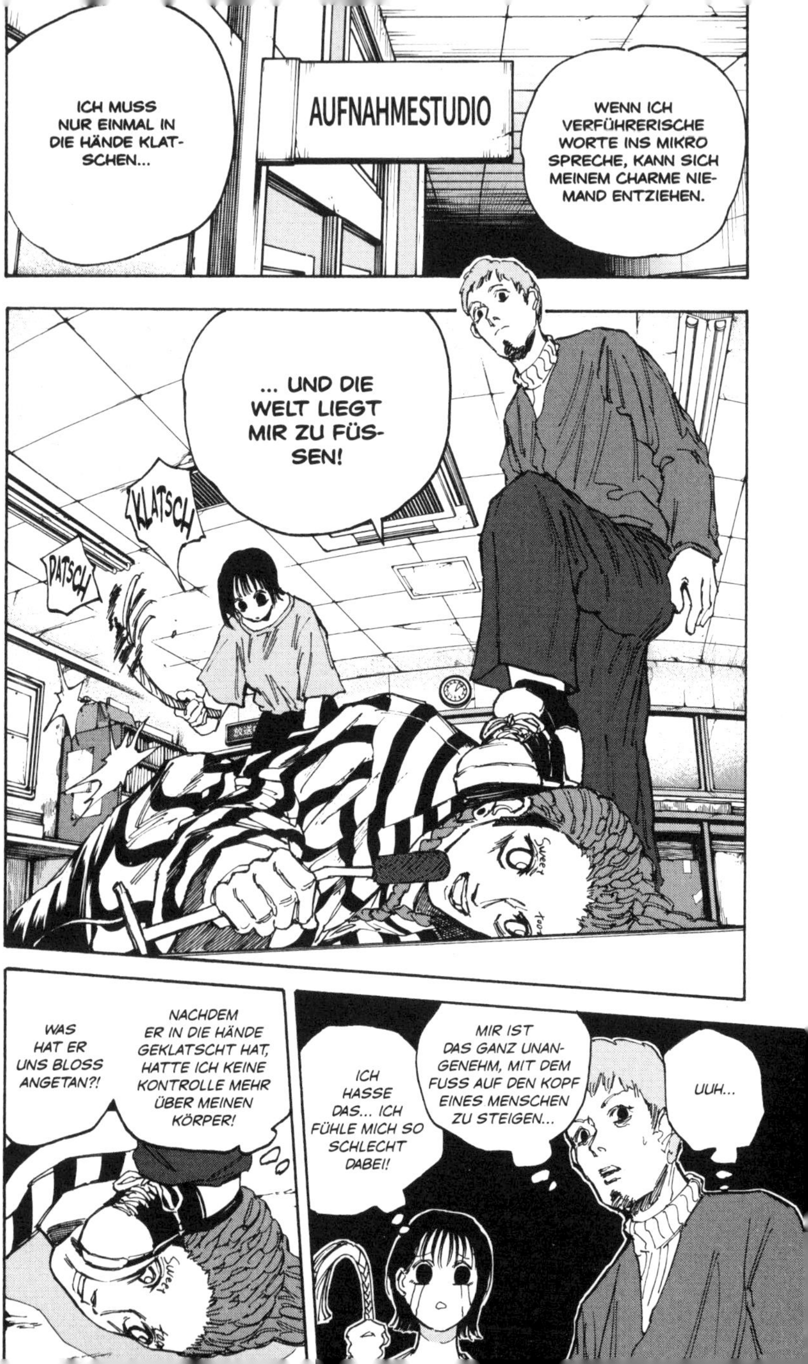
AUFNAHMESTUDIO
WENN ICH VERFÜHRERISCHE WORTE INS MIKRO SPRECHE, KANN SICH MEINEM CHARME NIEMAND ENTZIEHEN.
ICH MUSS NUR EINMAL IN DIE HÄNDE KLATSCHEN...
... UND DIE WELT LIEGT MIR ZU FÜSSEN!
KLATSCH
PATSCH
UUH...
MIR IST DAS GANZ UNANGENEHM, MIT DEM FUSS AUF DEN KOPF EINES MENSCHEN ZU STEIGEN...
ICH HASSE DAS... ICH FÜHLE MICH SO SCHLECHT DABEI!
NACHDEM ER IN DIE HÄNDE GEKLATSCHT HAT, HATTE ICH KEINE KONTROLLE MEHR ÜBER MEINEN KÖRPER!
WAS HAT ER UNS BLOSS ANGETAN?!

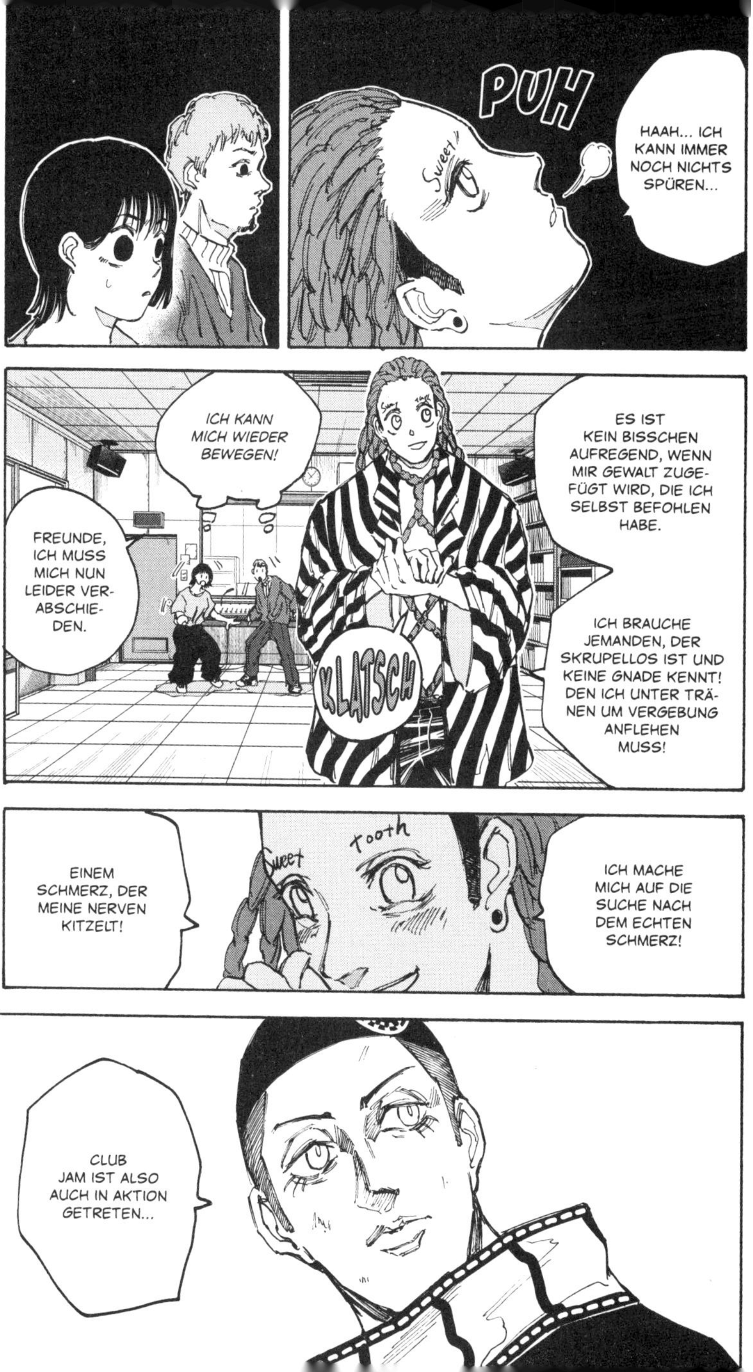
PUH
HAAH... ICH KANN IMMER NOCH NICHTS SPÜREN...
Sweet
ES IST KEIN BISSCHEN AUFREGEND, WENN MIR GEWALT ZUGEFÜGT WIRD, DIE ICH SELBST BEFOHLEN HABE.
ICH BRAUCHE JEMANDEN, DER SKRUPELLOS IST UND KEINE GNADE KENNT! DEN ICH UNTER TRÄNEN UM VERGEBUNG ANFLEHEN MUSS!
KLATSCH
ICH KANN MICH WIEDER BEWEGEN!
FREUNDE, ICH MUSS MICH NUN LEIDER VERABSCHIEDEN.
ICH MACHE MICH AUF DIE SUCHE NACH DEM ECHTEN SCHMERZ!
Sweet tooth
EINEM SCHMERZ, DER MEINE NERVEN KITZELT!
CLUB JAM IST ALSO AUCH IN AKTION GETRETEN...

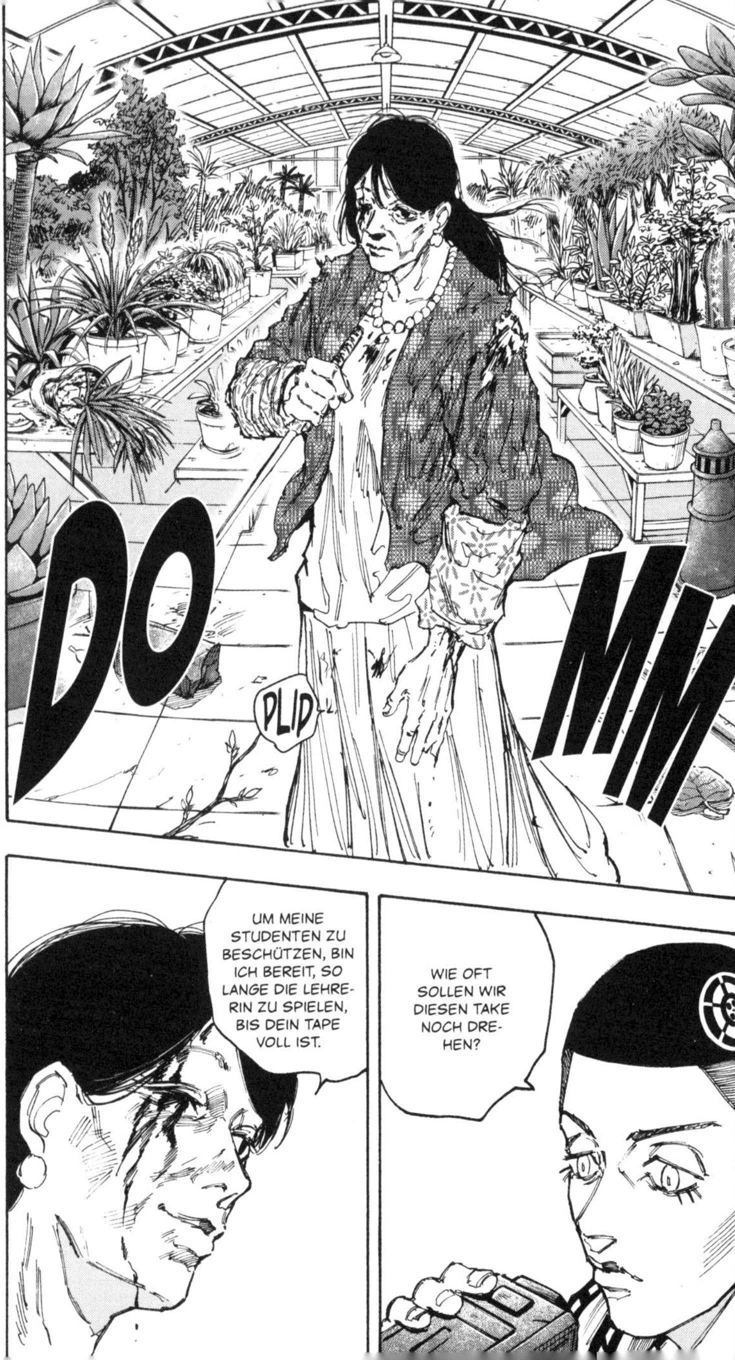
DOMM
PLID
UM MEINE STUDENTEN ZU BESCHÜTZEN, BIN ICH BEREIT, SO LANGE DIE LEHRERIN ZU SPIELEN, BIS DEIN TAPE VOLL IST.
WIE OFT SOLLEN WIR DIESEN TAKE NOCH DREHEN?

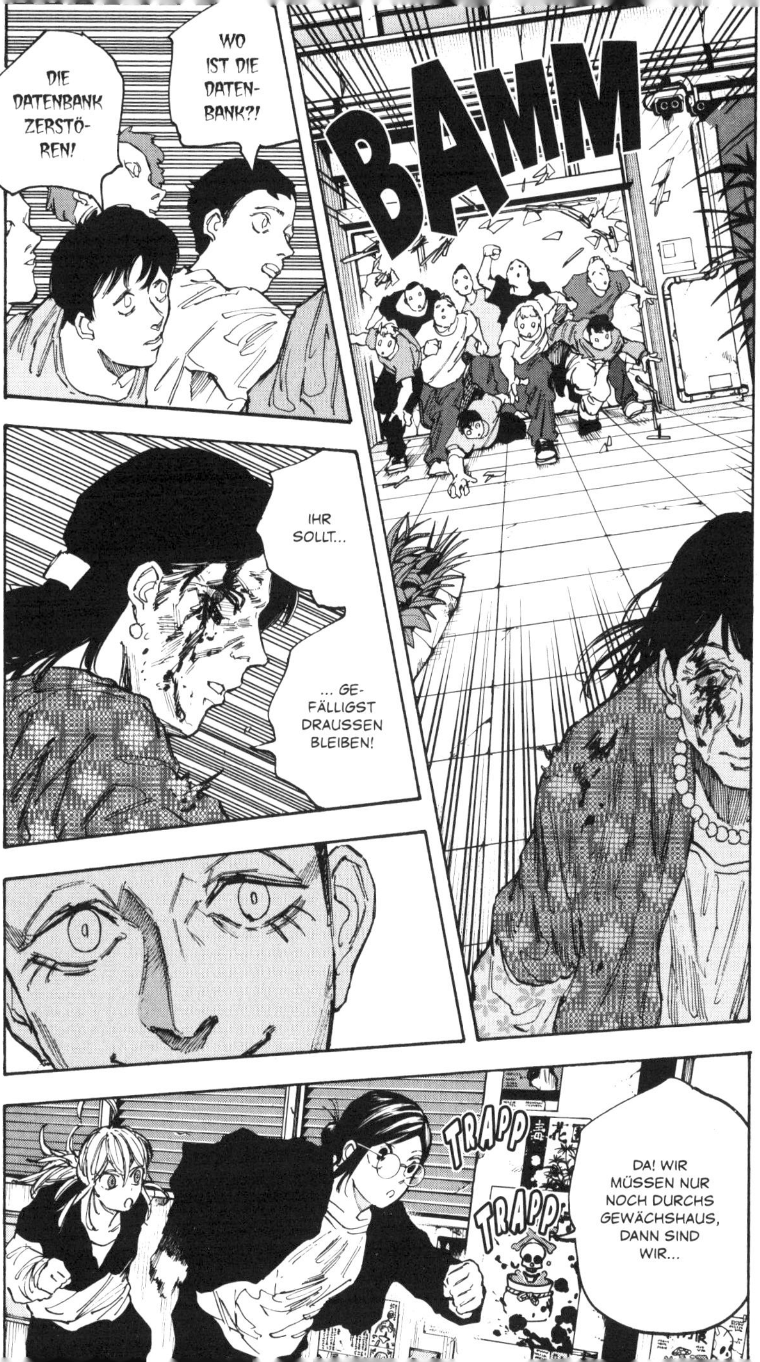
WO IST DIE DATEN-BANK?!
DIE DATENBANK ZERSTÖ-REN!
BAMM
IHR SOLLT...
... GE-FÄLLIGST DRAUSSEN BLEIBEN!
TRAPP
TRAPP
DA! WIR MÜSSEN NUR NOCH DURCHS GEWÄCHSHAUS, DANN SIND WIR...

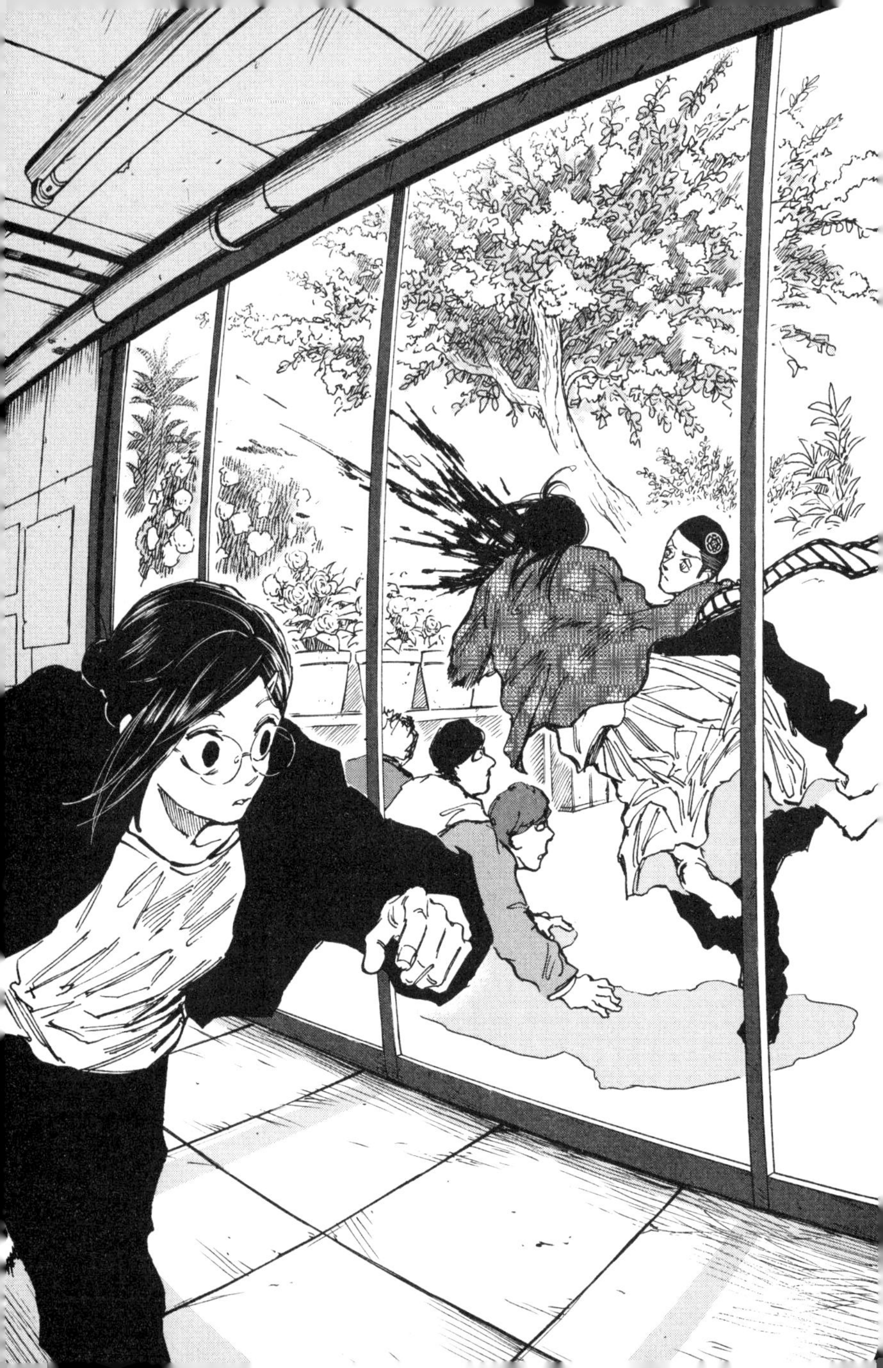

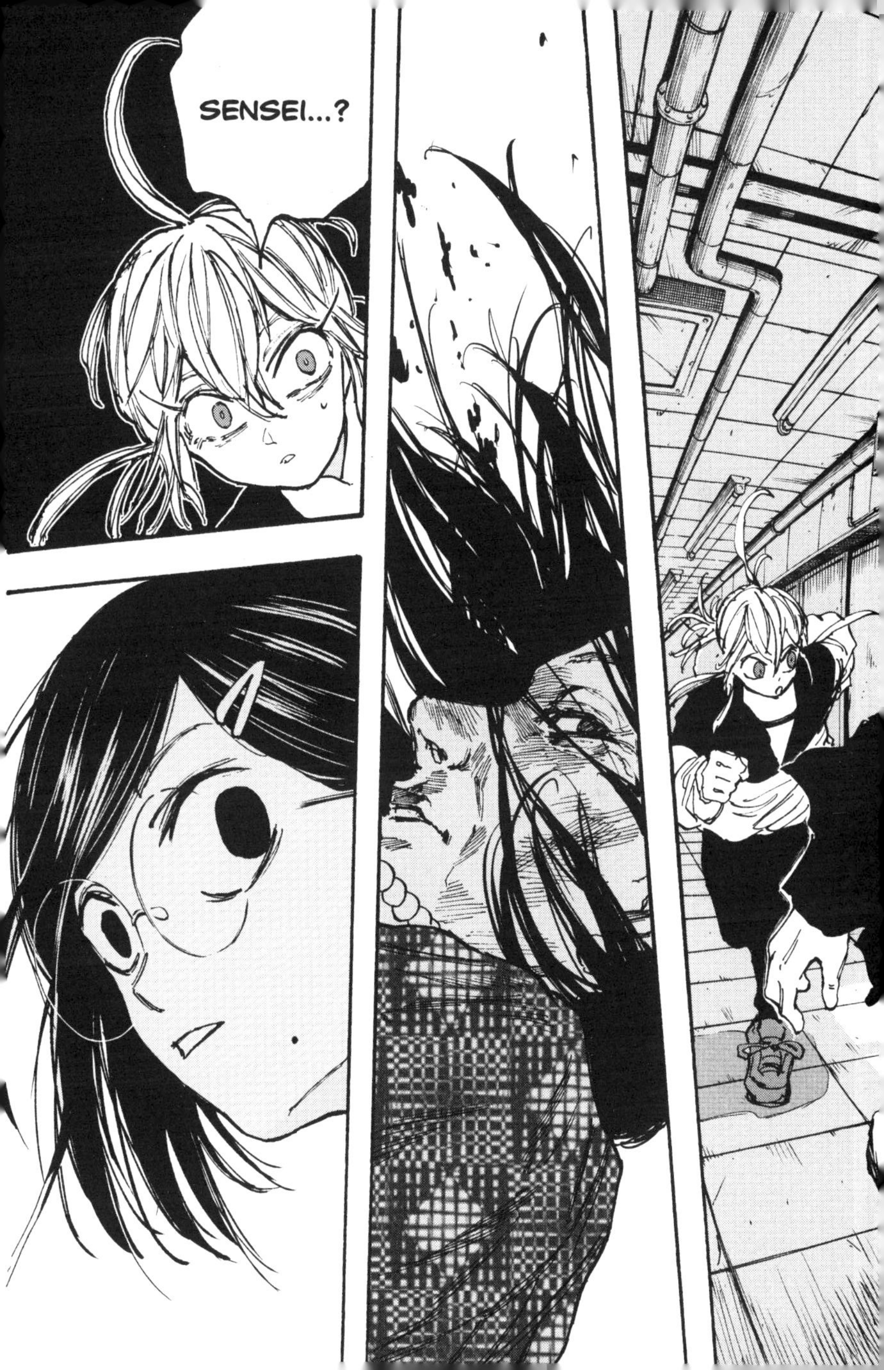
SENSEI...?

HINTER DEN KULISSEN DER KULISSEN

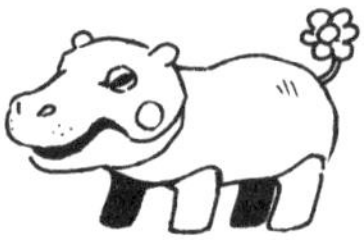

SHINICHI ITO – SEIT ZWEI JAHREN IM TEAM SAKAMOTO

»ICH LIEBE ES, LEBHAFTE HINTERGRÜNDE MIT VIEL TIEFE UND ABWECHSLUNGSREICHTUM ZU ZEICHNEN!«

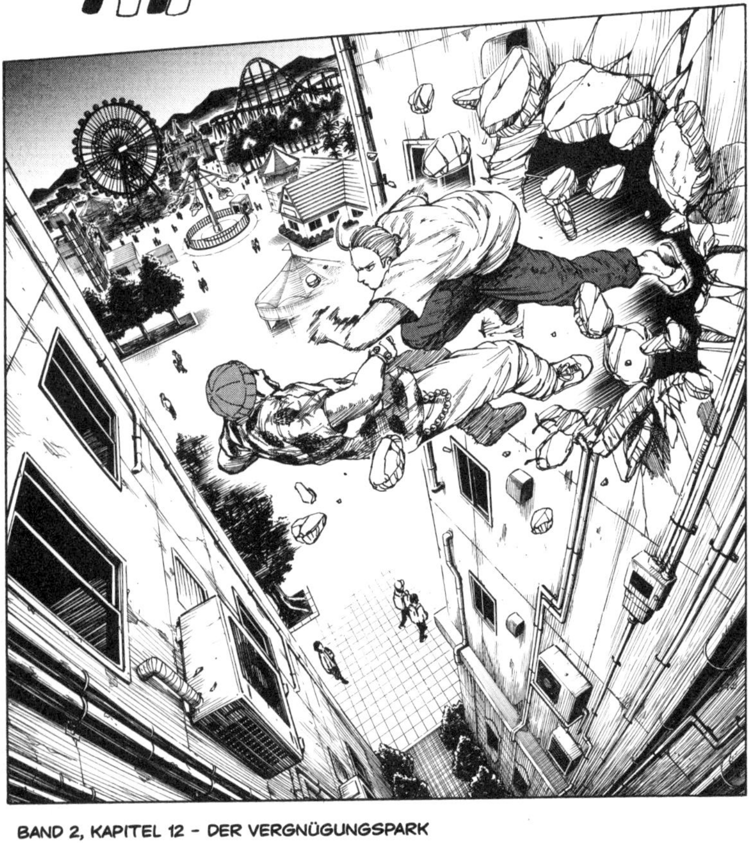

BAND 2, KAPITEL 12 – DER VERGNÜGUNGSPARK

BEI DER ARBEIT AN DIESER SZENE WURDE MIR KLAR, WIE SEHR DIE ACTIONSZENEN ZUM CHARME VON »SAKAMOTO DAYS« BEITRAGEN. DESHALB ARBEITE ICH STETS SO UNGLAUBLICH HART DARAN, SOLCHE ANSPRUCHSVOLLEN HINTERGRÜNDE AUCH ZU REALISIEREN! SOWEIT ICH MICH ERINNERE, HABE ICH ZWEI GANZE TAGE AN DIESER SZENERIE GEARBEITET. ALLE MITGLIEDER DES SAKAMOTO-TEAMS SIND GROSSARTIGE TECHNIKER, DIE IM HANDUMDREHEN DIE SCHWIERIGSTEN HINTERGRÜNDE HINBEKOMMEN: TREPPEN, GEBOGENE, GEKRÜMMTE ODER VERZERRTE BACKGROUNDS, ALS OB SIE DURCH EIN FISCHAUGENOBJEKTIV BETRACHTET WERDEN, ALLES KEIN PROBLEM! ICH HALLUZINIERE JEDES MAL AUFS NEUE, WENN ICH UNSERE ARBEITEN SEHE.

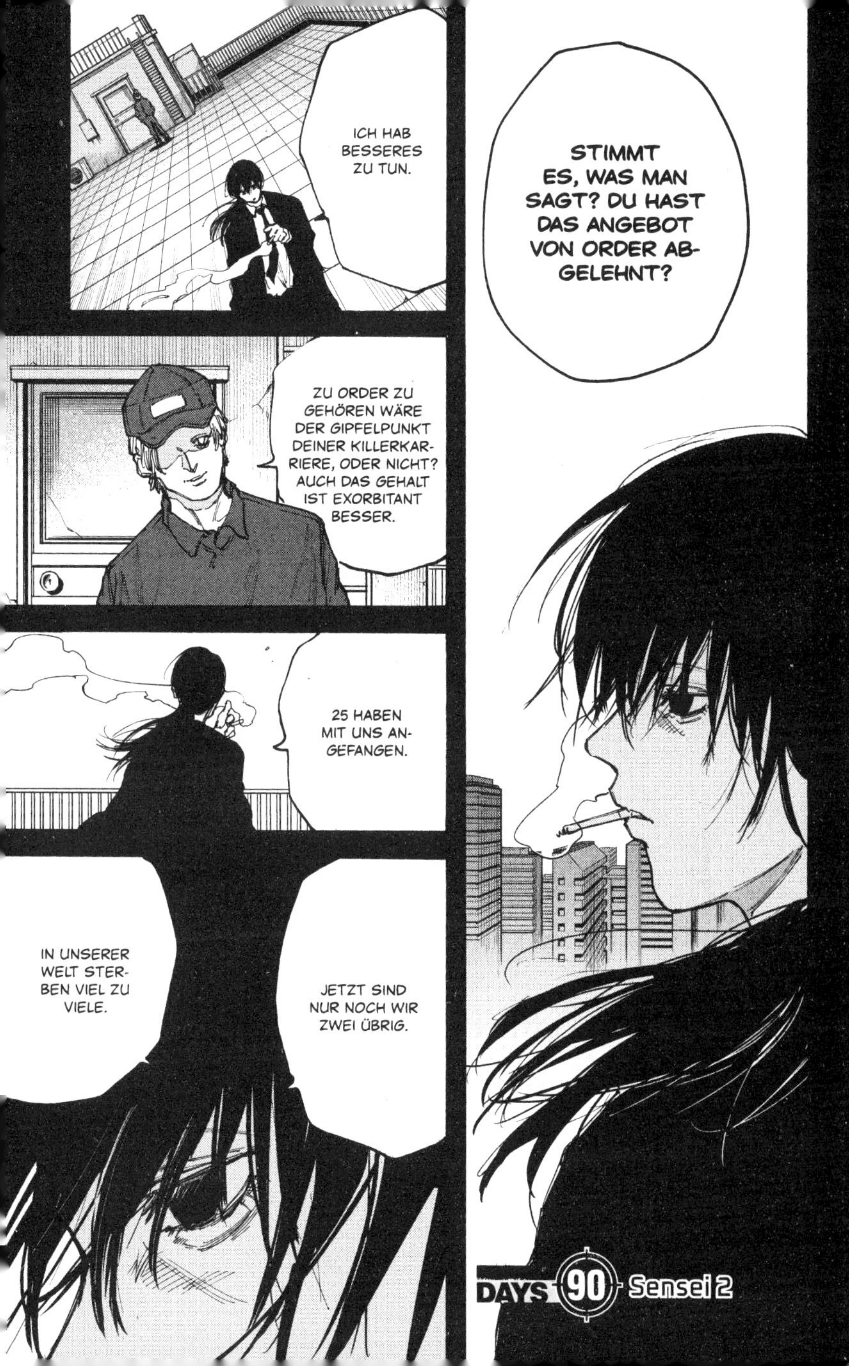
STIMMT ES, WAS MAN SAGT? DU HAST DAS ANGEBOT VON ORDER ABGELEHNT?
ICH HAB BESSERES ZU TUN.
ZU ORDER ZU GEHÖREN WÄRE DER GIPFELPUNKT DEINER KILLERKARRIERE, ODER NICHT? AUCH DAS GEHALT IST EXORBITANT BESSER.
25 HABEN MIT UNS ANGEFANGEN.
JETZT SIND NUR NOCH WIR ZWEI ÜBRIG.
IN UNSERER WELT STERBEN VIEL ZU VIELE.
DAYS 90 Sensei 2

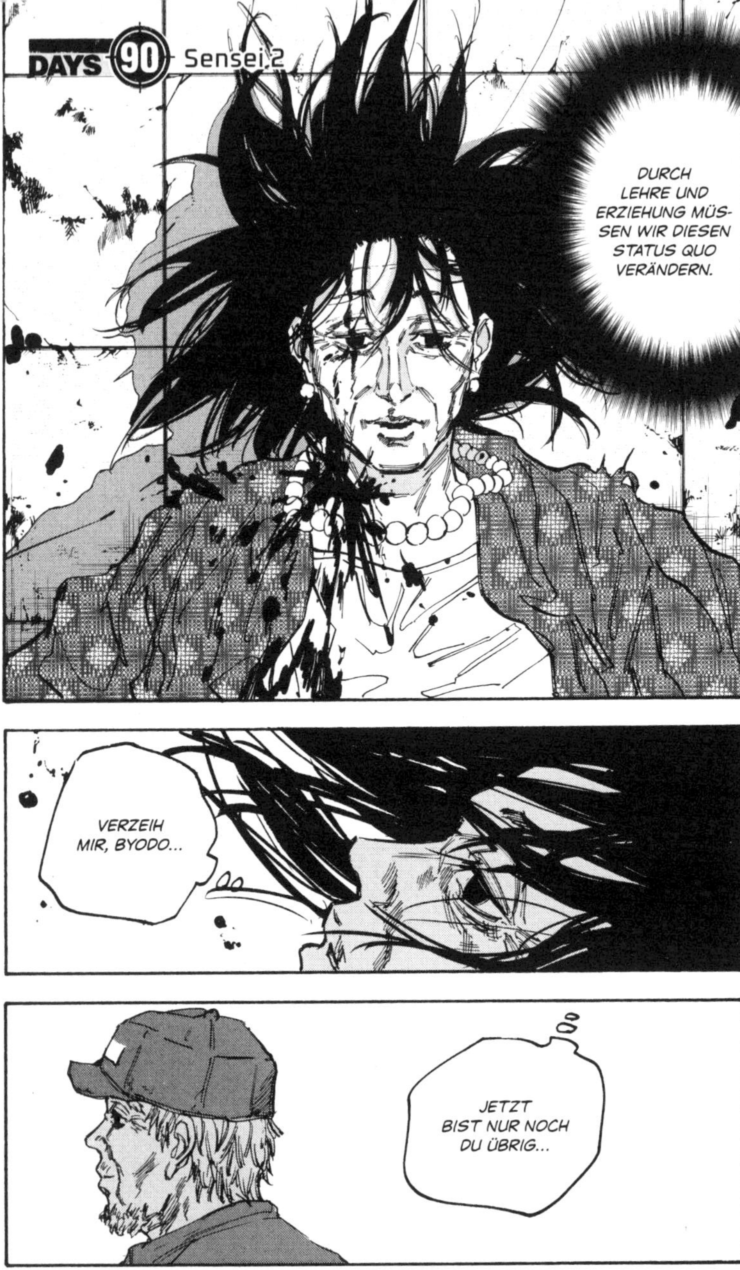
DAYS 90 Sensei 2
DURCH LEHRE UND ERZIEHUNG MÜSSEN WIR DIESEN STATUS QUO VERÄNDERN.
VERZEIH MIR, BYODO...
JETZT BIST NUR NOCH DU ÜBRIG...

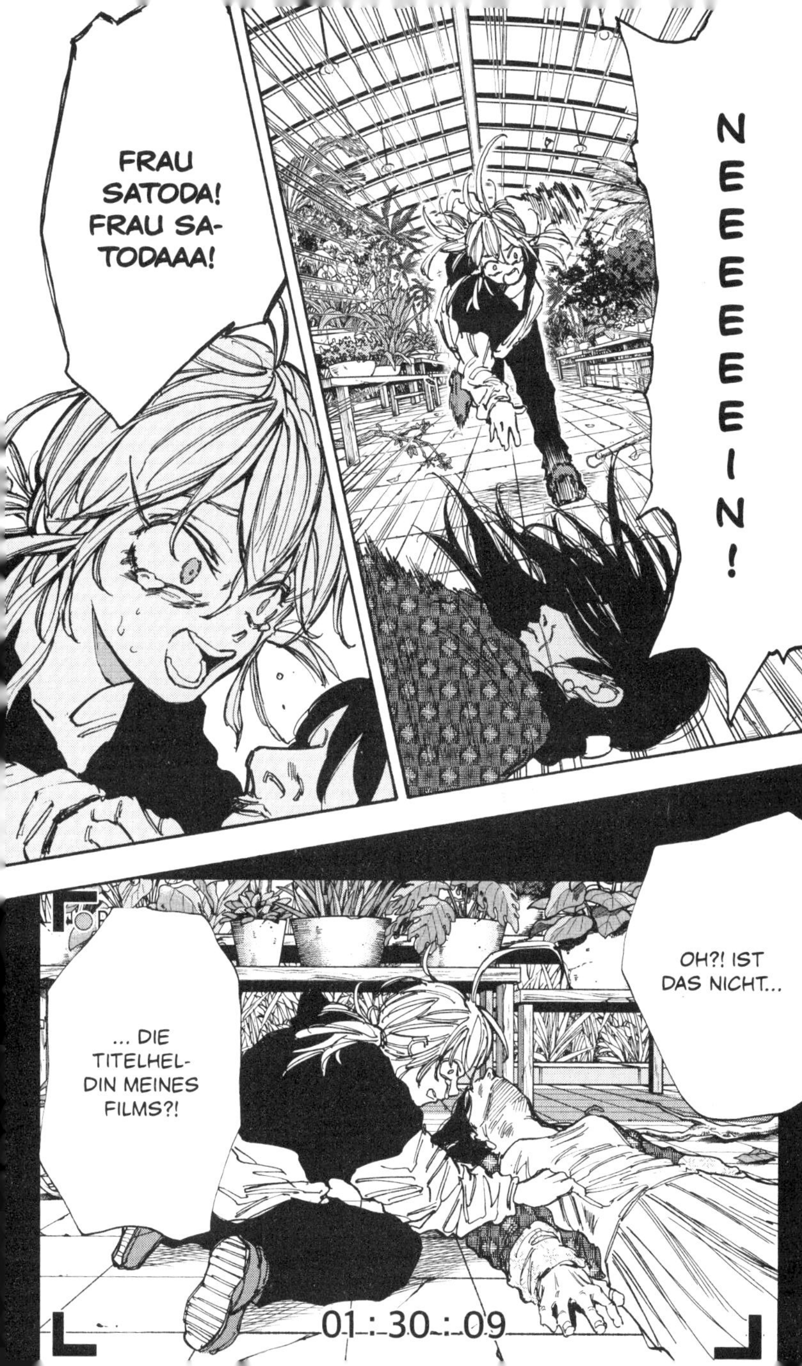
NEEEEEEEIN!
FRAU SATODA! FRAU SA-TODAAA!
OH?! IST DAS NICHT...
... DIE TITELHEL-DIN MEINES FILMS?!
01 : 30 : 09

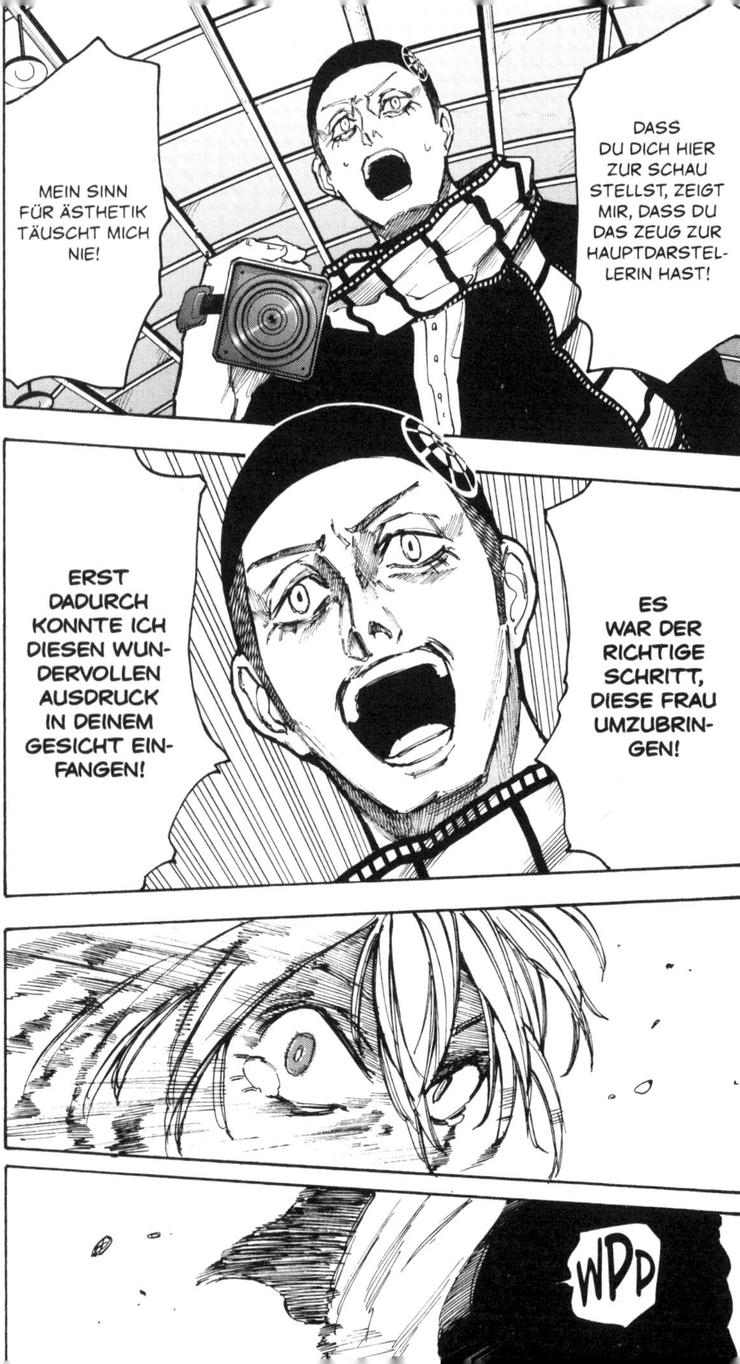
DASS DU DICH HIER ZUR SCHAU STELLST, ZEIGT MIR, DASS DU DAS ZEUG ZUR HAUPTDARSTEL-LERIN HAST!
MEIN SINN FÜR ÄSTHETIK TÄUSCHT MICH NIE!
ES WAR DER RICHTIGE SCHRITT, DIESE FRAU UMZUBRIN-GEN!
ERST DADURCH KONNTE ICH DIESEN WUN-DERVOLLEN AUSDRUCK IN DEINEM GESICHT EIN-FANGEN!
WDD

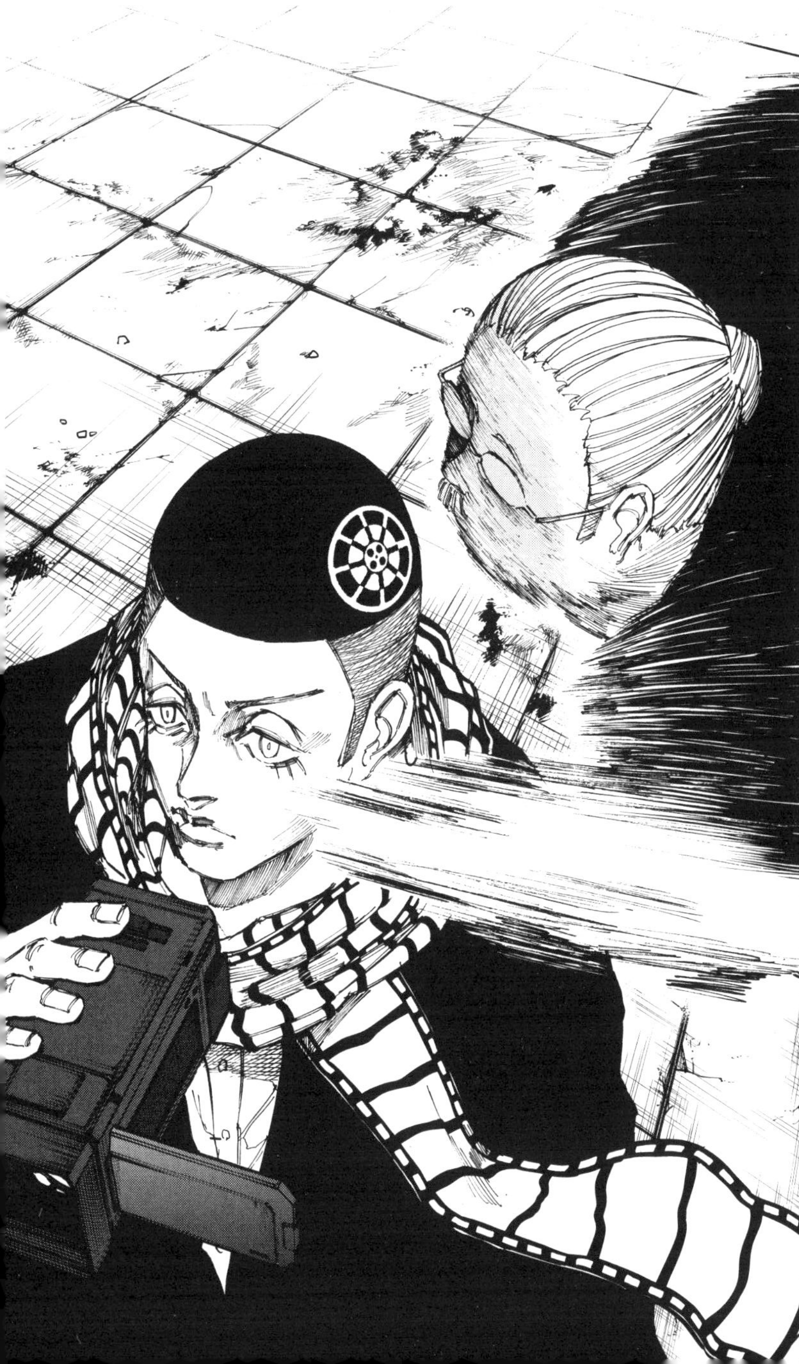

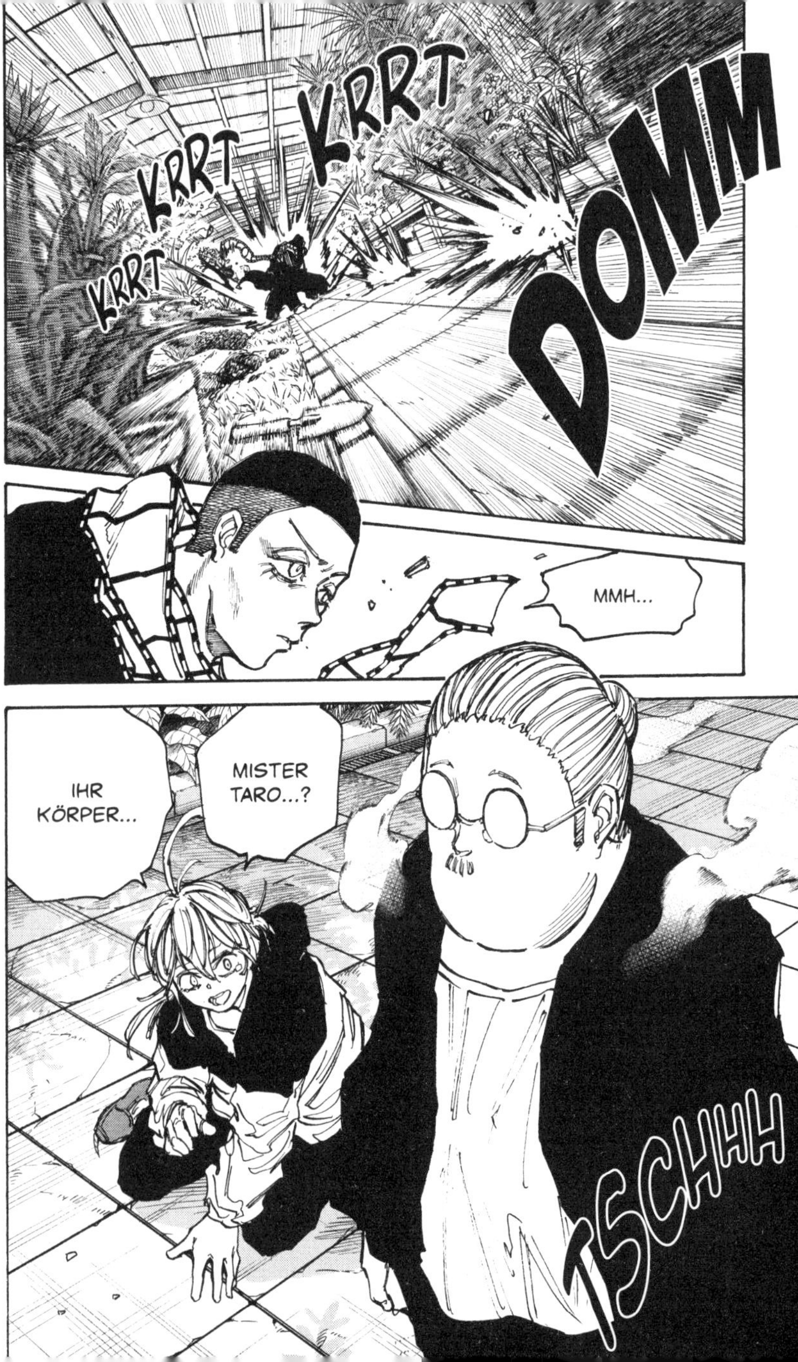
DOMMM
KRRT
KRRT
KRRT
MMH...
MISTER TARO...?
IHR KÖRPER...
TSCHHH

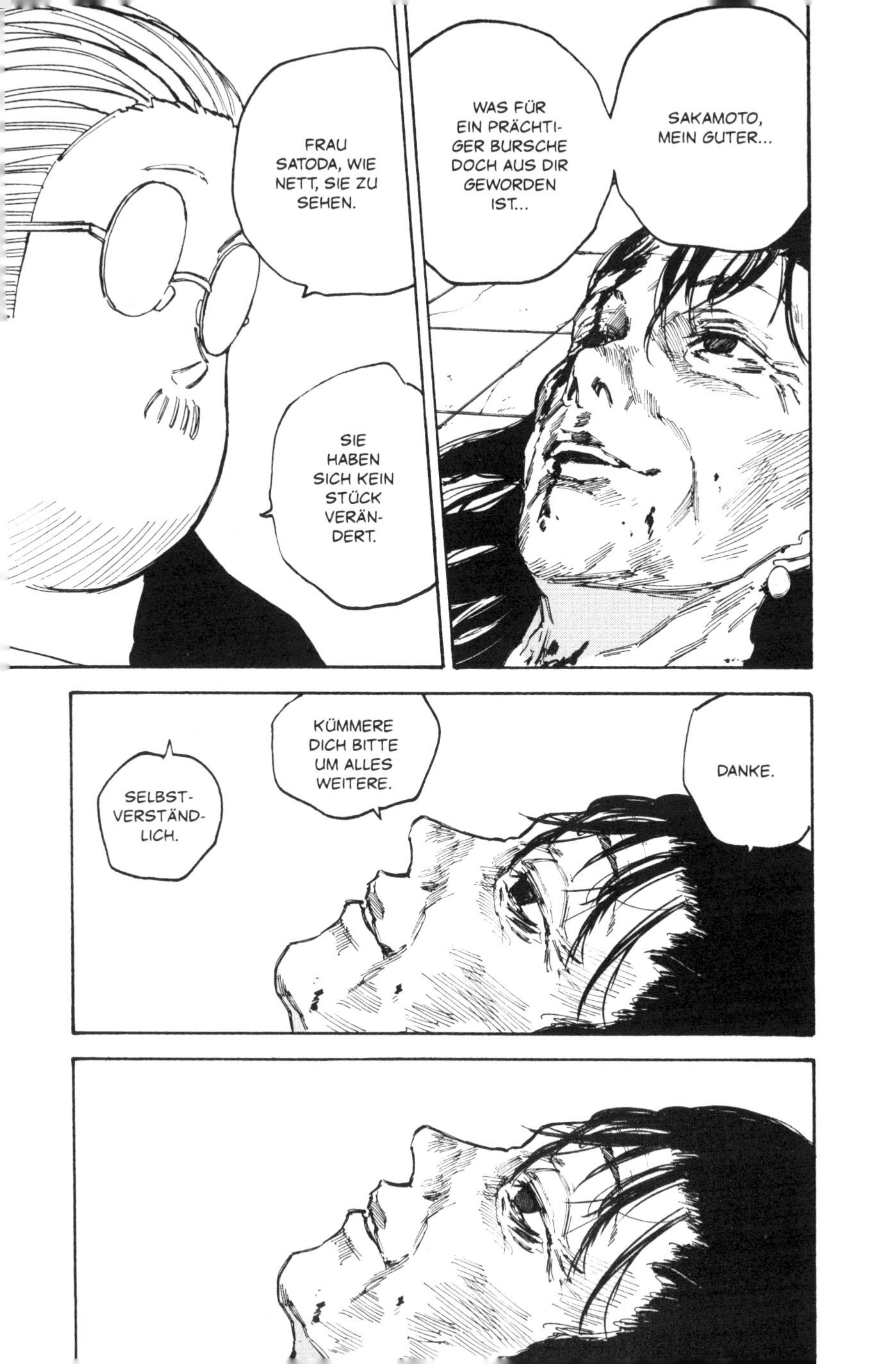
SAKAMOTO, MEIN GUTER...
WAS FÜR EIN PRÄCHTIGER BURSCHE DOCH AUS DIR GEWORDEN IST...
FRAU SATODA, WIE NETT, SIE ZU SEHEN.
SIE HABEN SICH KEIN STÜCK VERÄNDERT.
DANKE.
KÜMMERE DICH BITTE UM ALLES WEITERE.
SELBSTVERSTÄNDLICH.

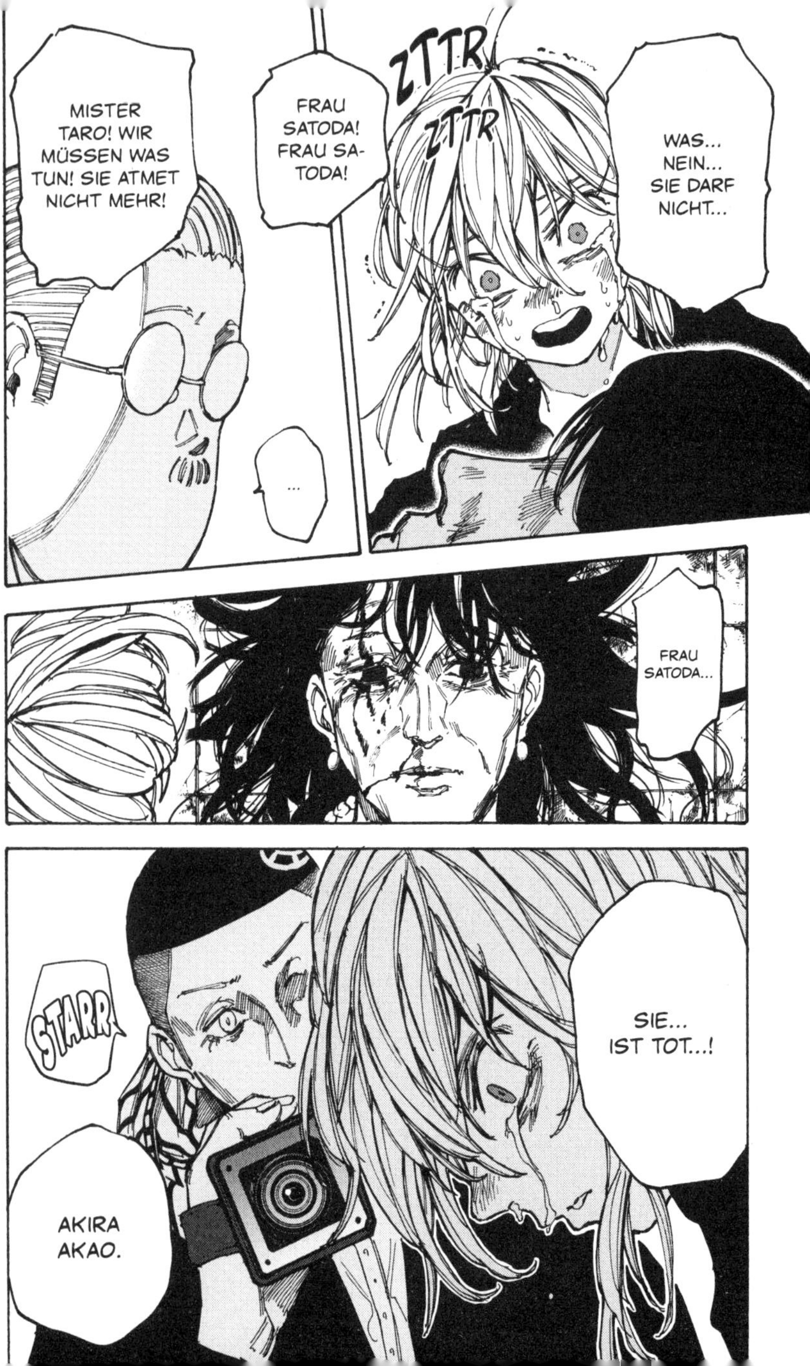
WAS... NEIN... SIE DARF NICHT...
ZTTR ZTTR
FRAU SATODA! FRAU SATODA!
MISTER TARO! WIR MÜSSEN WAS TUN! SIE ATMET NICHT MEHR!
...
FRAU SATODA...
SIE... IST TOT...!
STARR
AKIRA AKAO.

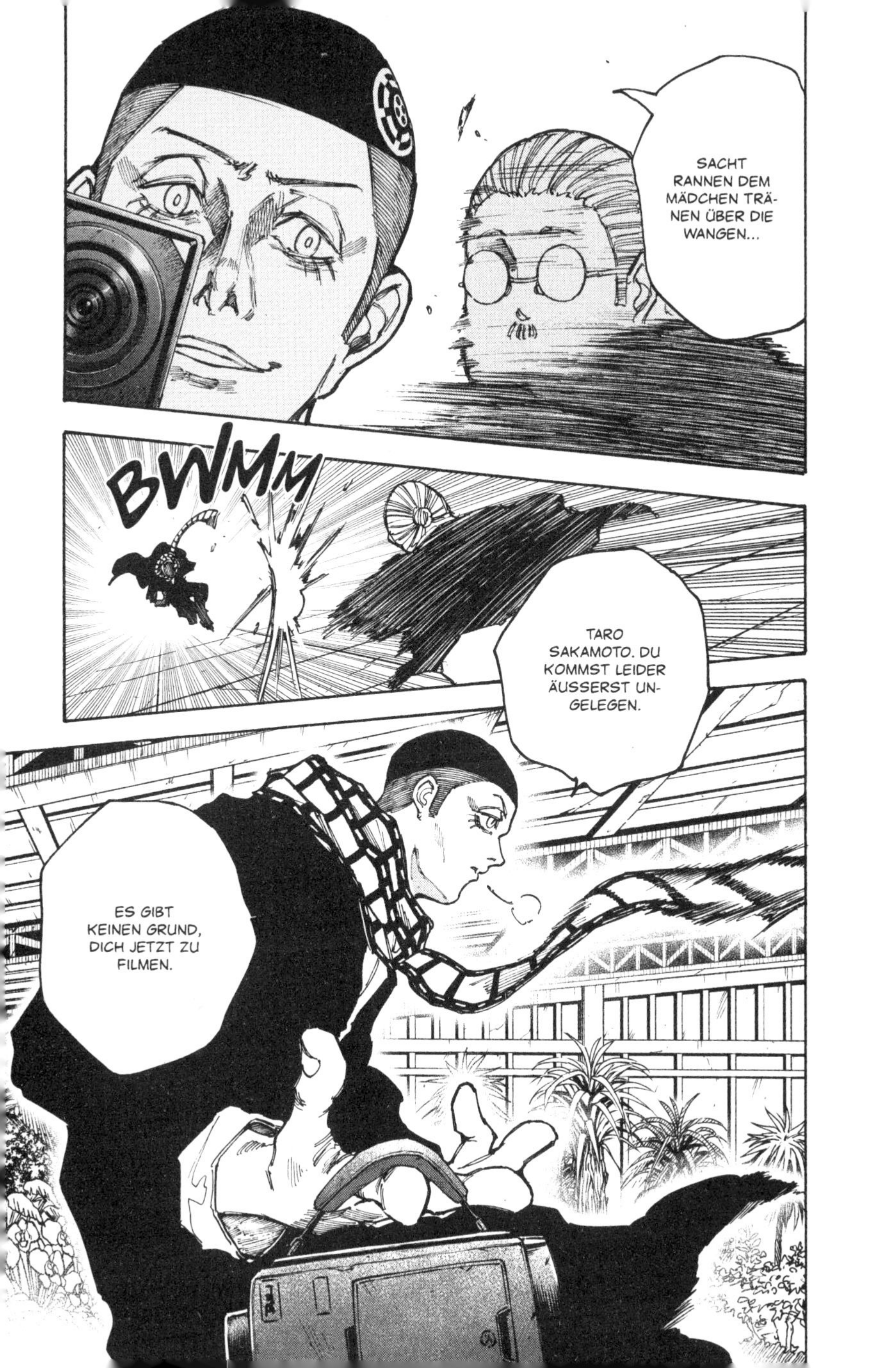
SACHT RANNEN DEM MÄDCHEN TRÄNEN ÜBER DIE WANGEN...
BWMM
TARO SAKAMOTO. DU KOMMST LEIDER ÄUSSERST UNGELEGEN.
ES GIBT KEINEN GRUND, DICH JETZT ZU FILMEN.

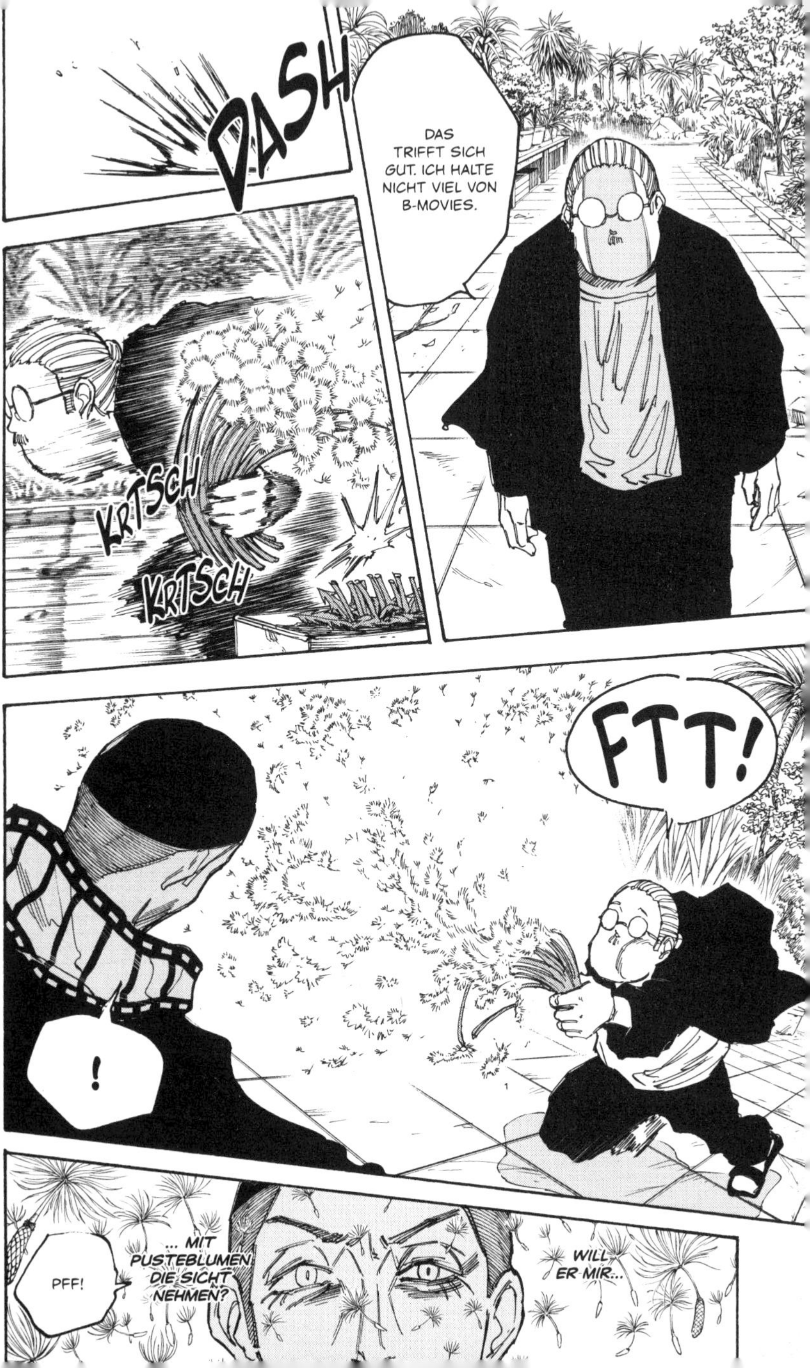
DAS TRIFFT SICH GUT. ICH HALTE NICHT VIEL VON B-MOVIES.
DASH
KRTSCH
KRTSCH
FTT!
!
WILL ER MIR...
... MIT PUSTEBLUMEN DIE SICHT NEHMEN?
PFF!

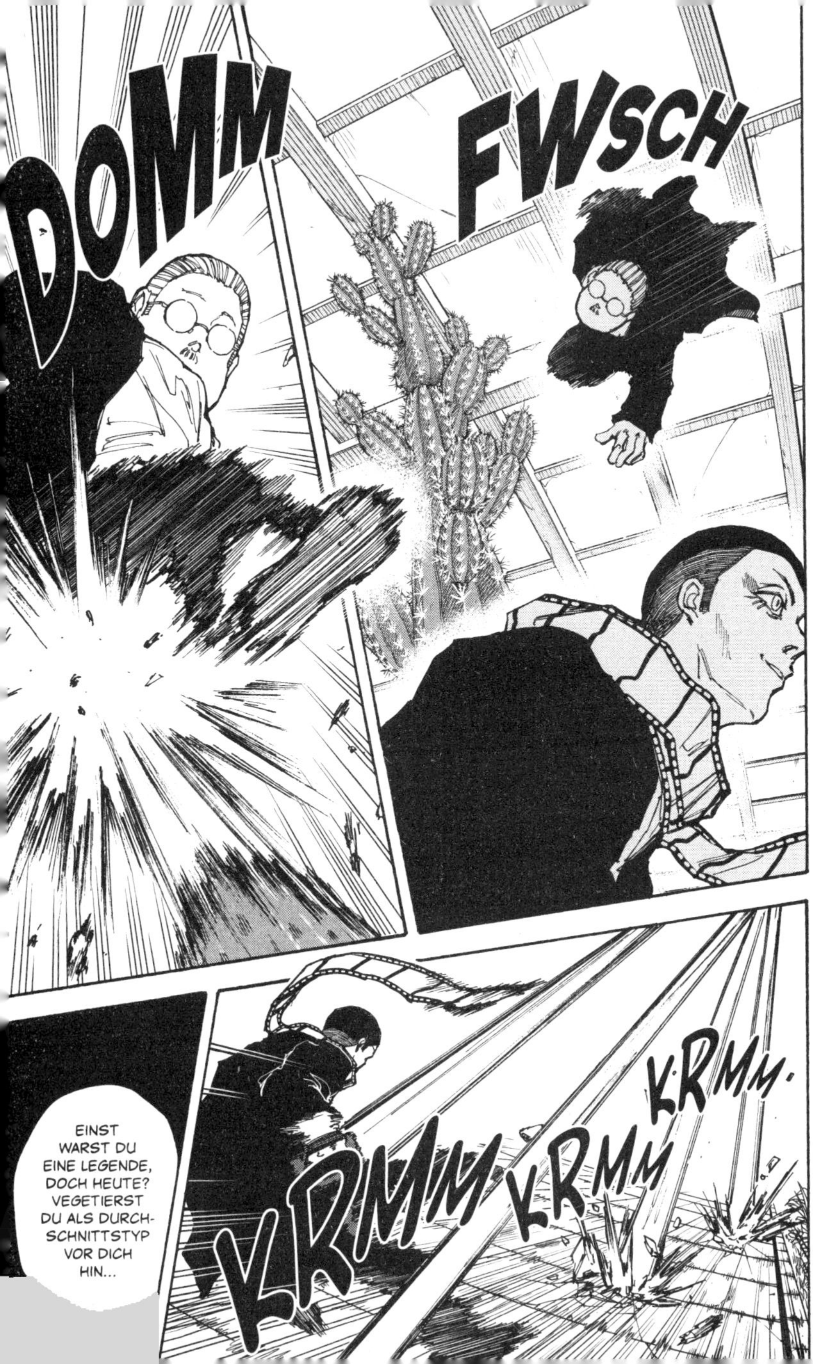
FWSCH
DOMM
KRMM KRMM KRMM
EINST WARST DU EINE LEGENDE, DOCH HEUTE? VEGETIERST DU ALS DURCH-SCHNITTSTYP VOR DICH HIN...

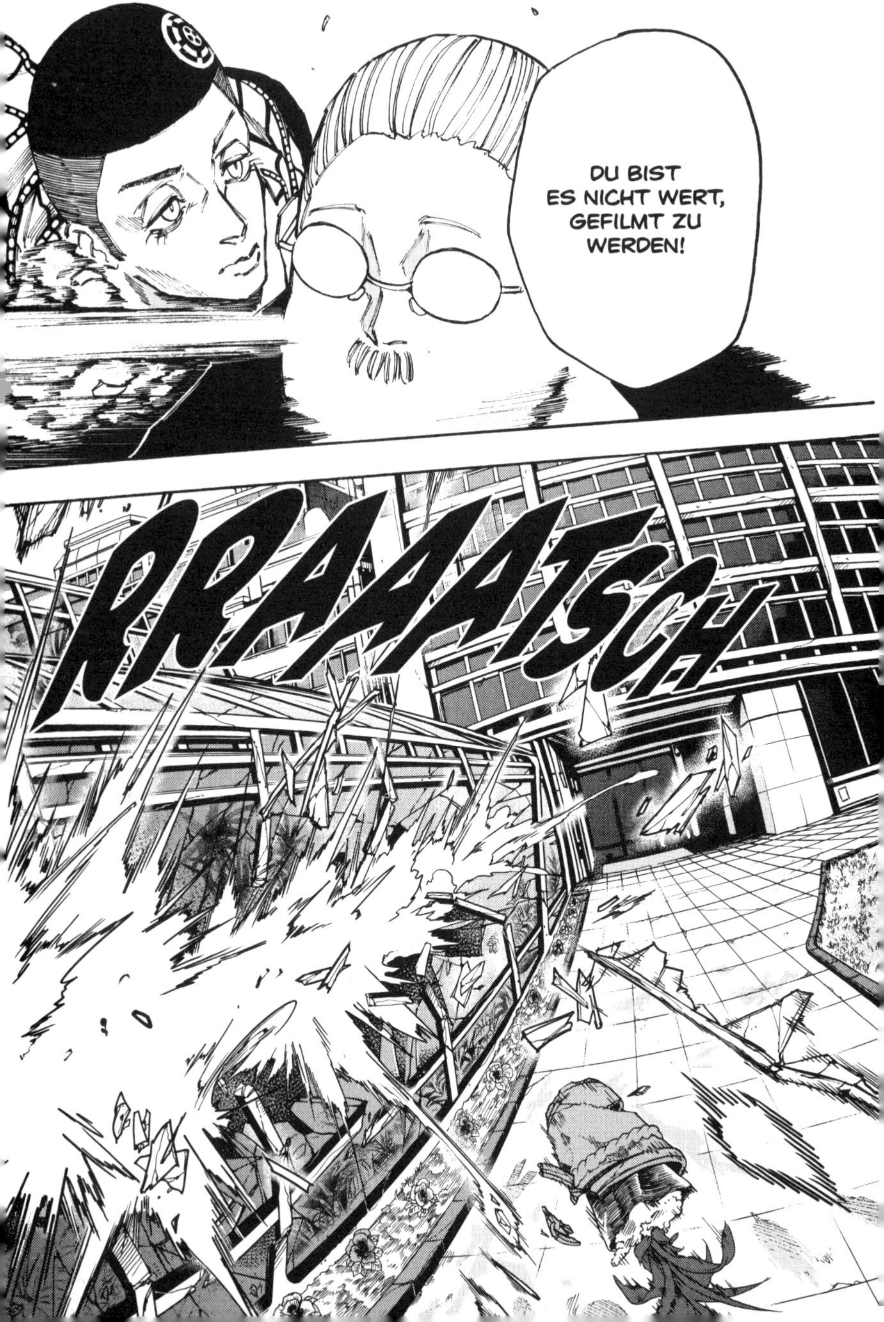
DU BIST ES NICHT WERT, GEFILMT ZU WERDEN!
PRAAATSCH

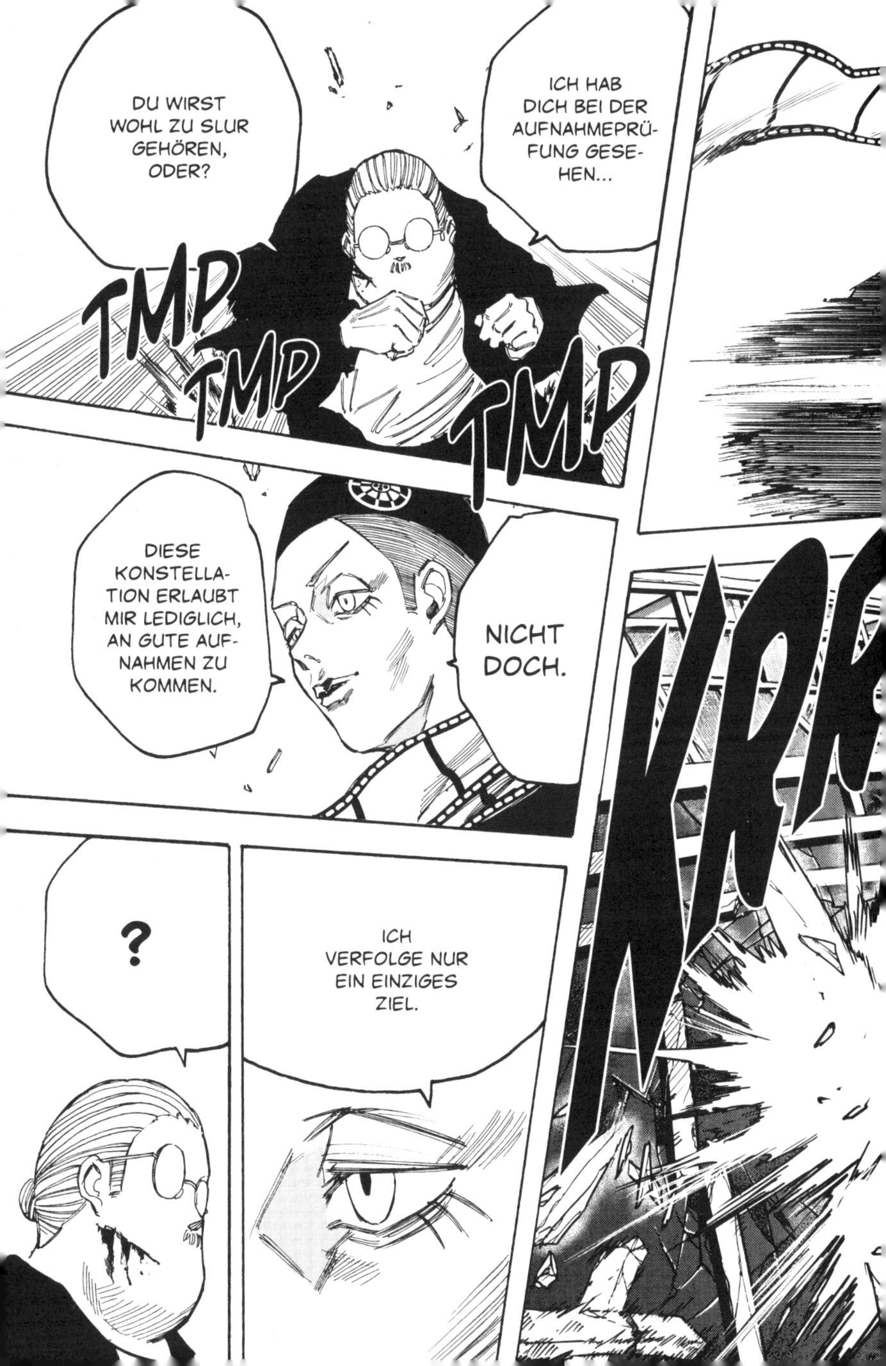
ICH HAB DICH BEI DER AUFNAHMEPRÜ-FUNG GESE-HEN...
DU WIRST WOHL ZU SLUR GEHÖREN, ODER?
TMP TMP
TMP
NICHT DOCH.
DIESE KONSTELLA-TION ERLAUBT MIR LEDIGLICH, AN GUTE AUF-NAHMEN ZU KOMMEN.
ICH VERFOLGE NUR EIN EINZIGES ZIEL.
?

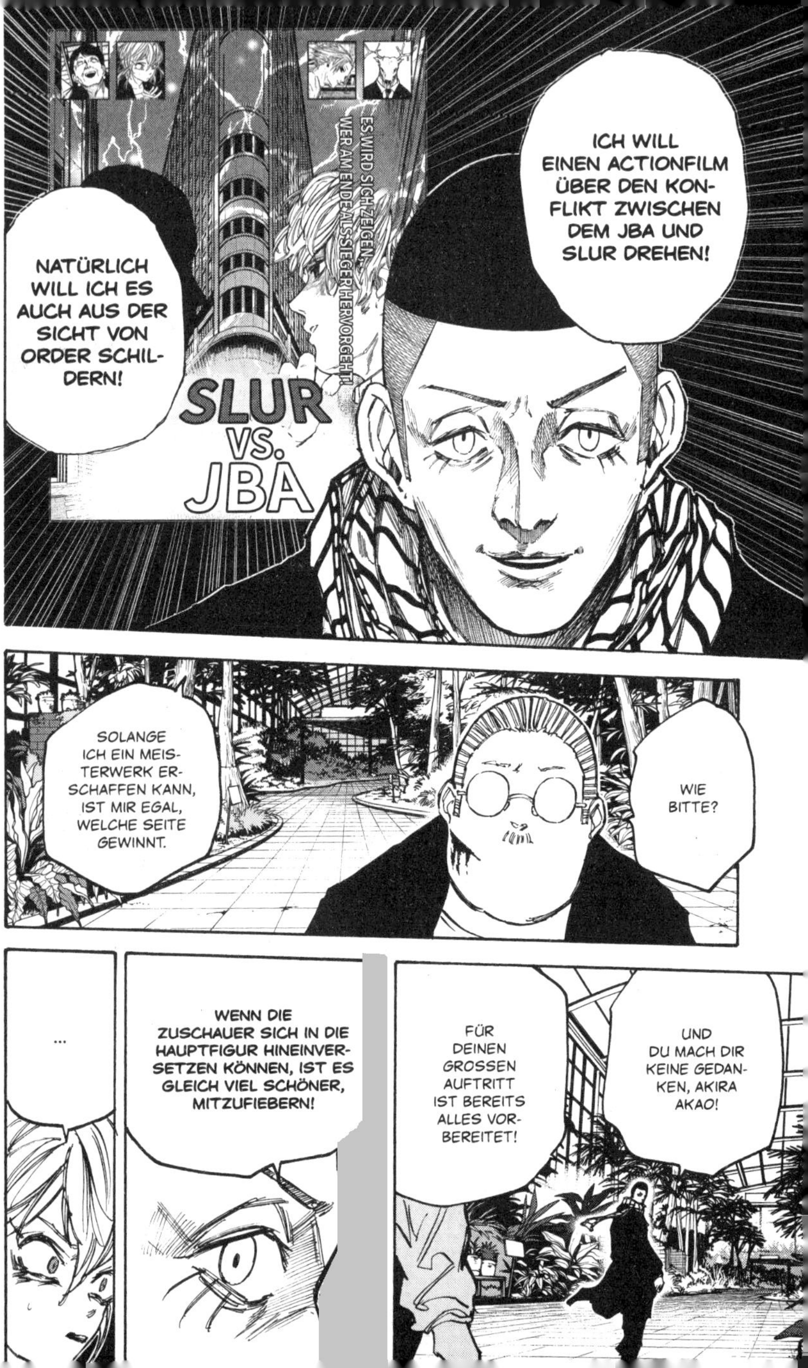
ICH WILL EINEN ACTIONFILM ÜBER DEN KONFLIKT ZWISCHEN DEM JBA UND SLUR DREHEN!
NATÜRLICH WILL ICH ES AUCH AUS DER SICHT VON ORDER SCHILDERN!
ES WIRD SICH ZEIGEN, WER AM ENDE ALS SIEGER HERVORGEHT!
SLUR VS. JBA
SOLANGE ICH EIN MEISTERWERK ERSCHAFFEN KANN, IST MIR EGAL, WELCHE SEITE GEWINNT.
WIE BITTE?
UND DU MACH DIR KEINE GEDANKEN, AKIRA AKAO!
FÜR DEINEN GROSSEN AUFTRITT IST BEREITS ALLES VORBEREITET!
WENN DIE ZUSCHAUER SICH IN DIE HAUPTFIGUR HINEINVERSETZEN KÖNNEN, IST ES GLEICH VIEL SCHÖNER, MITZUFIEBERN!
...

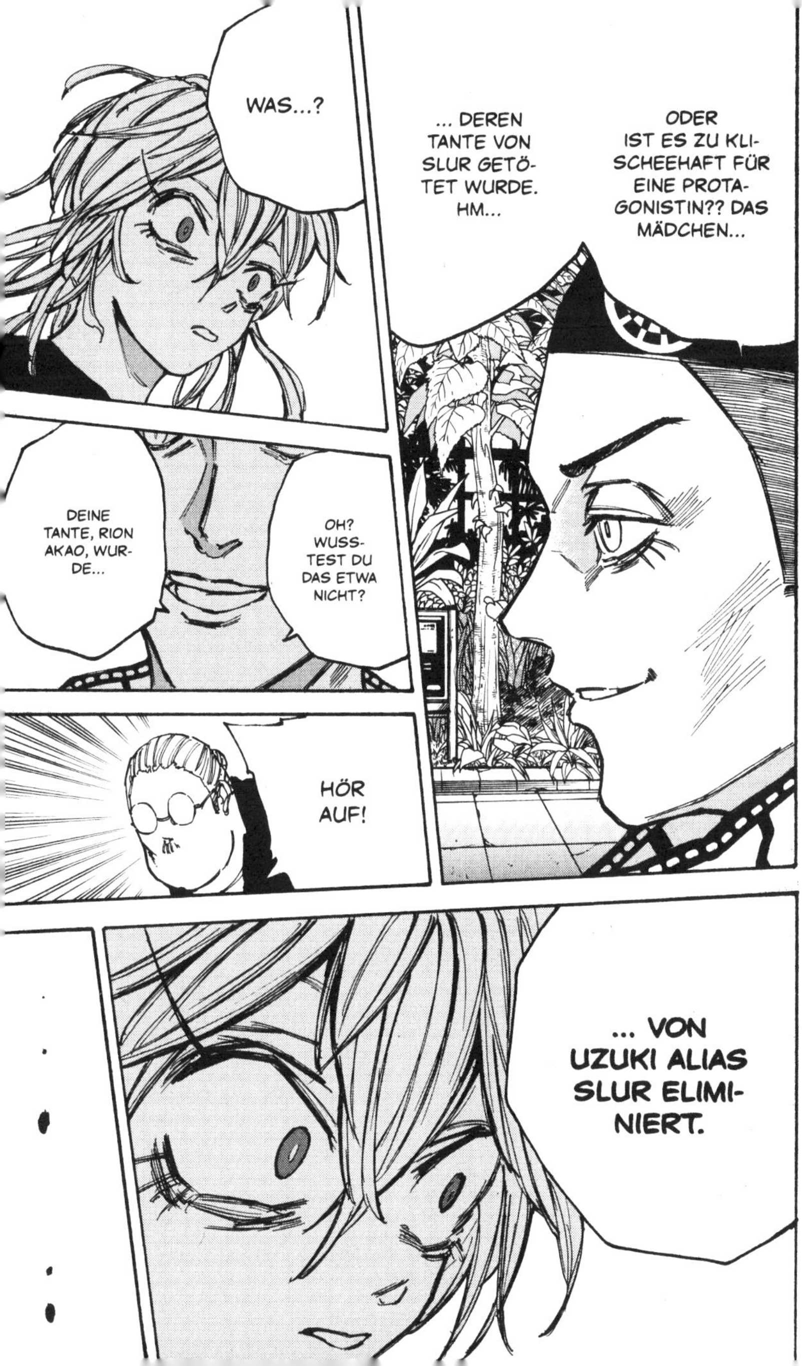
ODER IST ES ZU KLISCHEEHAFT FÜR EINE PROTAGONISTIN?? DAS MÄDCHEN...
... DEREN TANTE VON SLUR GETÖTET WURDE. HM...
WAS...?
OH? WUSSTEST DU DAS ETWA NICHT?
DEINE TANTE, RION AKAO, WURDE...
HÖR AUF!
... VON UZUKI ALIAS SLUR ELIMINIERT.

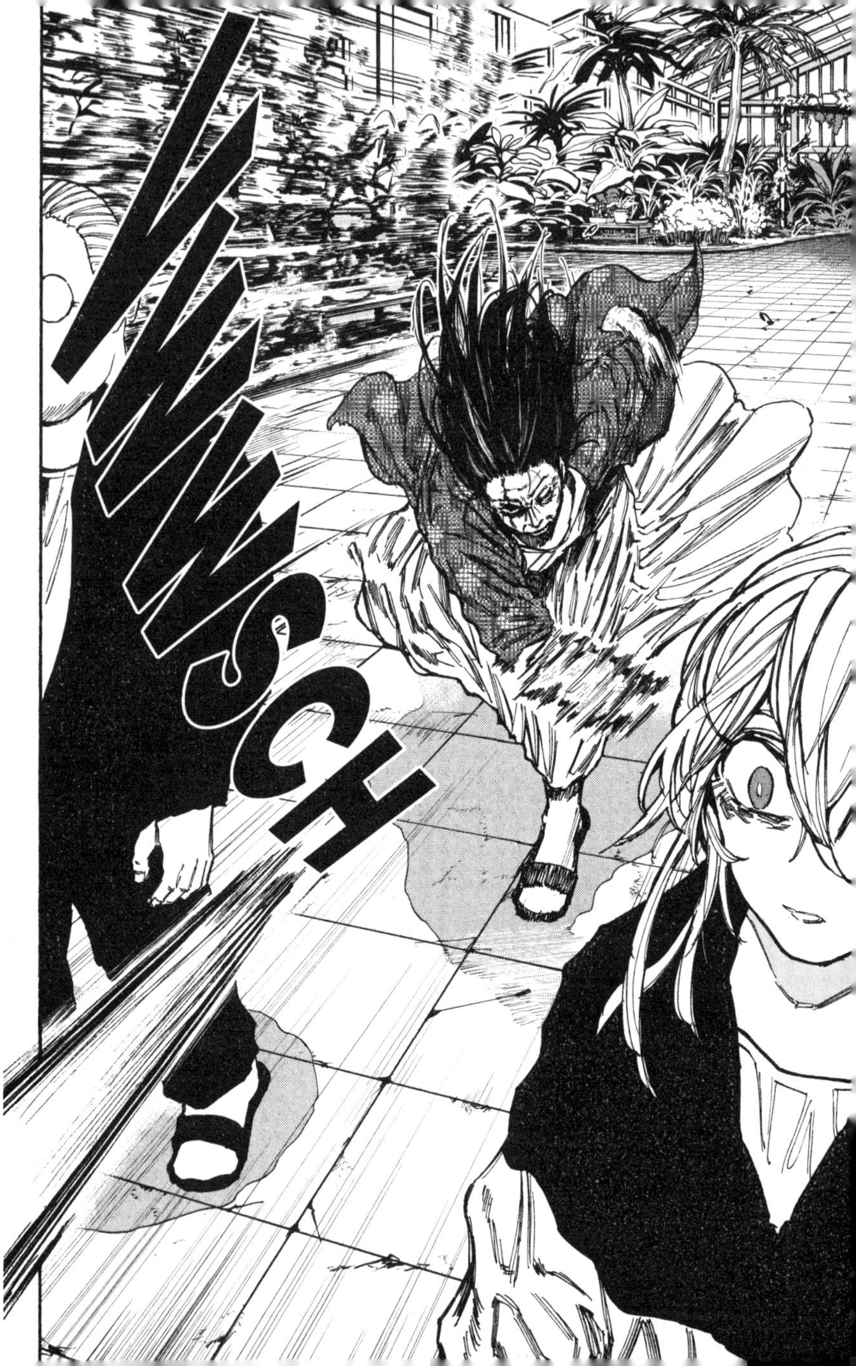
WWWSCH

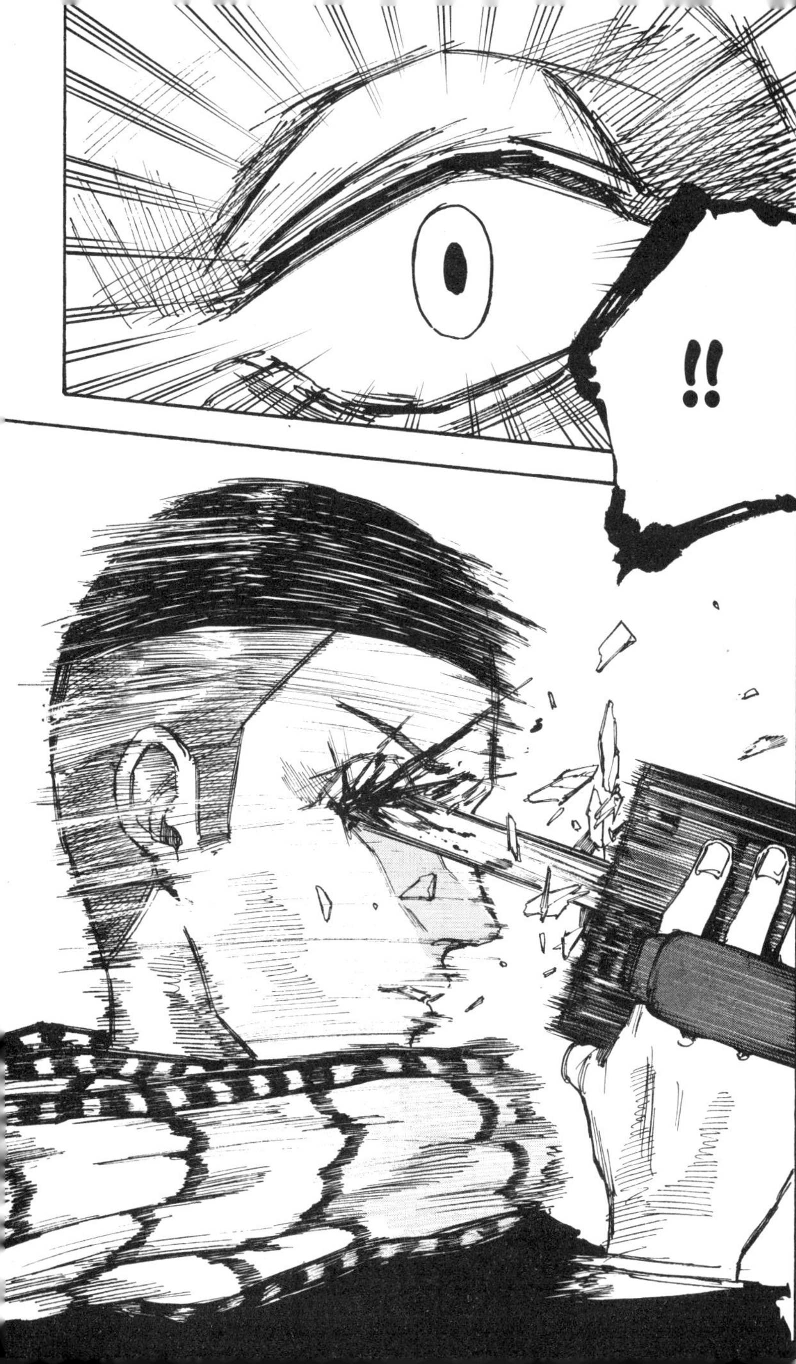

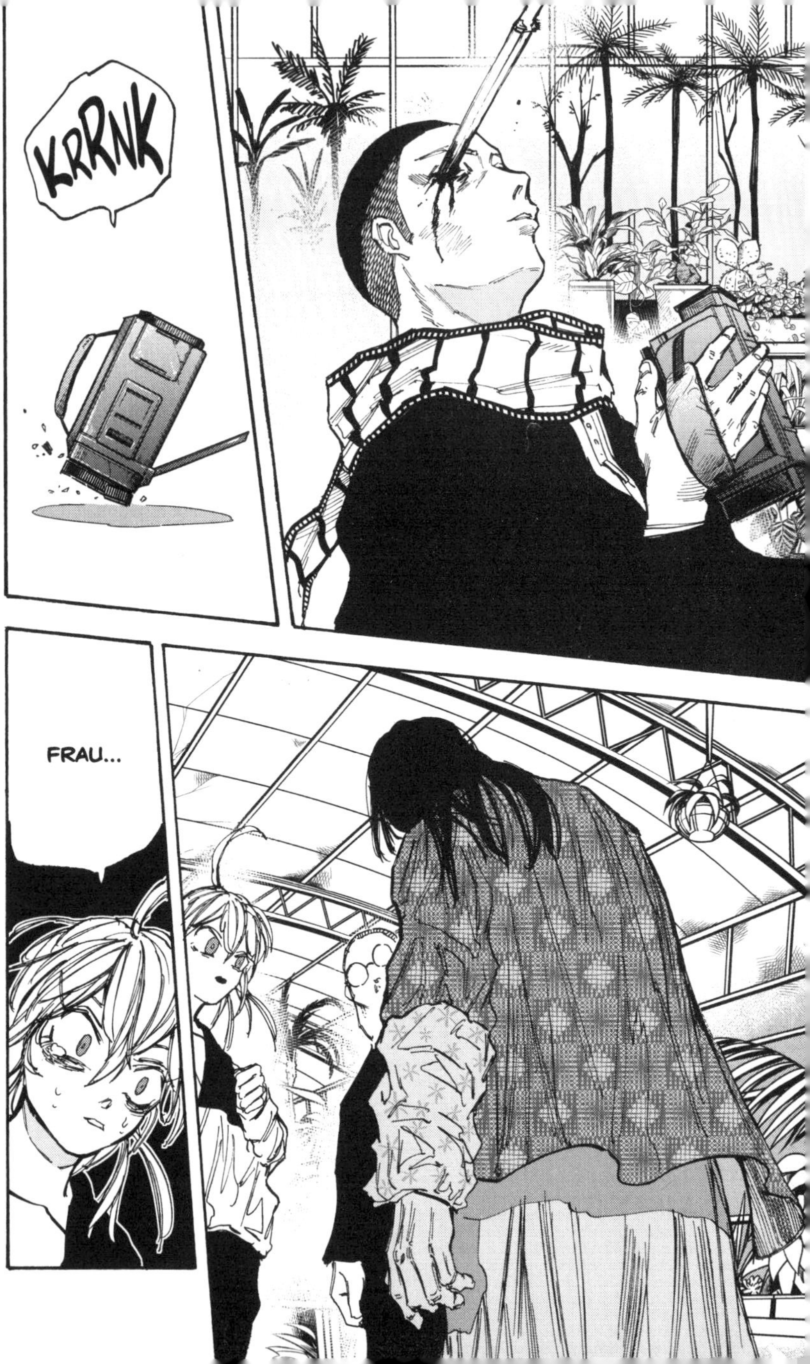
KRRNK
FRAU...

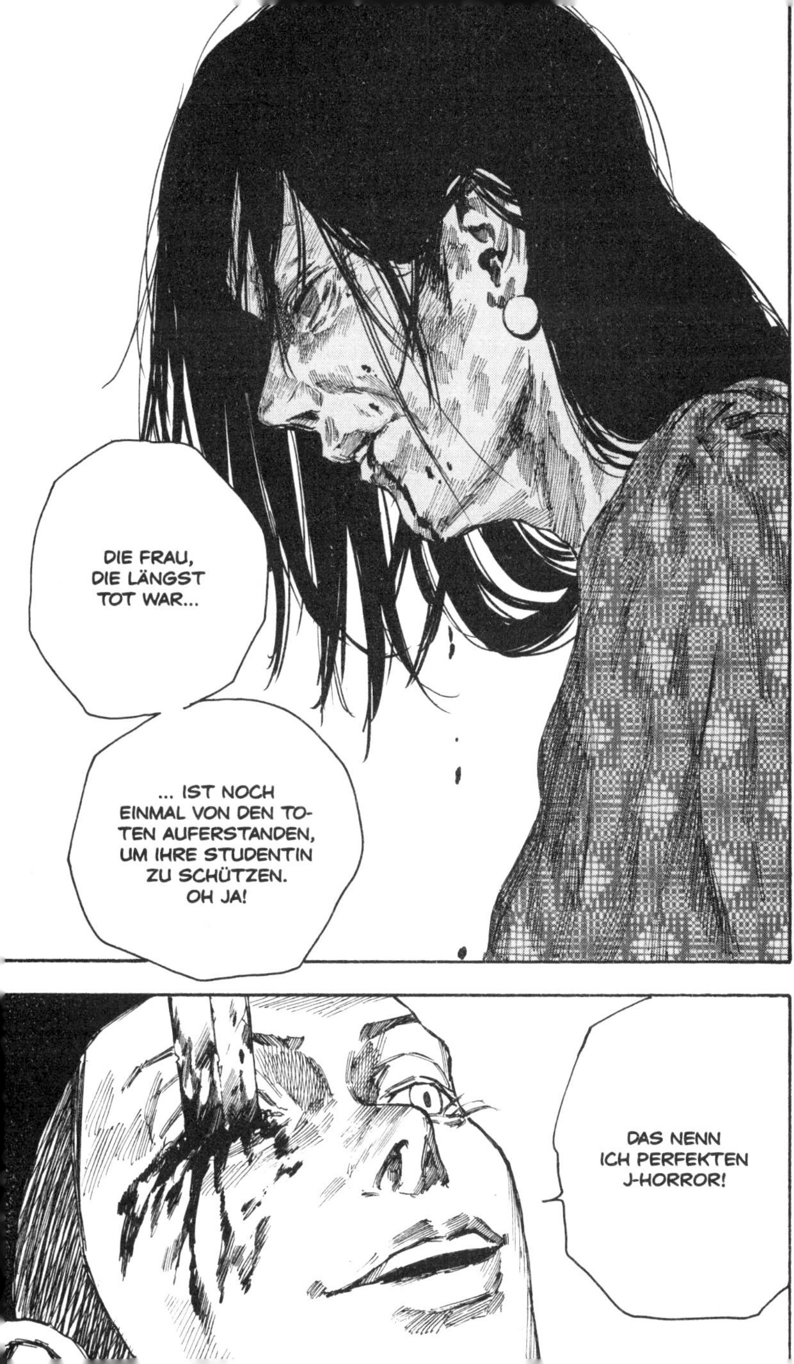
DIE FRAU, DIE LÄNGST TOT WAR...
... IST NOCH EINMAL VON DEN TO-TEN AUFERSTANDEN, UM IHRE STUDENTIN ZU SCHÜTZEN. OH JA!
DAS NENN ICH PERFEKTEN J-HORROR!

HINTER DEN KULISSEN DER KULISSEN

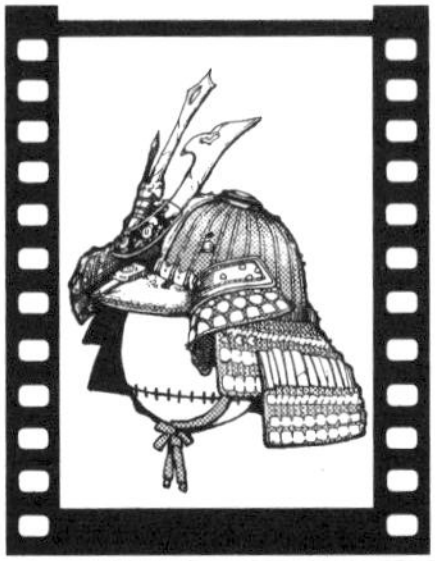

NAME

TOMOHIRO IWAKURA

TEAM SAKAMOTO: SEIT ZWEI JAHREN

LIEBLINGSPART: KAMPF ZWISCHEN TAKAMURA UND GAKU. DIE SCHULTASCHENSZENE.

ANEKDOTEN: SUZUKI-SENSEI ERZÄHLT WIRKLICH VERRÜCKTE GESCHICHTEN, JEDOCH IMMER AUCH MIT ERNSTEM HINTERGRUND. MAN WEISS NIE SO RECHT, WANN ER SCHERZT UND WANN ER ES ERNST MEINT!

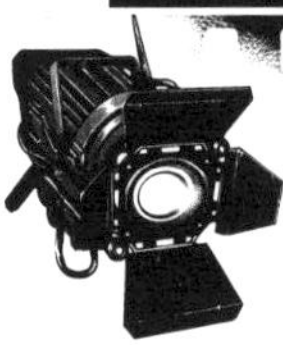

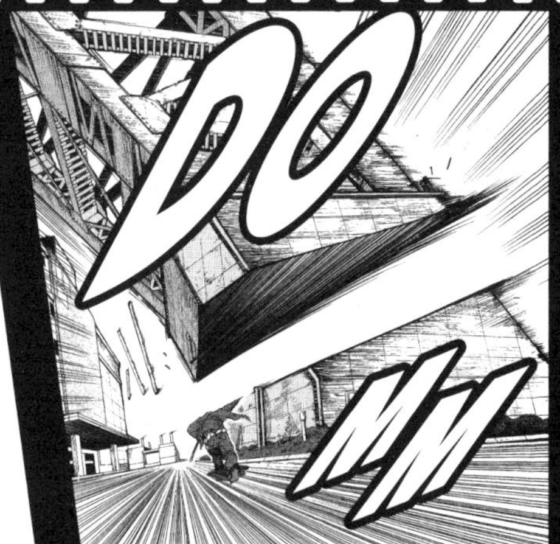

BAND 6, KAPITEL 49

ICH HATTE MIR DIE FÜSSE DES TOKYO TOWER NOCH NIE GENAU ANGESEHEN, DARUM WAR ES AUCH NICHT LEICHT, SIE ZU ZEICHNEN!

DIE STORY VON »SAKAMOTO DAYS« SPIELT AN SEHR ABWECHSLUNGSREICHEN UND TEILWEISE AUCH VÖLLIG VERRÜCKTEN SCHAUPLÄTZEN, DIE ICH NORMALERWEISE WOHL NIE GEZEICHNET HÄTTE. DIE ARBEIT LOHNT SICH ALLEIN DESHALB SCHON!

UM UNS WÄHREND DER PAUSEN ABZULENKEN, VERANSTALTEN WIR MANCHMAL EIN MANGA-QUIZ ODER SPIELEN WORD-WOLF. ACH JA, SO VIELE GUTE ERINNERUNGEN!

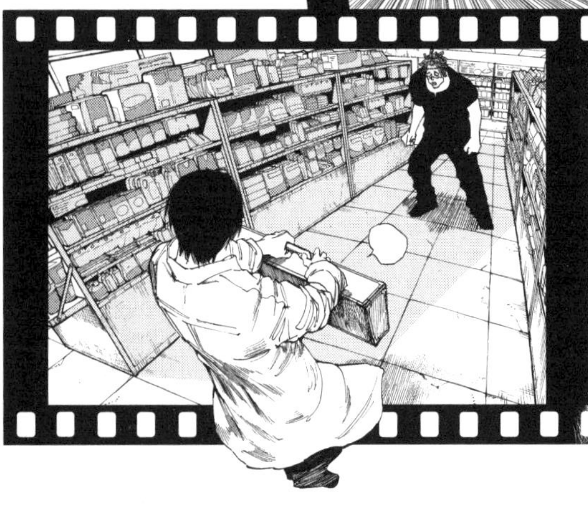

BAND 6, KAPITEL 46

DAS DEKOR DIESES SCHLICHTEN PANELS MAG AUF DEN ERSTEN BLICK BANAL ERSCHEINEN. DIE FLUCHTLINIEN SIND LEICHT GEKRÜMMT, UM DEN BLICK AUF DEN HINTERGRUND ZU LENKEN. DAS STELLTE FÜR MICH EINE ECHTE HERAUSFORDERUNG DAR.

SUZUKI-SENSEI LIEBT CHINESISCHES ESSEN. ICH MÖCHTE IHM IRGENDWANN GERN DEN RAMEN-LADEN AUS MEINER HEIMAT VORSTELLEN.

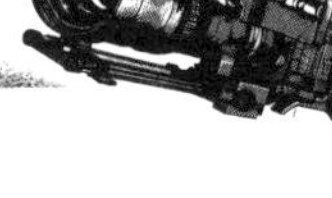

DAYS 91 Kanaguri VS. Sakamoto

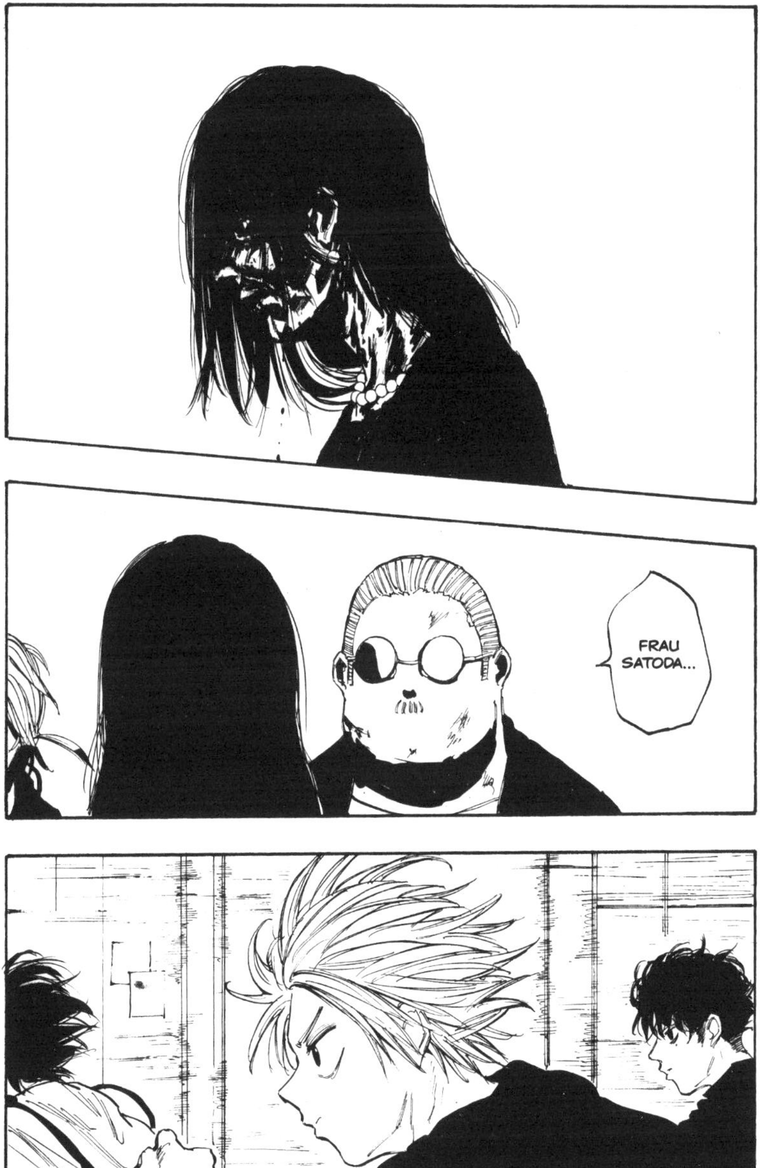

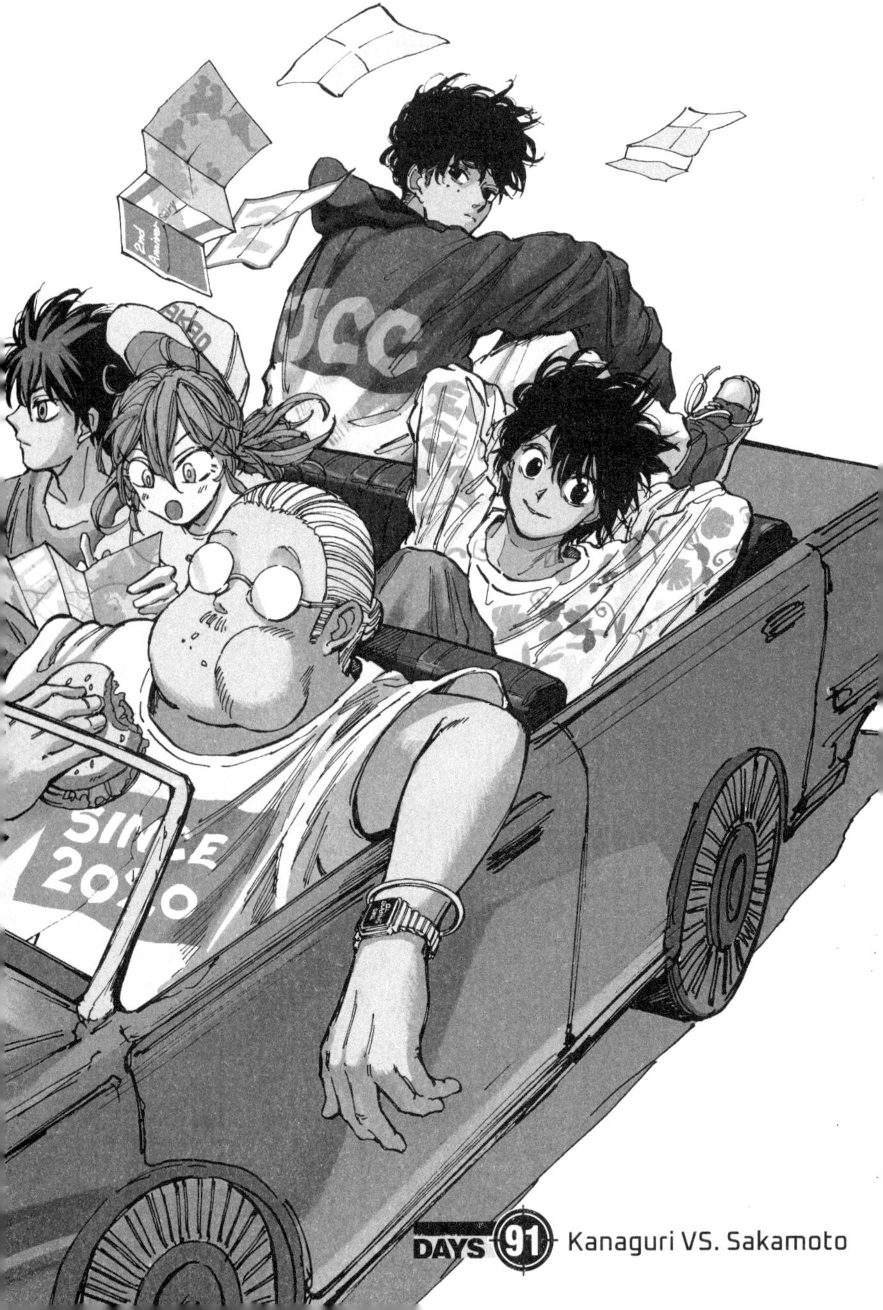

DAYS 91 Kanaguri VS. Sakamoto

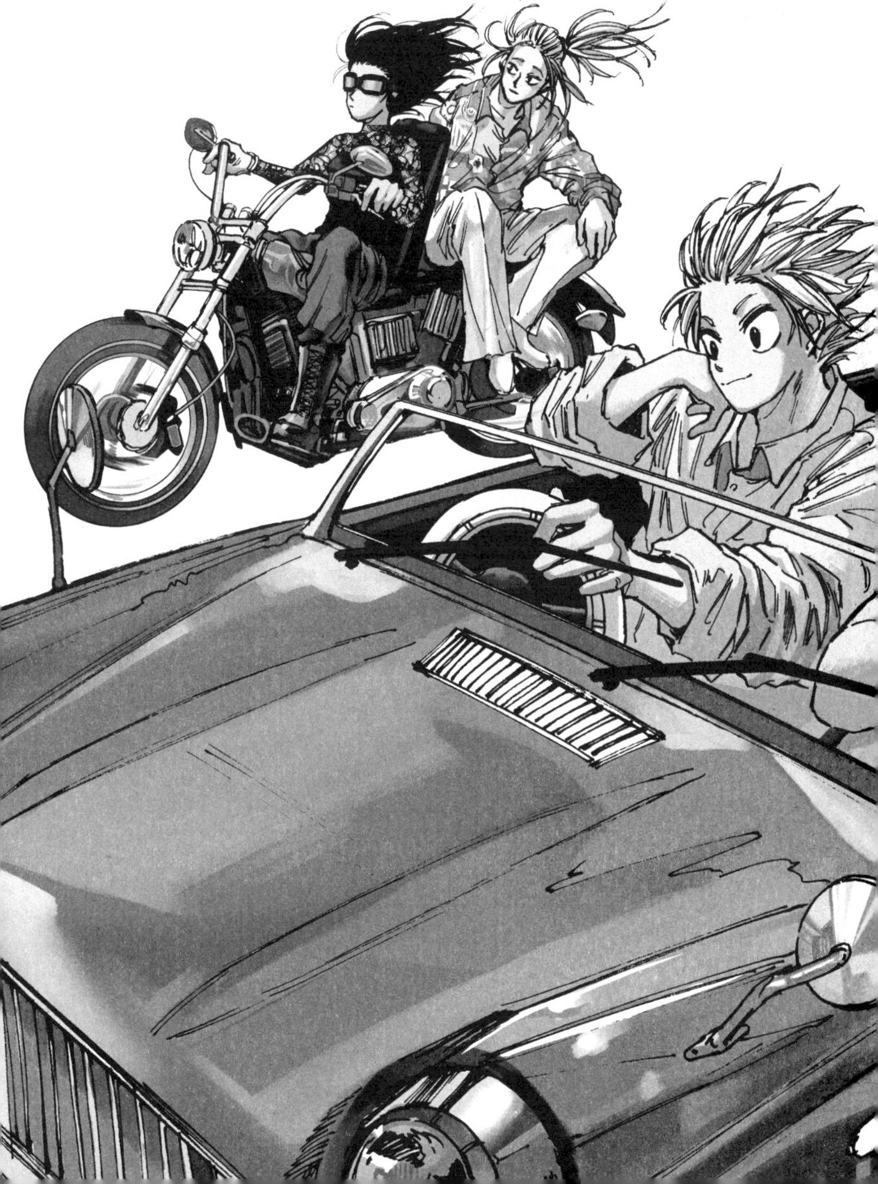

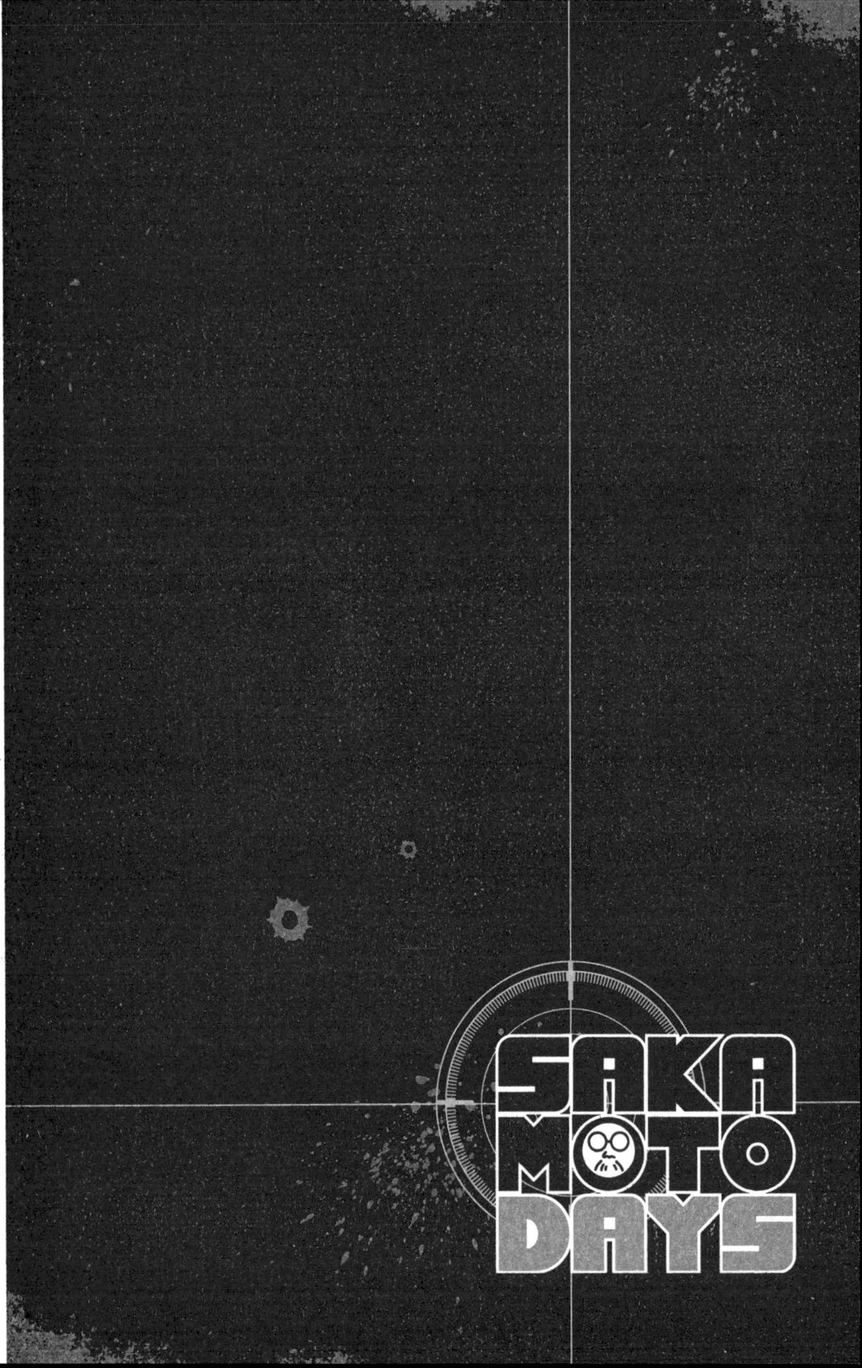
SAKAMOTO DAYS

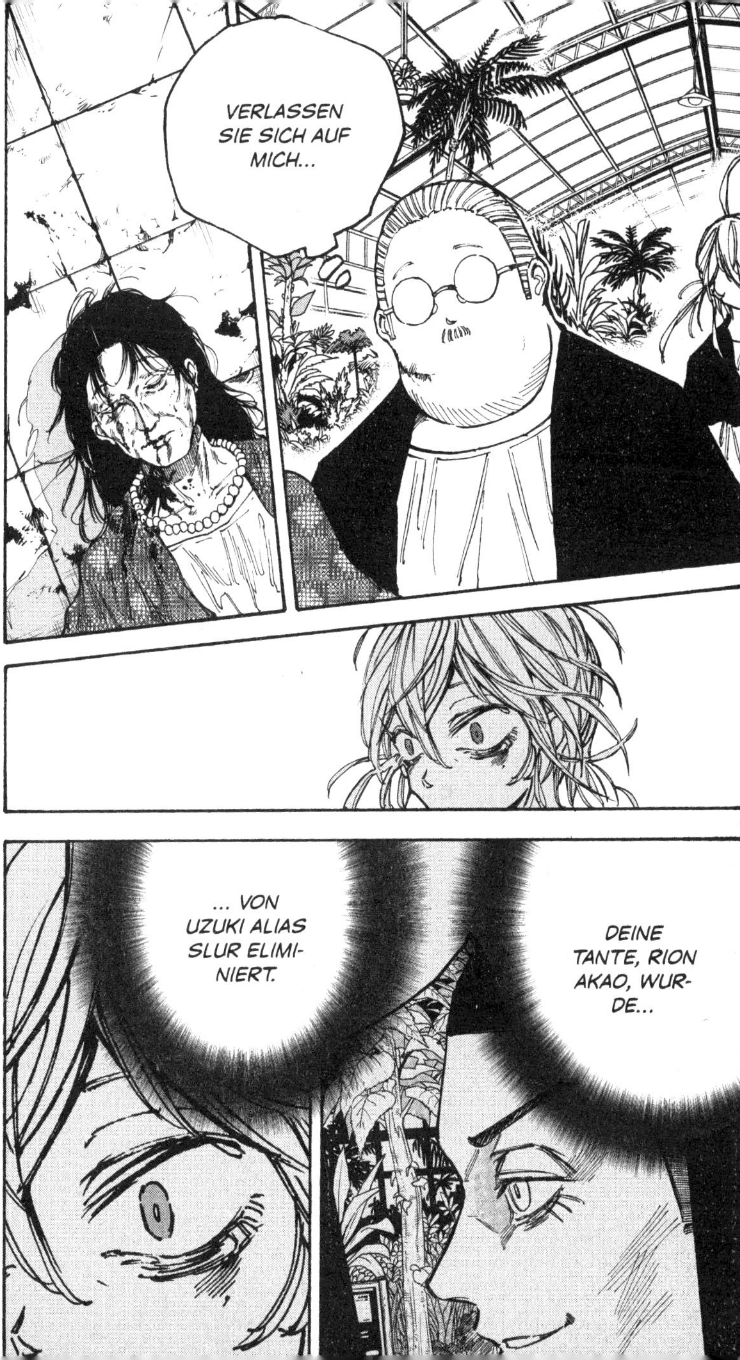
VERLASSEN SIE SICH AUF MICH...
DEINE TANTE, RION AKAO, WUR-DE...
... VON UZUKI ALIAS SLUR ELIMI-NIERT.

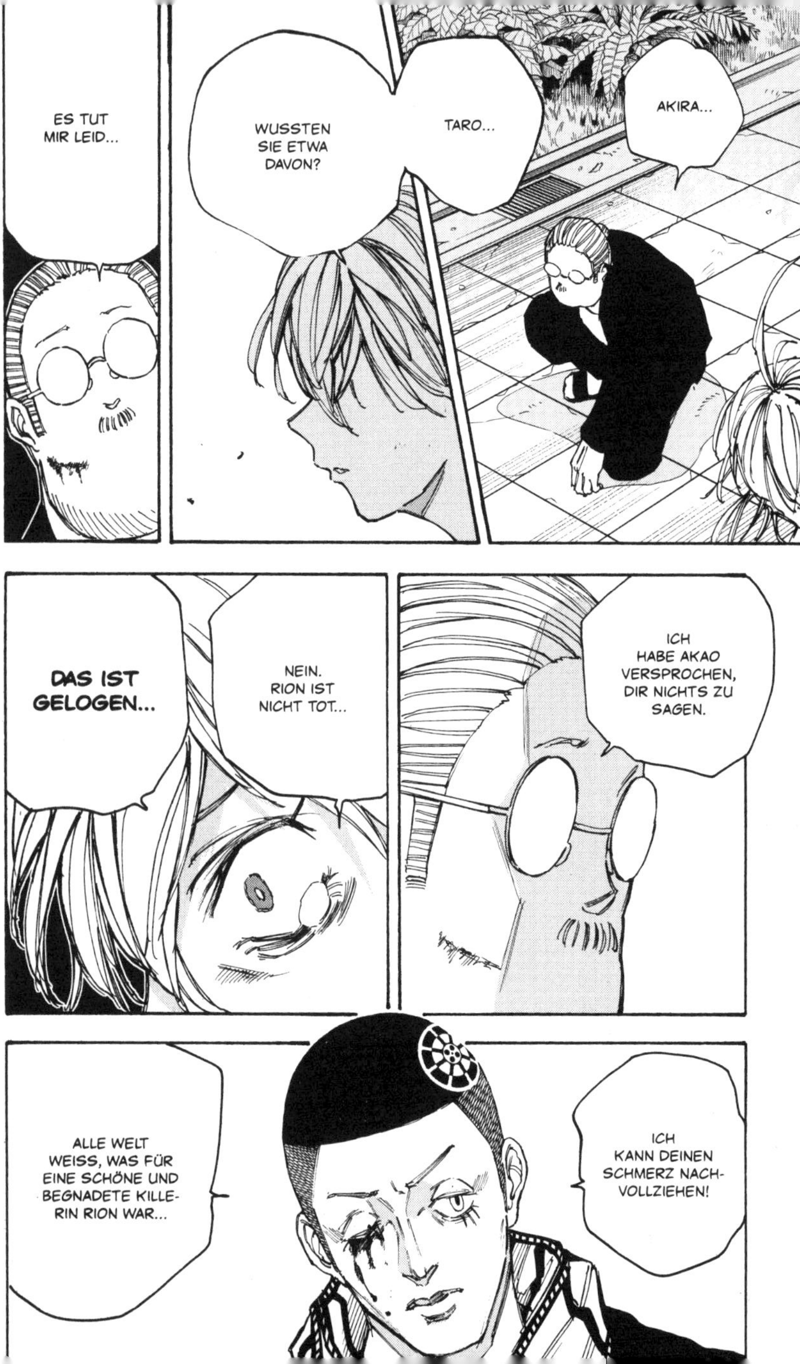
AKIRA...
TARO...
WUSSTEN SIE ETWA DAVON?
ES TUT MIR LEID...
ICH HABE AKAO VERSPROCHEN, DIR NICHTS ZU SAGEN.
NEIN. RION IST NICHT TOT...
DAS IST GELOGEN...
ICH KANN DEINEN SCHMERZ NACH-VOLLZIEHEN!
ALLE WELT WEISS, WAS FÜR EINE SCHÖNE UND BEGNADETE KILLE-RIN RION WAR...

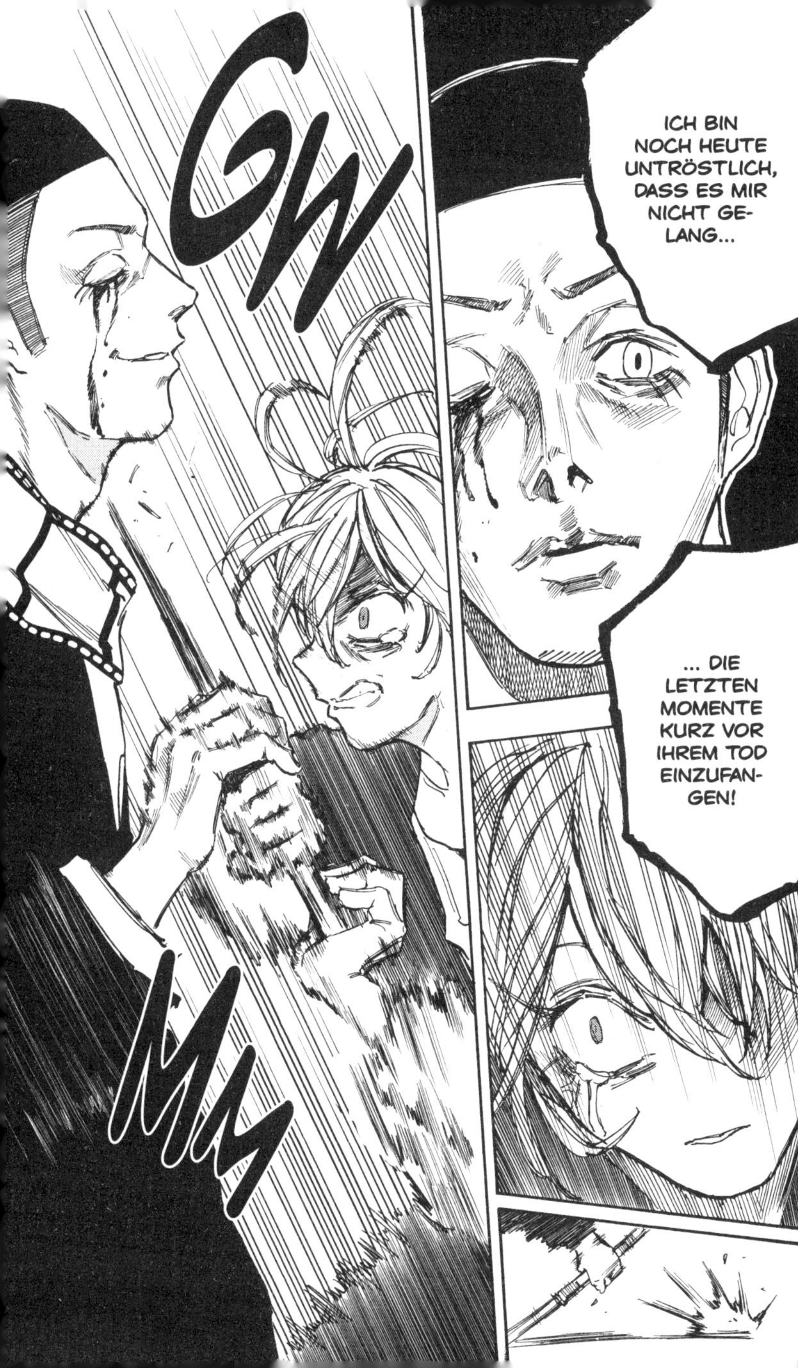
GW
MM
ICH BIN NOCH HEUTE UNTRÖSTLICH, DASS ES MIR NICHT GE-LANG...
... DIE LETZTEN MOMENTE KURZ VOR IHREM TOD EINZUFAN-GEN!

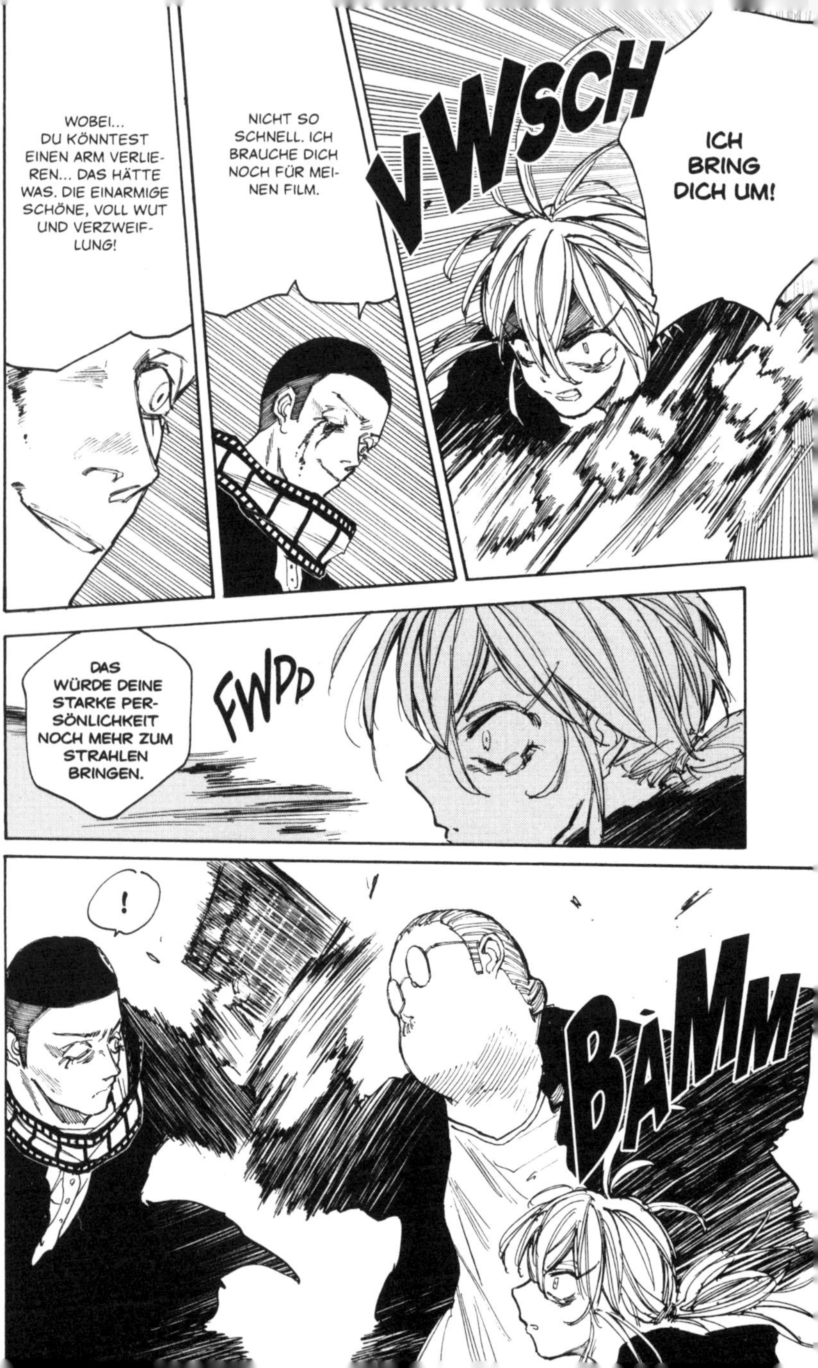
ICH BRING DICH UM!
VWSCH
NICHT SO SCHNELL. ICH BRAUCHE DICH NOCH FÜR MEINEN FILM.
WOBEI... DU KÖNNTEST EINEN ARM VERLIEREN... DAS HÄTTE WAS. DIE EINARMIGE SCHÖNE, VOLL WUT UND VERZWEIFLUNG!
FWDD
DAS WÜRDE DEINE STARKE PERSÖNLICHKEIT NOCH MEHR ZUM STRAHLEN BRINGEN.
BAMM
!

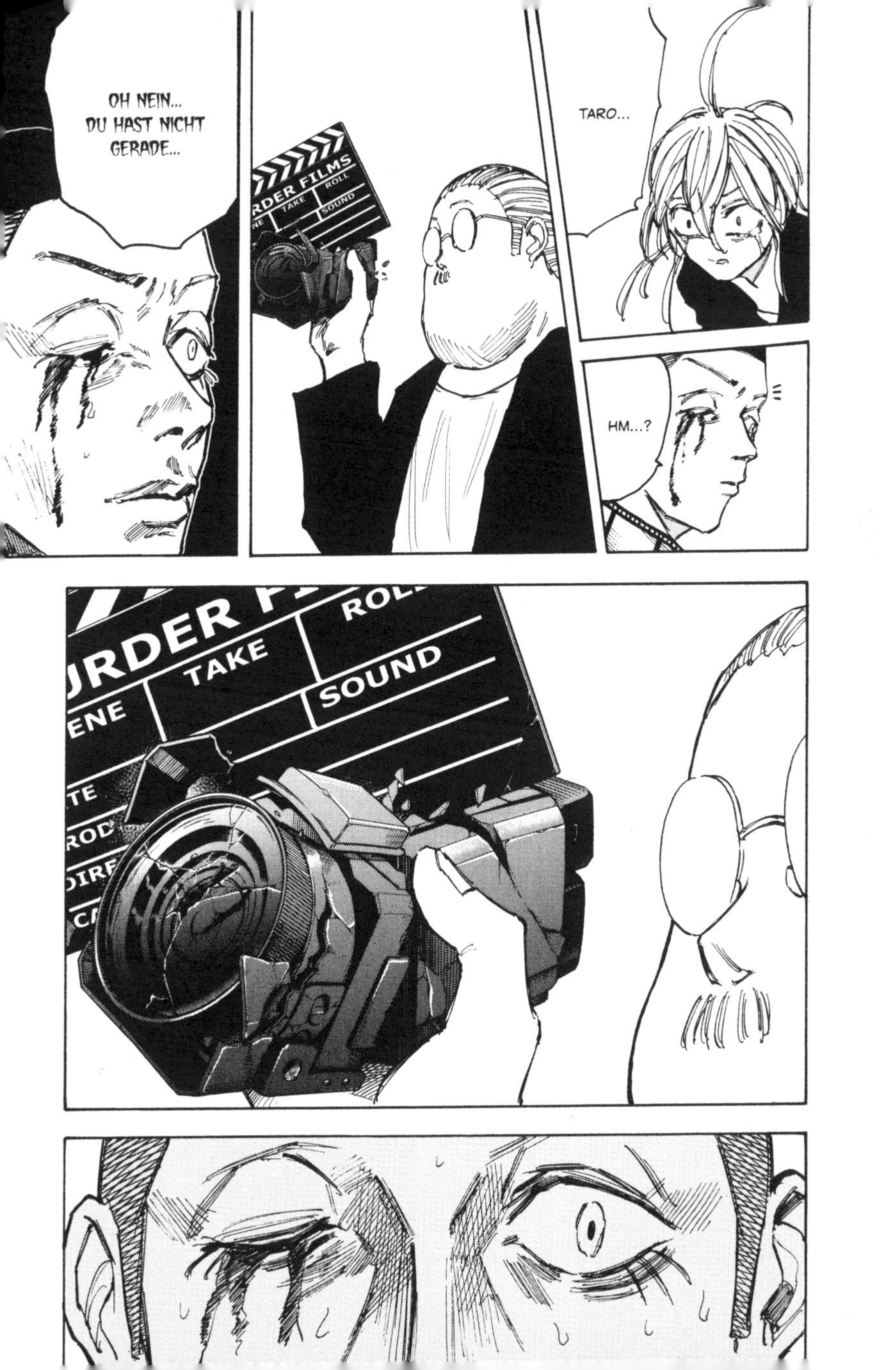
TARO...
HM...?
OH NEIN... DU HAST NICHT GERADE...
TAKE
ROLL
SOUND

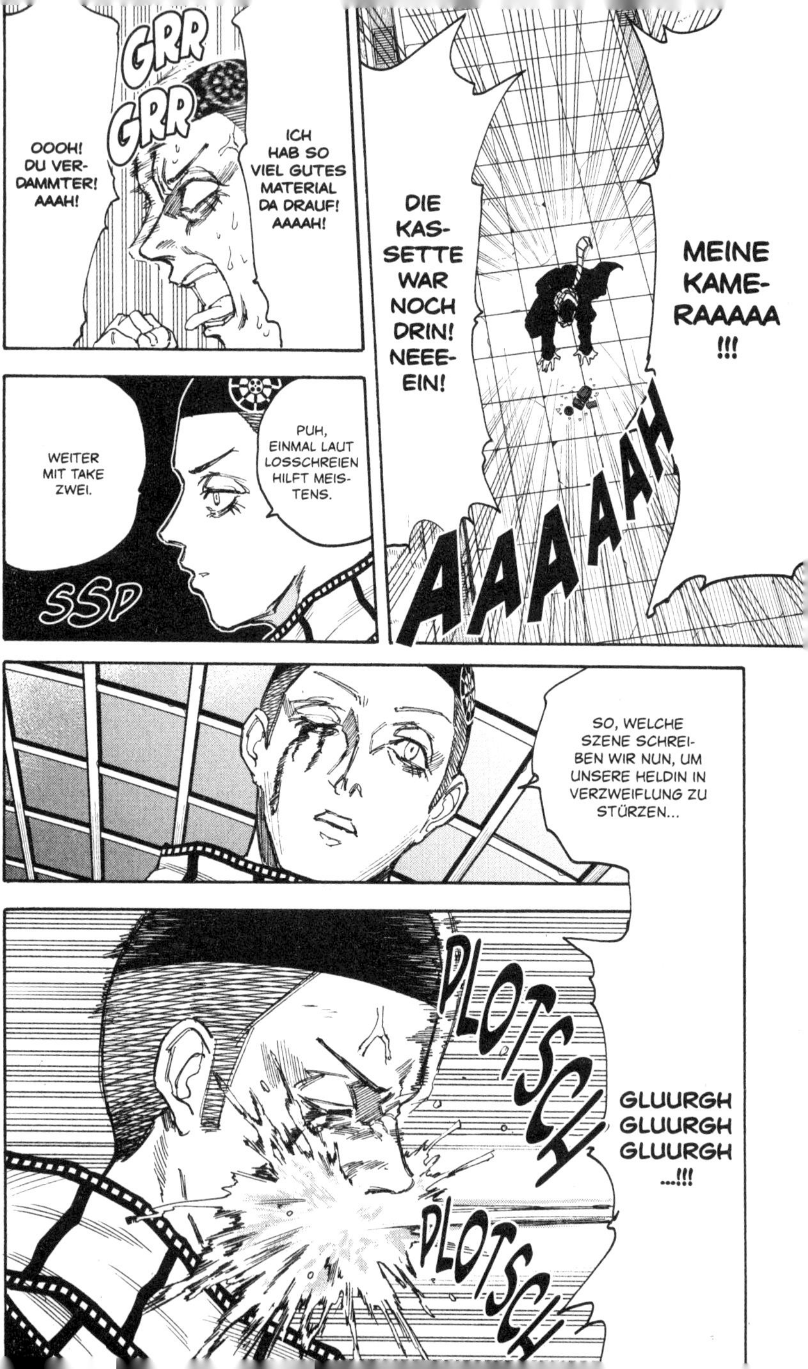
MEINE KAME- RAAAAAA !!!
DIE KAS- SETTE WAR NOCH DRIN! NEEE- EIN!
AAAAAH
GRR GRR
ICH HAB SO VIEL GUTES MATERIAL DA DRAUF! AAAAH!
OOOH! DU VER- DAMMTER! AAAH!
PUH, EINMAL LAUT LOSSCHREIEN HILFT MEIS- TENS.
WEITER MIT TAKE ZWEI.
SSP
SO, WELCHE SZENE SCHREI- BEN WIR NUN, UM UNSERE HELDIN IN VERZWEIFLUNG ZU STÜRZEN...
GLUURGH GLUURGH GLUURGH ...!!!
PLOTSCH
PLOTSCH

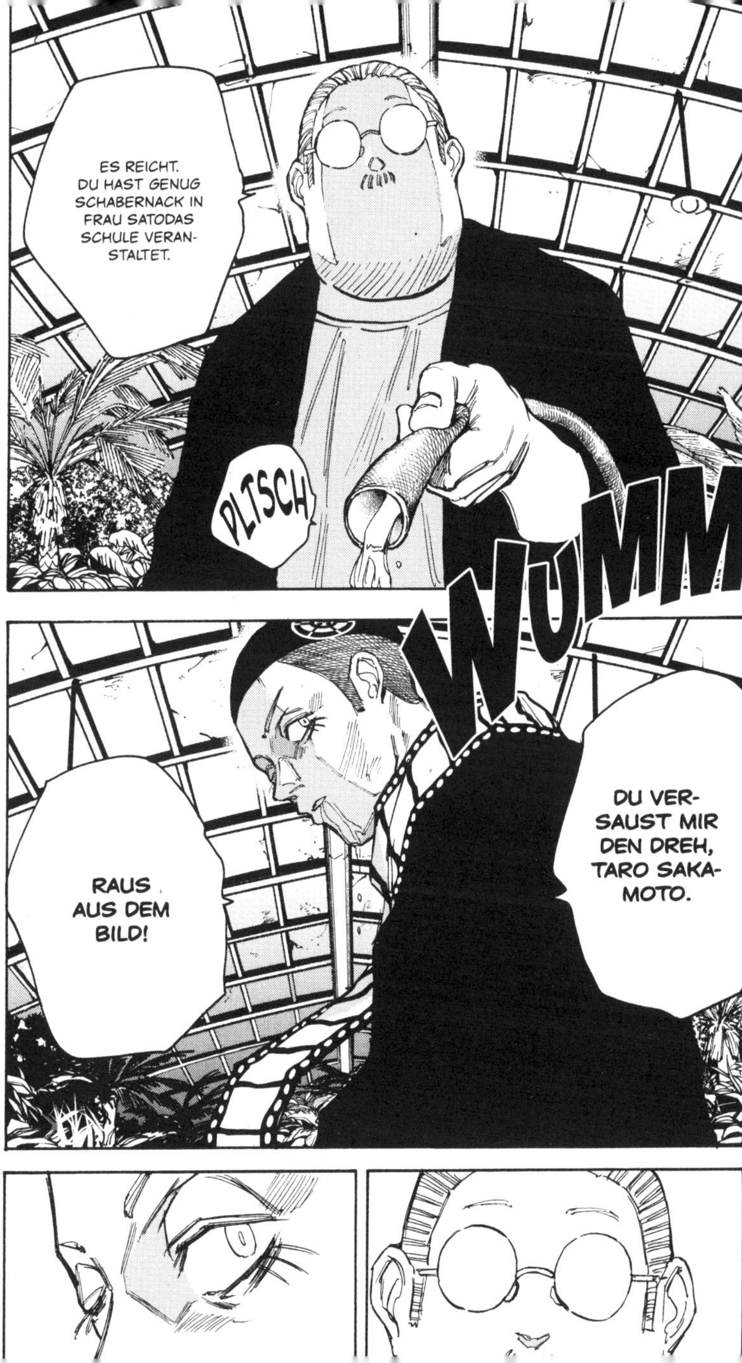
ES REICHT. DU HAST GENUG SCHABERNACK IN FRAU SATODAS SCHULE VERANSTALTET.
PLTSCH
WUMM
DU VERSAUST MIR DEN DREH, TARO SAKAMOTO.
RAUS AUS DEM BILD!

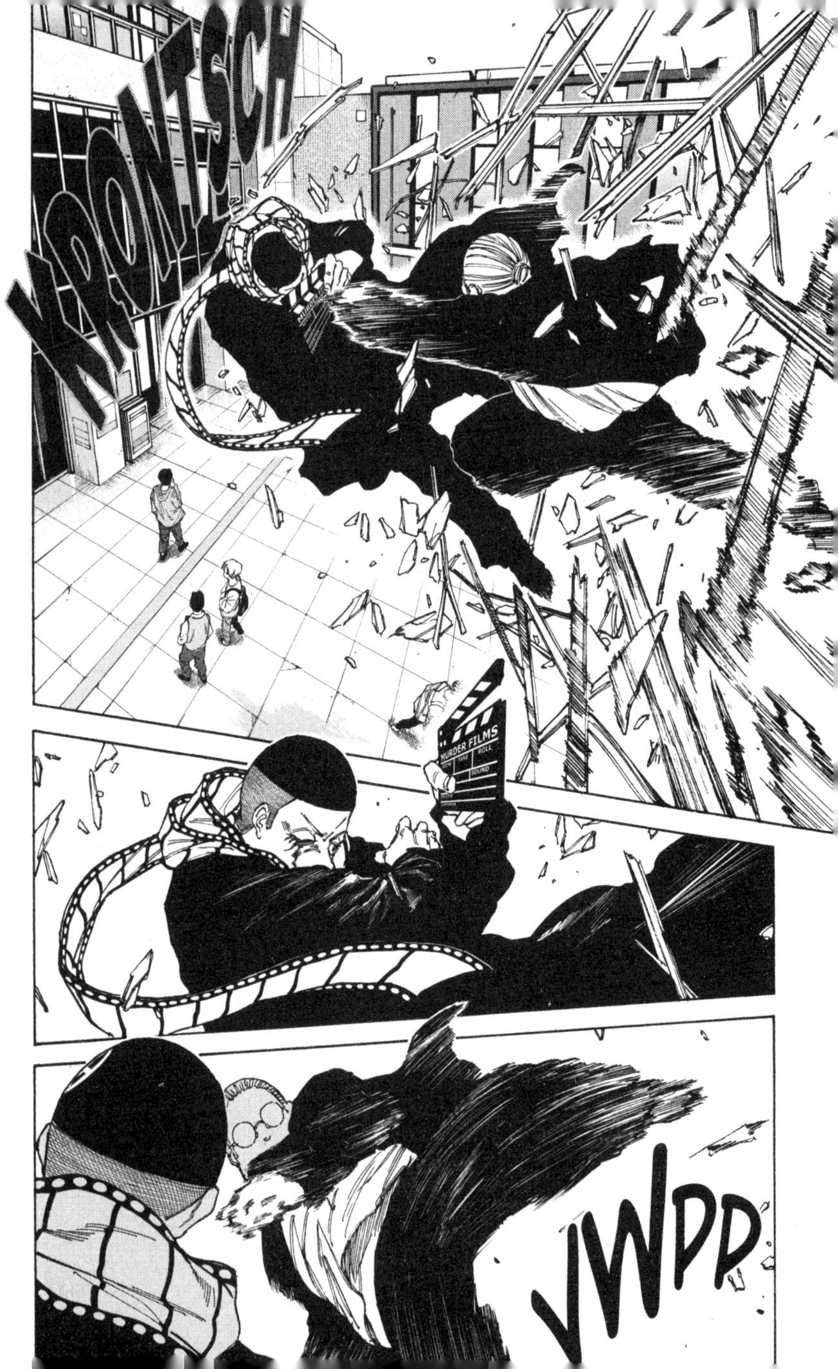
KRONTSCH
MURDER FILMS
SCENE
TAKE
ROLL
SOUND

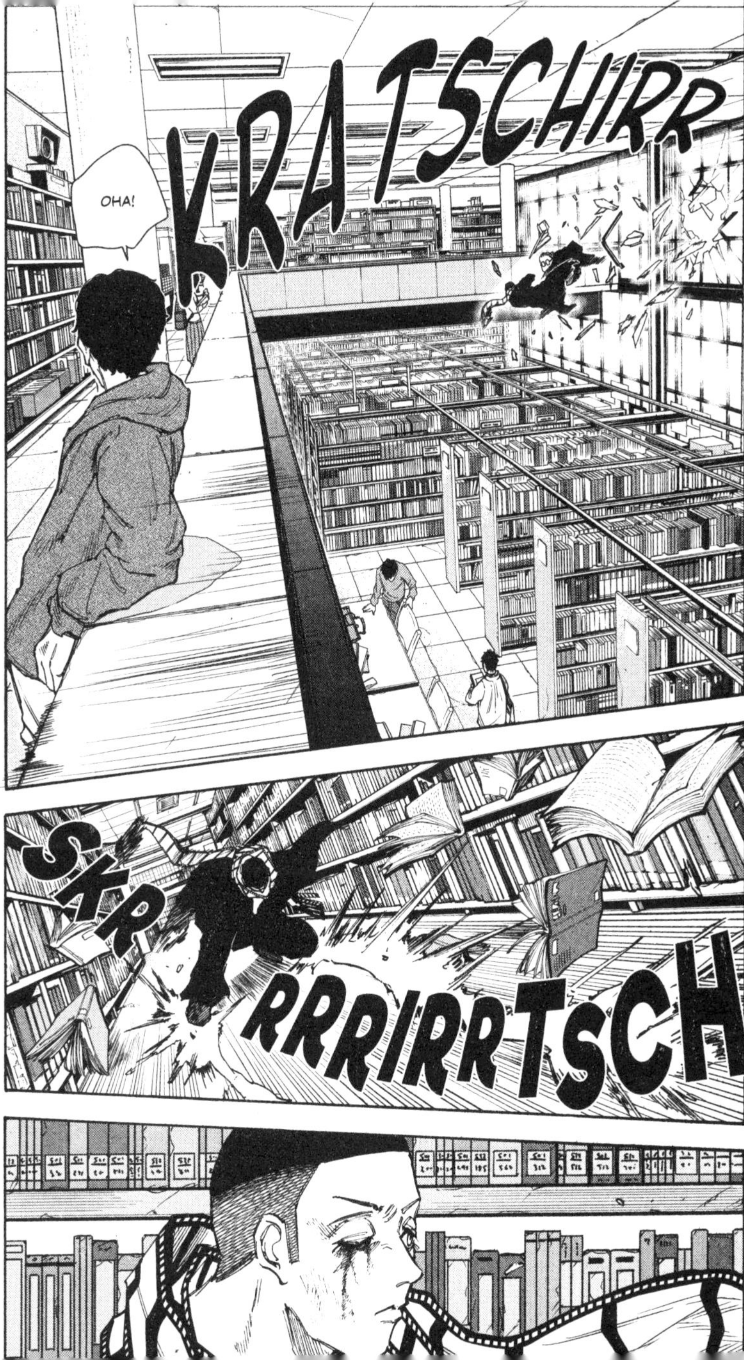
KRATSCHIRR
OHA!
SKR
RRRIRRTSCH

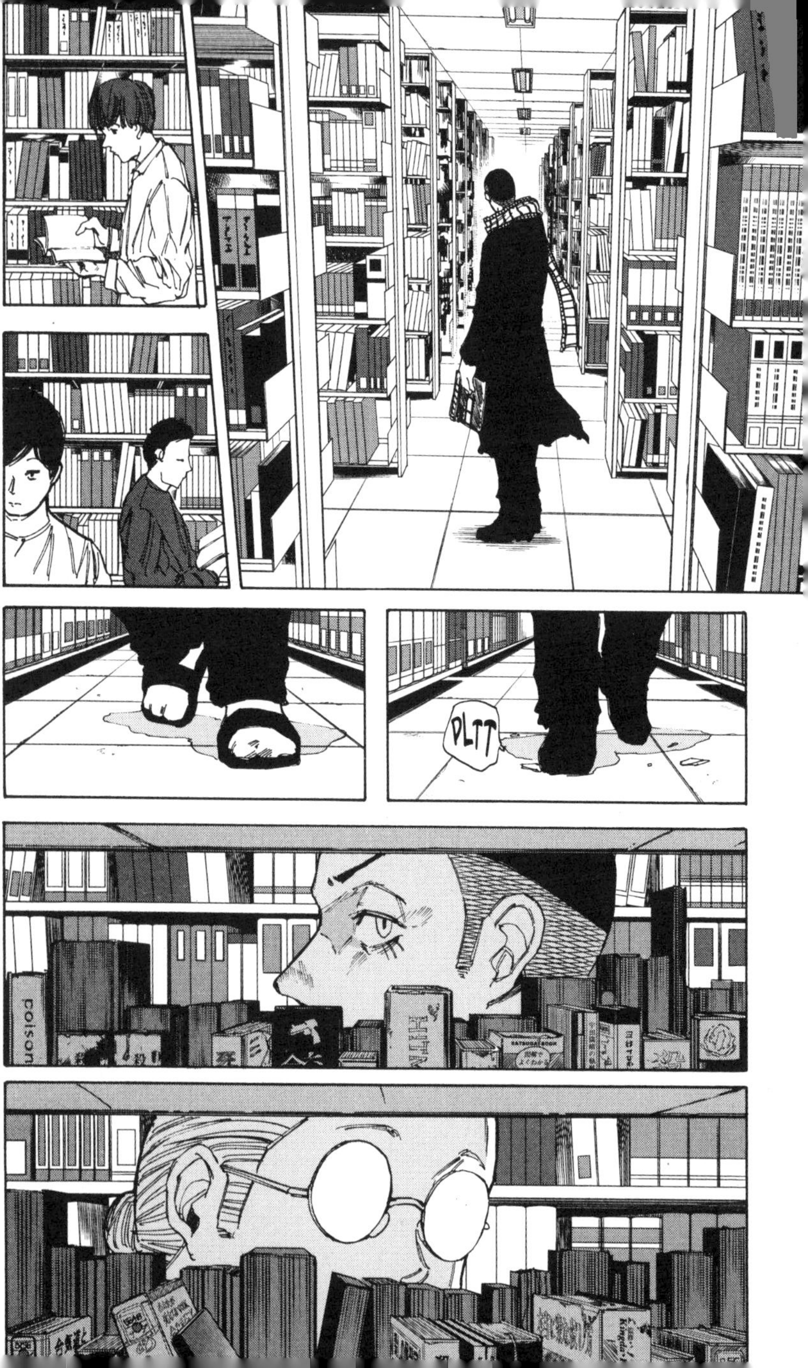
PLTT

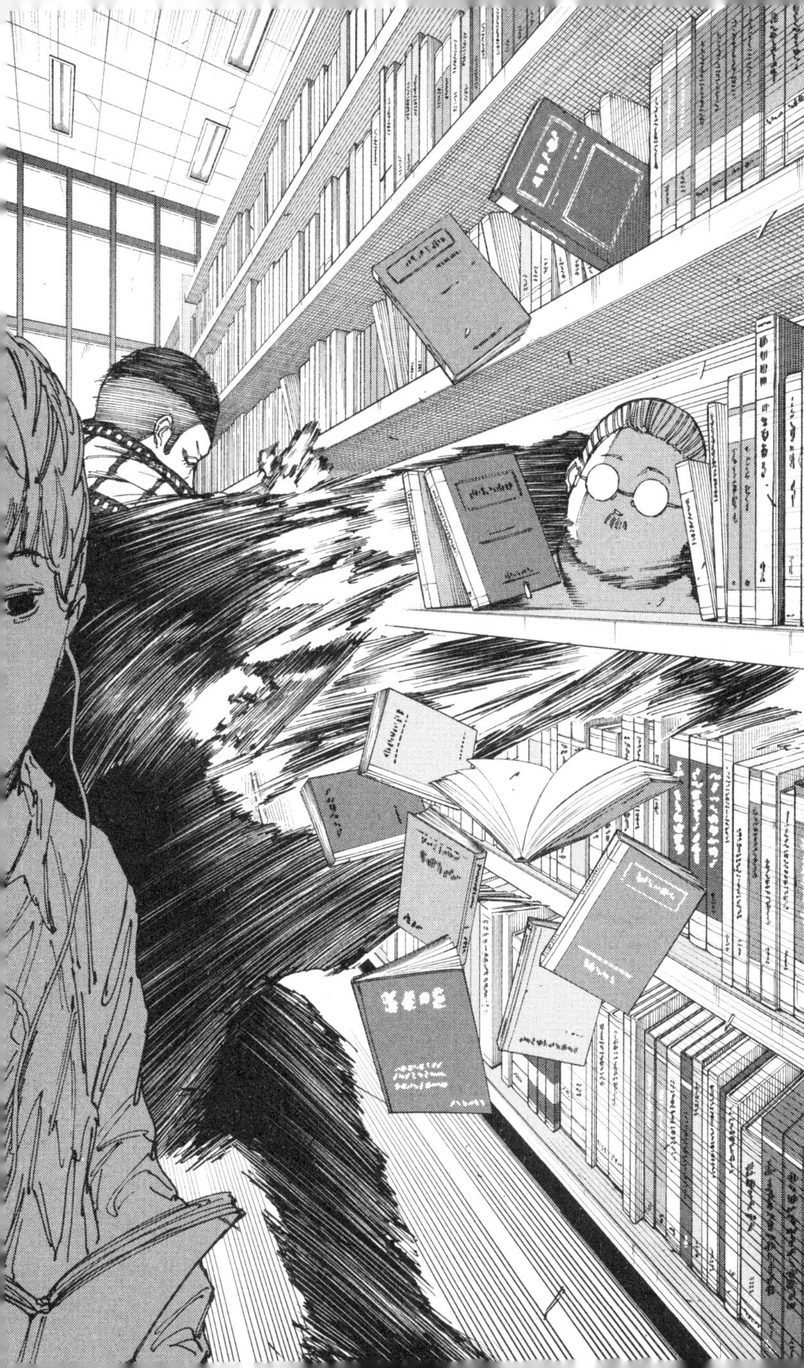

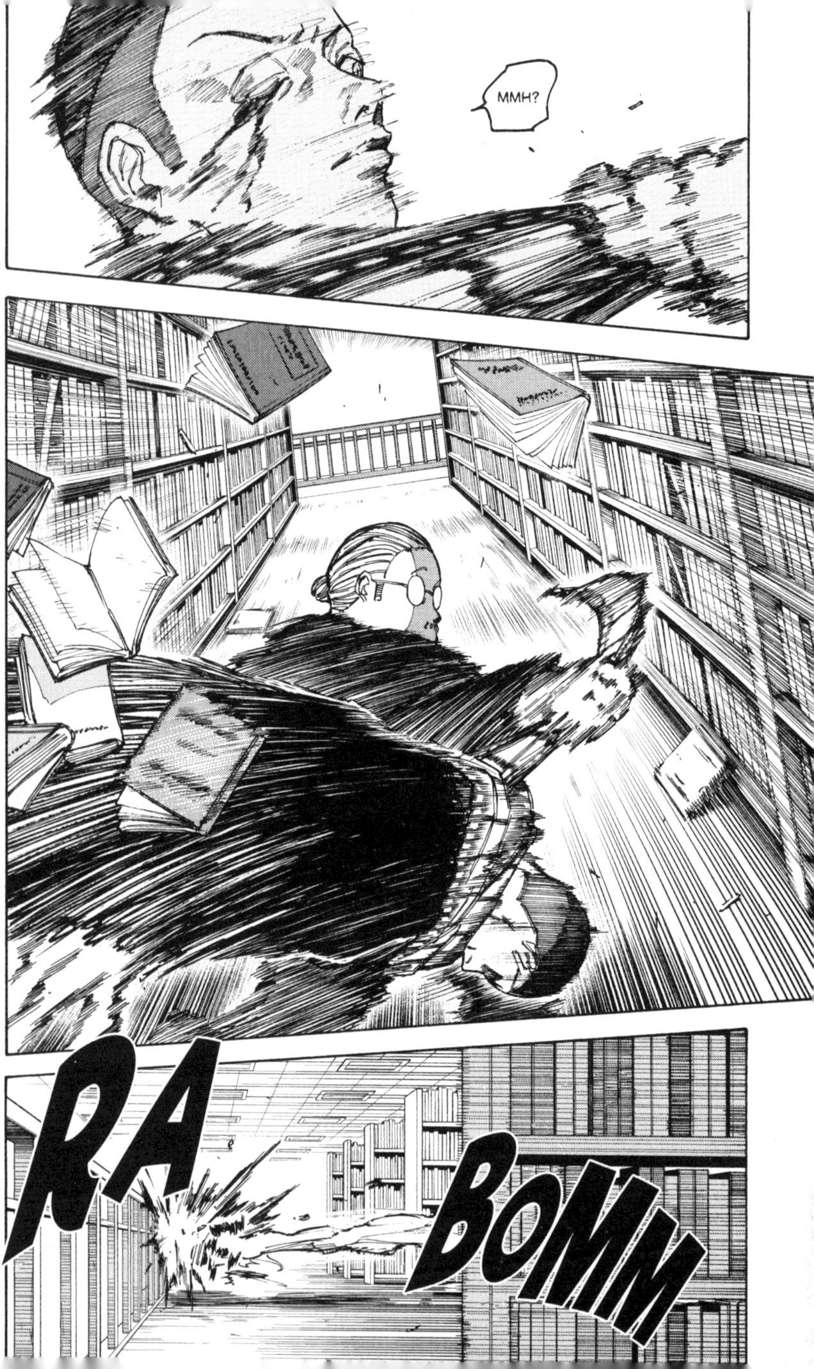
MMH?
RA
BOMM

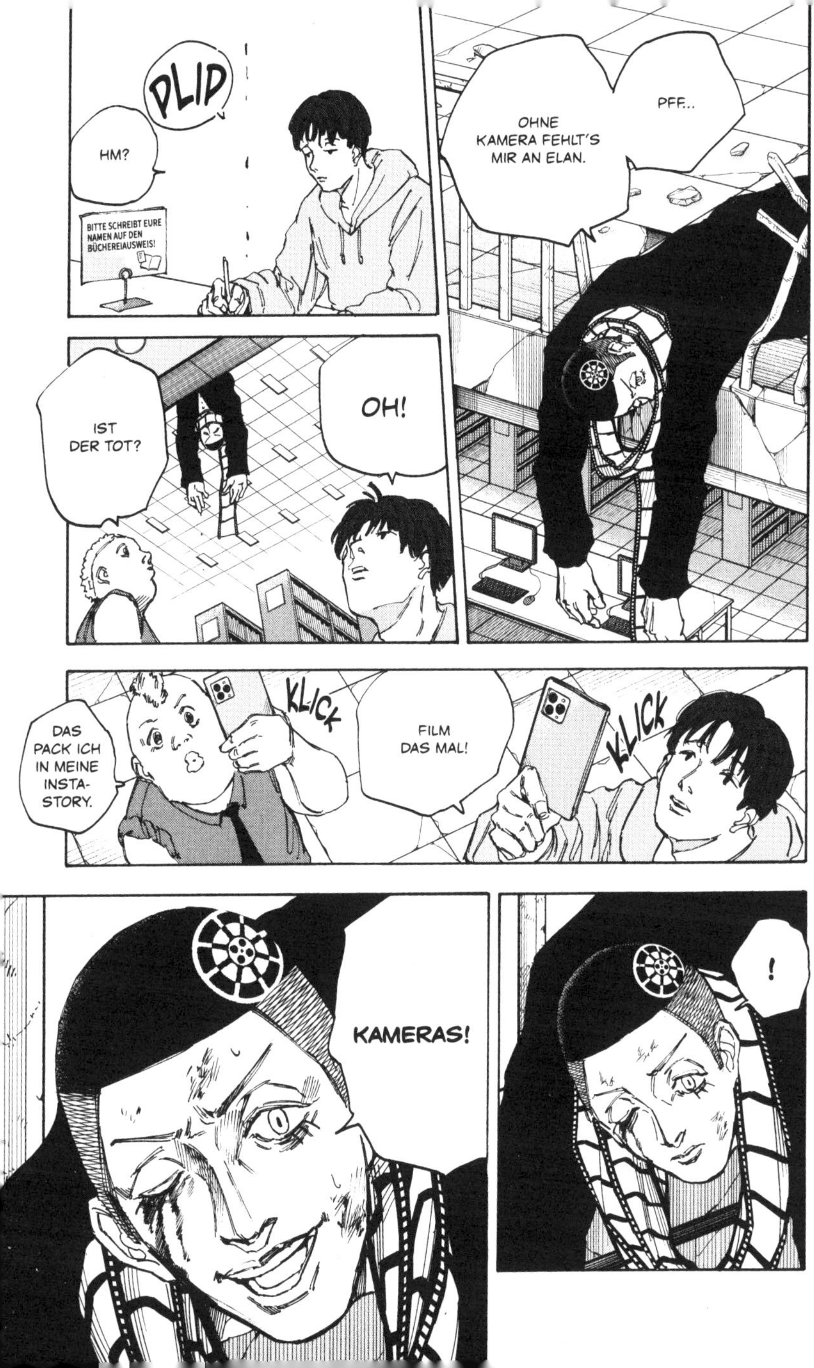
PFF...
OHNE KAMERA FEHLT'S MIR AN ELAN.
PLIP
HM?
BITTE SCHREIBT EURE NAMEN AUF DEN BÜCHEREIAUSWEIS!
OH!
IST DER TOT?
KLICK
FILM DAS MAL!
KLICK
DAS PACK ICH IN MEINE INSTA-STORY.
!
KAMERAS!

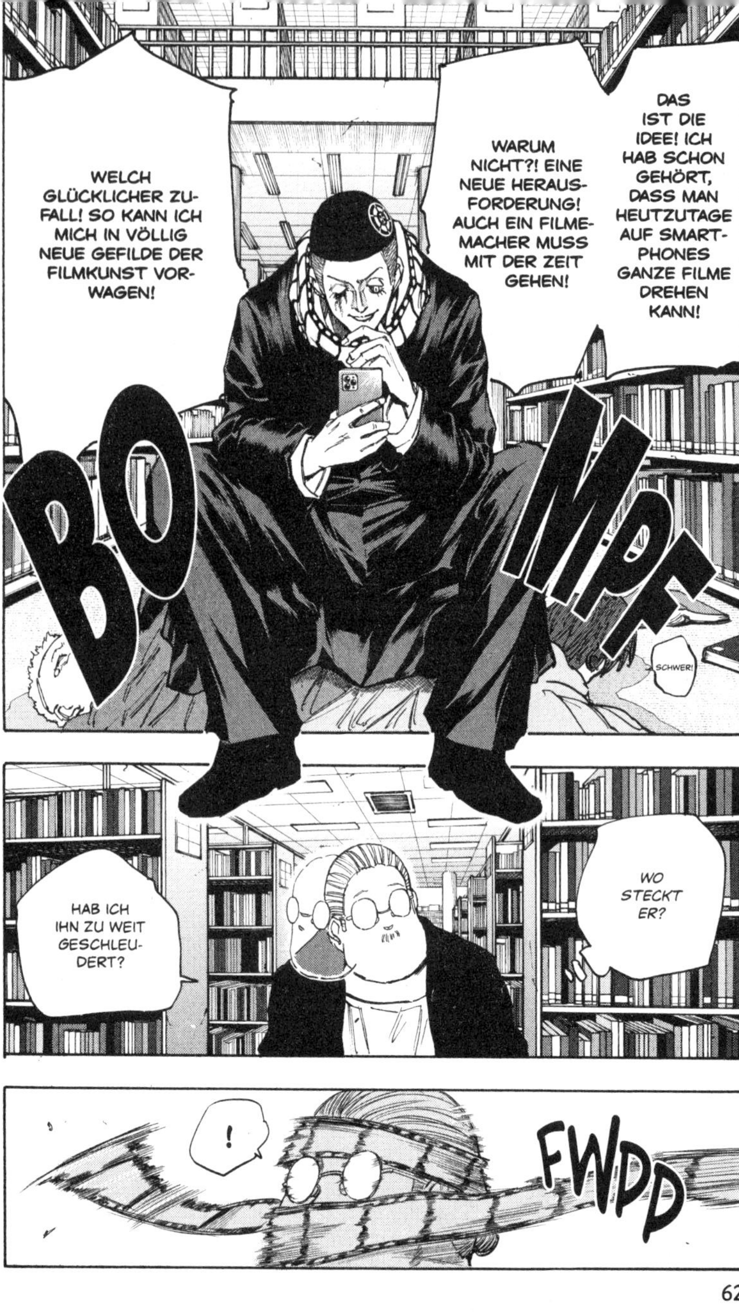
DAS IST DIE IDEE! ICH HAB SCHON GEHÖRT, DASS MAN HEUTZUTAGE AUF SMARTPHONES GANZE FILME DREHEN KANN!
WARUM NICHT?! EINE NEUE HERAUSFORDERUNG! AUCH EIN FILMEMACHER MUSS MIT DER ZEIT GEHEN!
WELCH GLÜCKLICHER ZUFALL! SO KANN ICH MICH IN VÖLLIG NEUE GEFILDE DER FILMKUNST VORWAGEN!
BOMPF
SCHWER!
WO STECKT ER?
HAB ICH IHN ZU WEIT GESCHLEUDERT?
!
FWDP

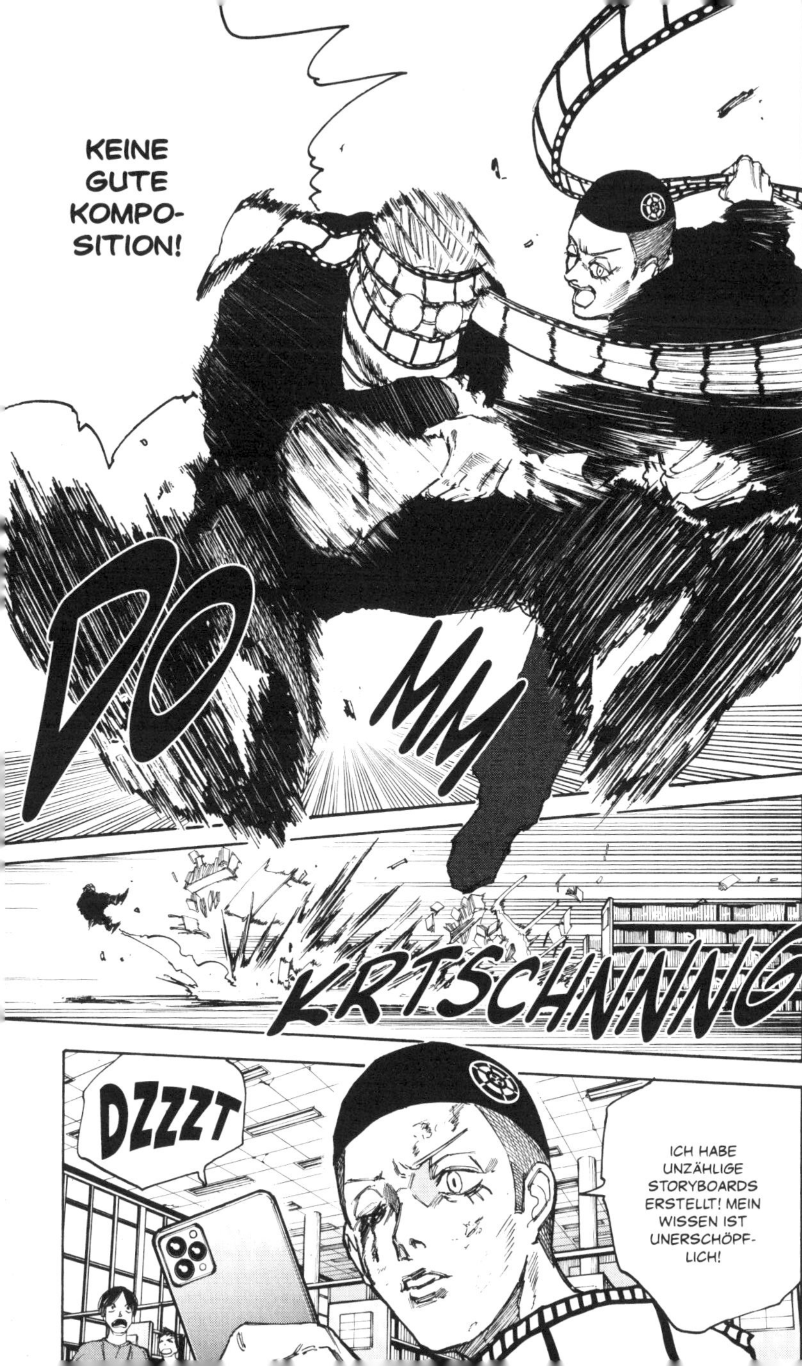
KEINE GUTE KOMPO- SITION!
DOMMM
KRTSCHNNNNG
DZZZZT
ICH HABE UNZÄHLIGE STORYBOARDS ERSTELLT! MEIN WISSEN IST UNERSCHÖPF- LICH!

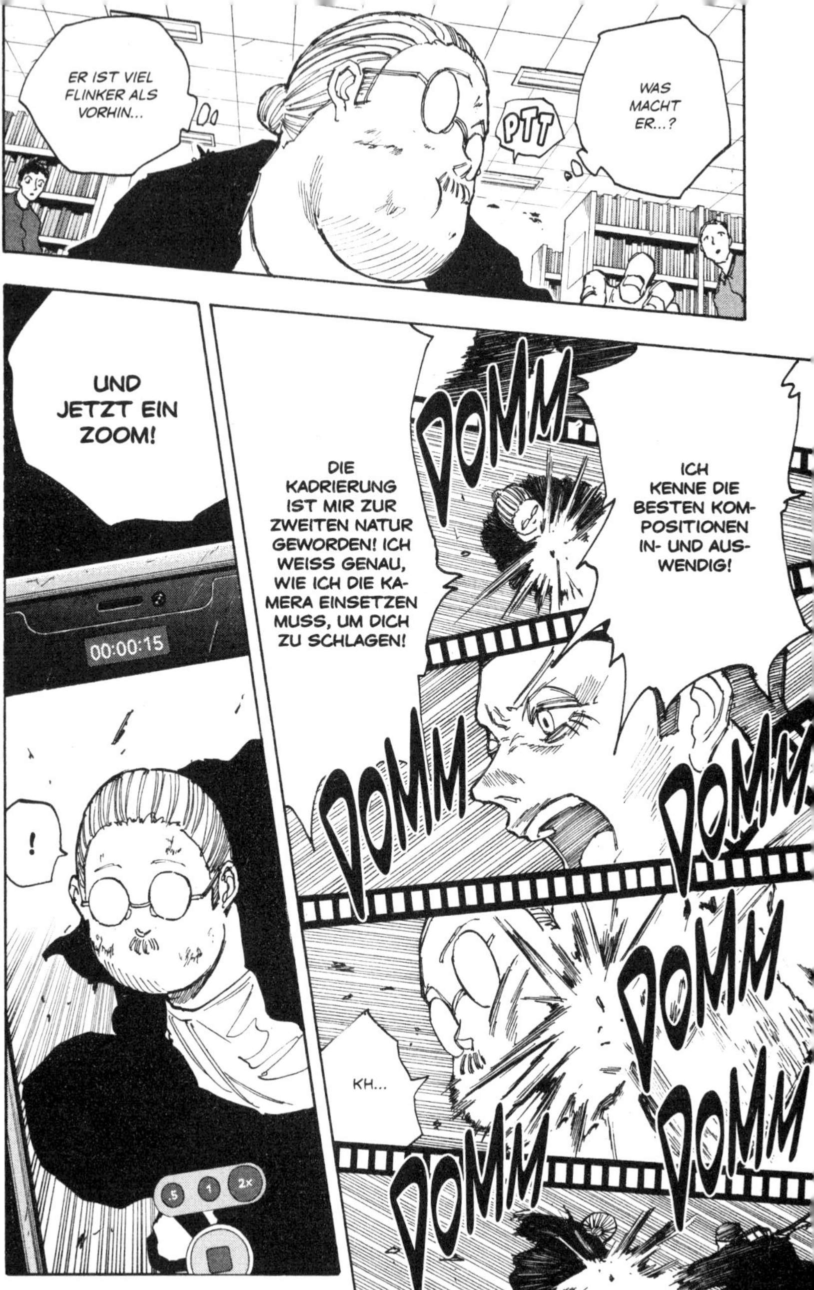

WAS MACHT ER...?
PTT
ER IST VIEL FLINKER ALS VORHIN...
ICH KENNE DIE BESTEN KOMPOSITIONEN IN- UND AUSWENDIG!
DOMM
DIE KADRIERUNG IST MIR ZUR ZWEITEN NATUR GEWORDEN! ICH WEISS GENAU, WIE ICH DIE KAMERA EINSETZEN MUSS, UM DICH ZU SCHLAGEN!
DOMM DOMM DOMM DOMM DOMM DOMM DOMM
KH...
UND JETZT EIN ZOOM!
00:00:15
!
.5
1
2x

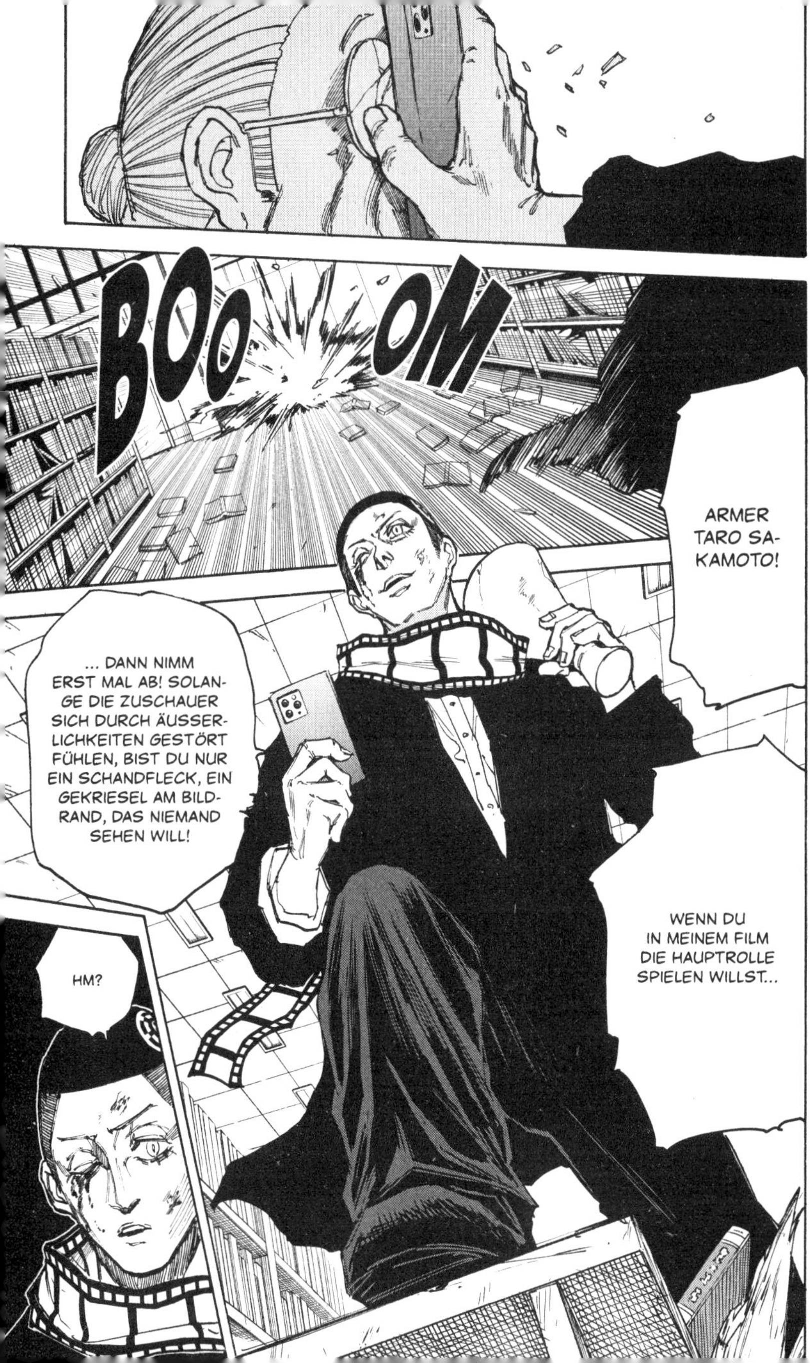
BOOOM
ARMER TARO SA-KAMOTO!
WENN DU IN MEINEM FILM DIE HAUPTROLLE SPIELEN WILLST...
... DANN NIMM ERST MAL AB! SOLAN-GE DIE ZUSCHAUER SICH DURCH ÄUSSER-LICHKEITEN GESTÖRT FÜHLEN, BIST DU NUR EIN SCHANDFLECK, EIN GEKRIESEL AM BILD-RAND, DAS NIEMAND SEHEN WILL!
HM?

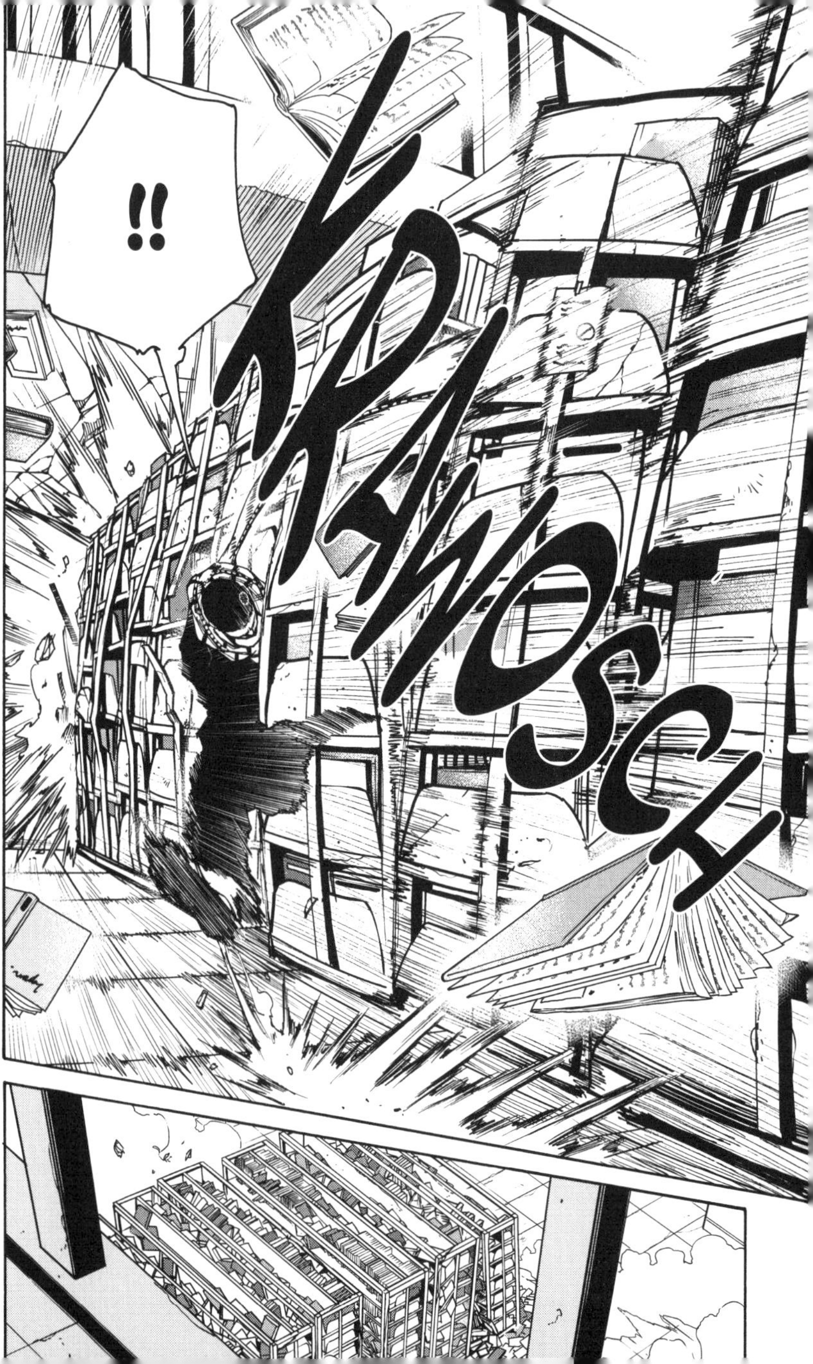
!!
KRAWOSCH

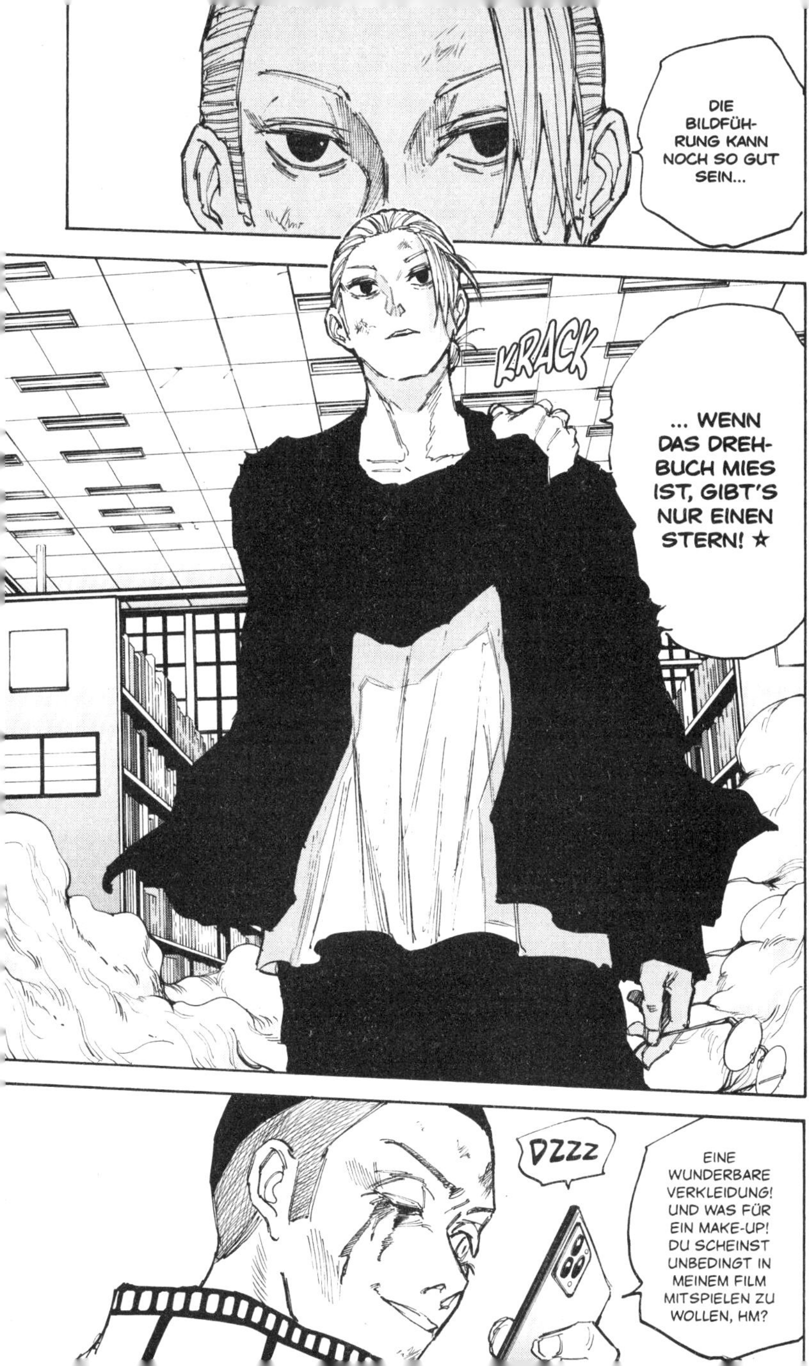
DIE BILDFÜHRUNG KANN NOCH SO GUT SEIN...
KRACK
... WENN DAS DREHBUCH MIES IST, GIBT'S NUR EINEN STERN! ☆
DZZZ
EINE WUNDERBARE VERKLEIDUNG! UND WAS FÜR EIN MAKE-UP! DU SCHEINST UNBEDINGT IN MEINEM FILM MITSPIELEN ZU WOLLEN, HM?

HINTER DEN KULISSEN DER KULISSEN

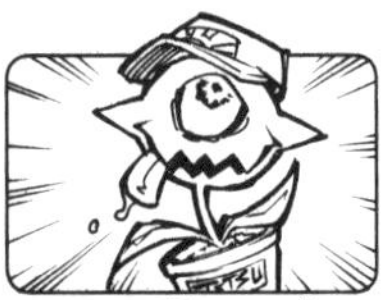

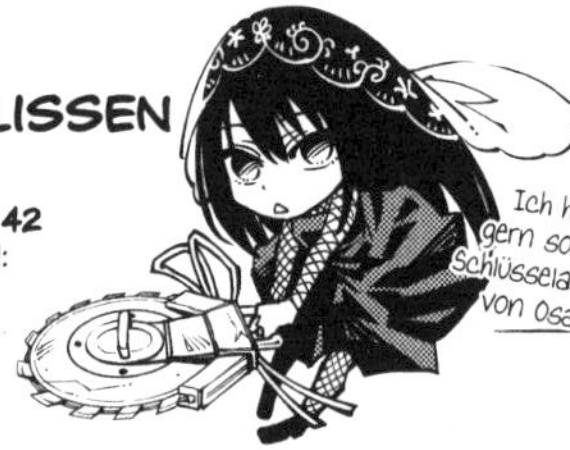

BAND 5, KAPITEL 42
HINTERGRÜNDE VON:
TETSU OKAWA

KOMMENTAR

ICH WAR FÜR DIE ZEICHNUNGEN DES GEGENÜBERLIEGENDEN SETS VERANTWORTLICH. ICH HÄNGE SEHR AN DIESEM HINTERGRUND, WEIL ES DAS ERSTE PANEL IST, DAS MICH MEHR ALS EINEN TAG IN ANSPRUCH GENOMMEN HAT.

ANDERERSEITS MACHTE SUZUKI-SENSEI MIR AUCH EIN KOMPLIMENT FÜR DIESE ZEICHNUNG. ER MEINTE, ER LIEBE DAS DEKOR UND ICH HÄTTE EINEN WAHNSINNIG GUTEN JOB GEMACHT! ES HAT IHM RICHTIG GUT GEFALLEN.

IWAKURA UND ICH WAREN SUZUKI-SENSEIS EINZIGE ASSISTENTEN, ALS WIR DIESES KAPITEL SCHRIEBEN. ICH ERINNERE MICH, DASS WIR ETWAS PANIK AUFGRUND DER BEVORSTEHENDEN DEADLINES HATTEN.

IM ATELIER SIND SUZUKI-SENSEI UND SEINE FRAU JEDERZEIT BEREIT, UNS ZEICHENTECHNIKEN BEIZUBRINGEN ODER GUTE RATSCHLÄGE ZU GEBEN. DAFÜR BIN ICH DEN BEIDEN SEHR DANKBAR!

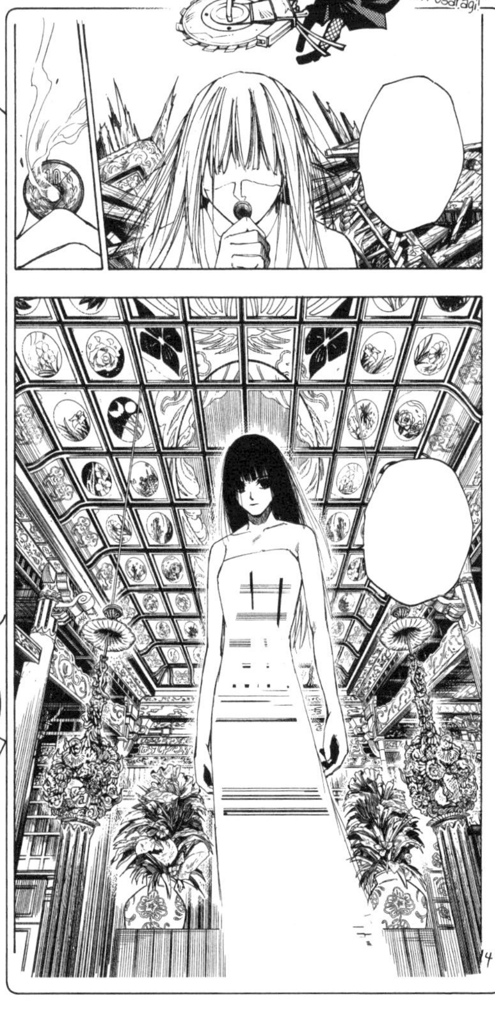

MÖCHTET IHR WISSEN, WAS HINTER DEN KULISSEN VOR SICH GEHT UND WAS ES HIERMIT AUF SICH HAT? ICH AUCH! HIER PRÄSENTIEREN WIR EUCH EINEN BRANDNEUEN HINTERGRUND, DER GERADE NOCH IN ARBEIT IST, AUS DEM BACKSTAGEBEREICH DES »SAKAMOTO DAYS«-ATELIER! SENSEI, WIR WERDEN SAGEN, DASS SIE MIT DER VERÖFFENTLICHUNG EINVERSTANDEN WAREN!

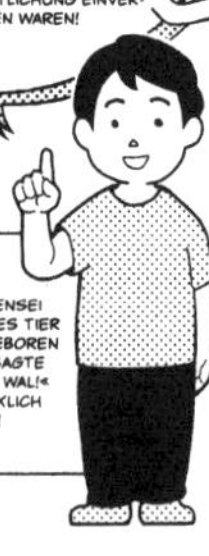

MEMO

ALS ICH SUZUKI-SENSEI FRAGTE, ALS WELCHES TIER ER GERNE WIEDERGEBOREN WERDEN WÜRDE, SAGTE ER: »ALS GROSSER WAL!« DAS FAND ICH WIRKLICH BEZAUBERND!

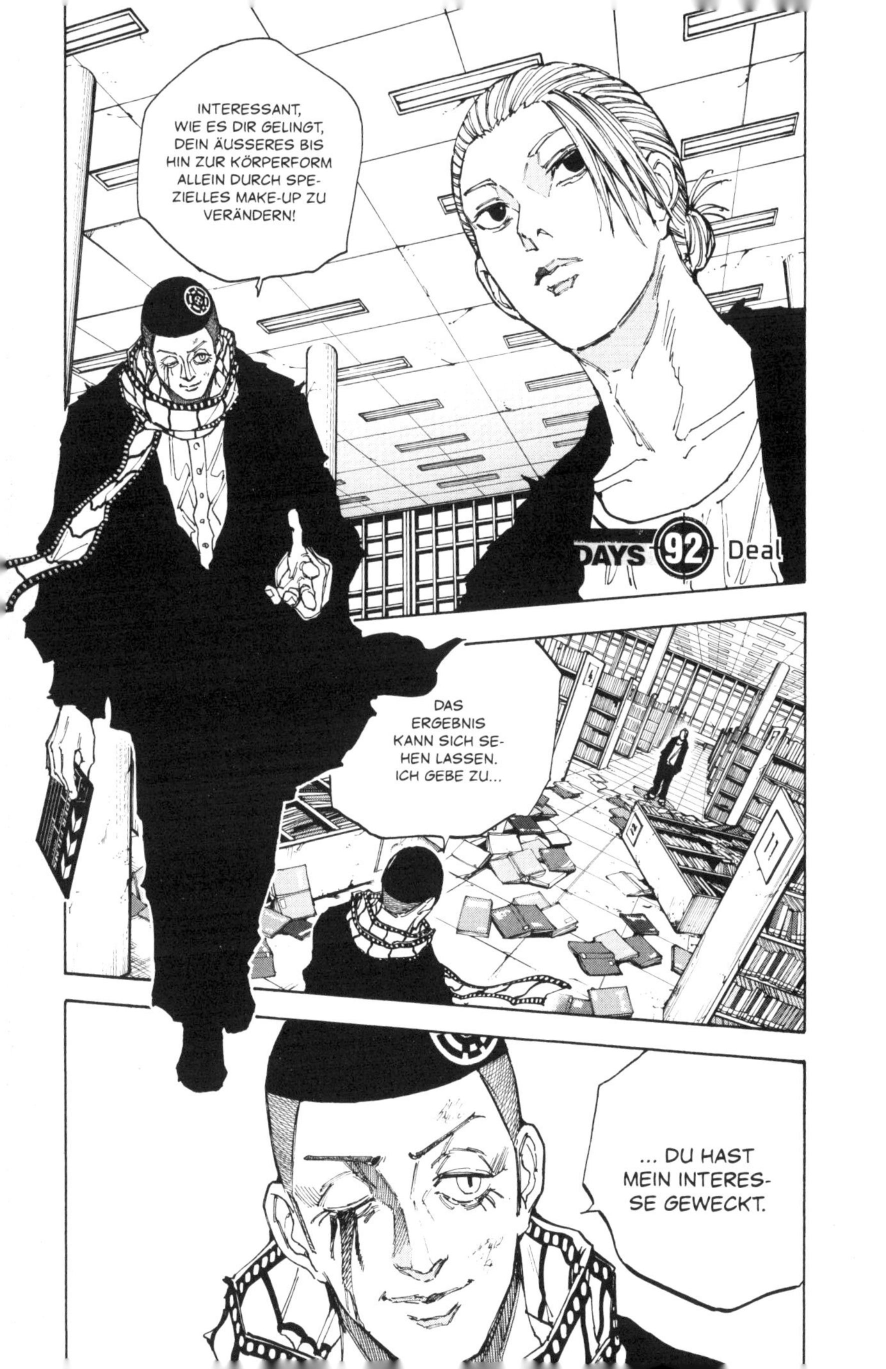
INTERESSANT, WIE ES DIR GELINGT, DEIN ÄUSSERES BIS HIN ZUR KÖRPERFORM ALLEIN DURCH SPEZIELLES MAKE-UP ZU VERÄNDERN!
DAYS 92 Deal
DAS ERGEBNIS KANN SICH SEHEN LASSEN. ICH GEBE ZU...
... DU HAST MEIN INTERESSE GEWECKT.

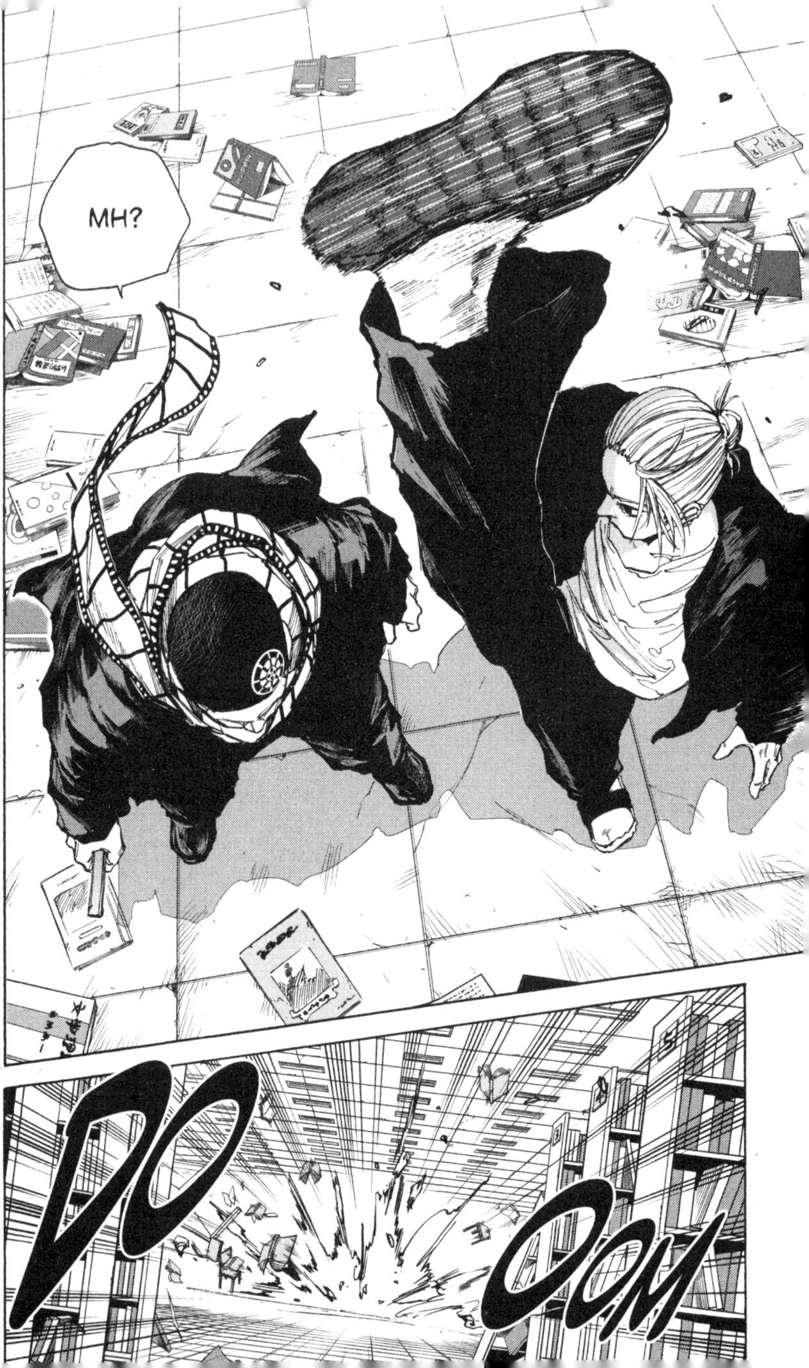
MH?
DOOOM

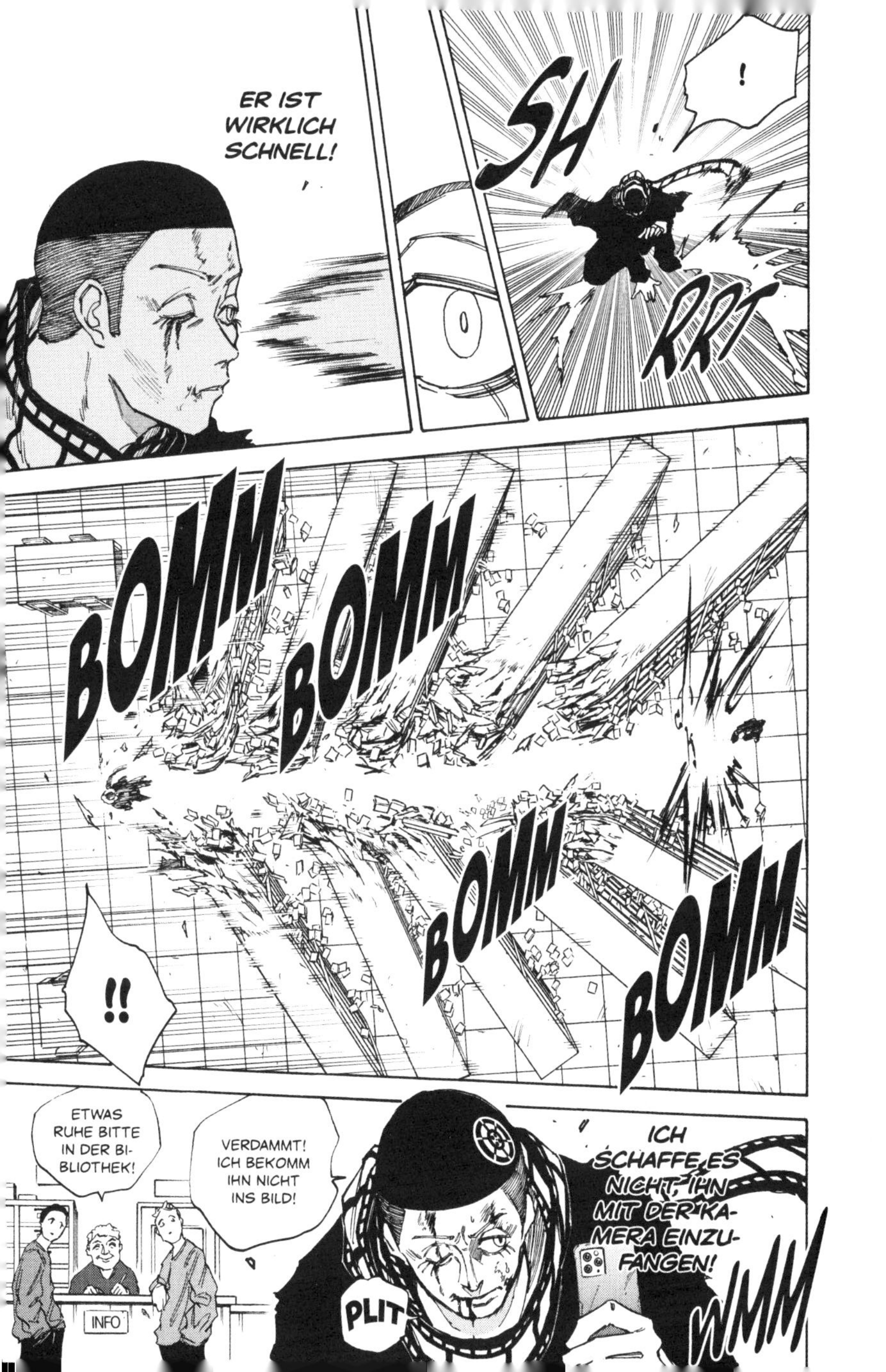
!
SH
RRRT
ER IST
WIRKLICH
SCHNELL!
BOMM
BOMM
BOMM
BOMM
!!
ICH
SCHAFFE ES
NICHT, IHN
MIT DER KA-
MERA EINZU-
FANGEN!
WMM
PLIT
VERDAMMT!
ICH BEKOMM
IHN NICHT
INS BILD!
ETWAS
RUHE BITTE
IN DER BI-
BLIOTHEK!
INFO

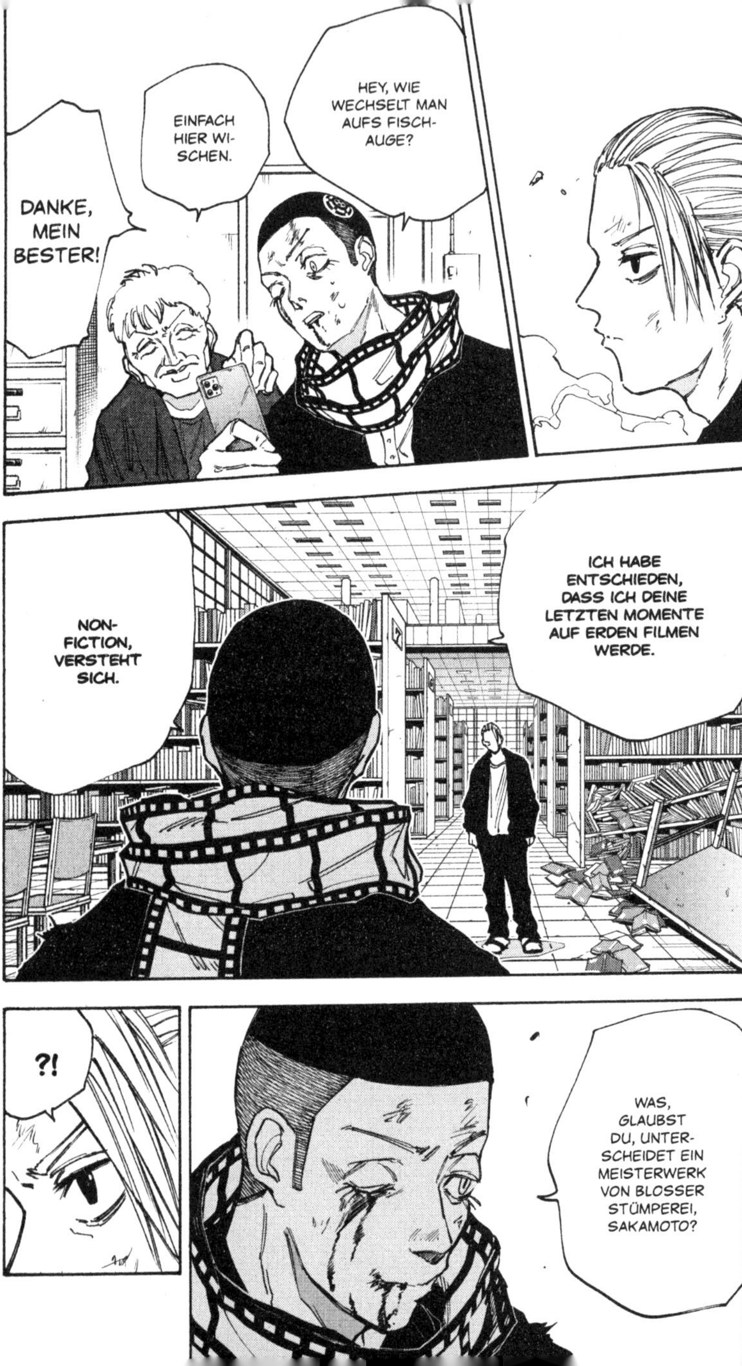
HEY, WIE WECHSELT MAN AUFS FISCH-AUGE?
EINFACH HIER WI-SCHEN.
DANKE, MEIN BESTER!
ICH HABE ENTSCHIEDEN, DASS ICH DEINE LETZTEN MOMENTE AUF ERDEN FILMEN WERDE.
NON-FICTION, VERSTEHT SICH.
WAS, GLAUBST DU, UNTER-SCHEIDET EIN MEISTERWERK VON BLOSSER STÜMPEREI, SAKAMOTO?
?!

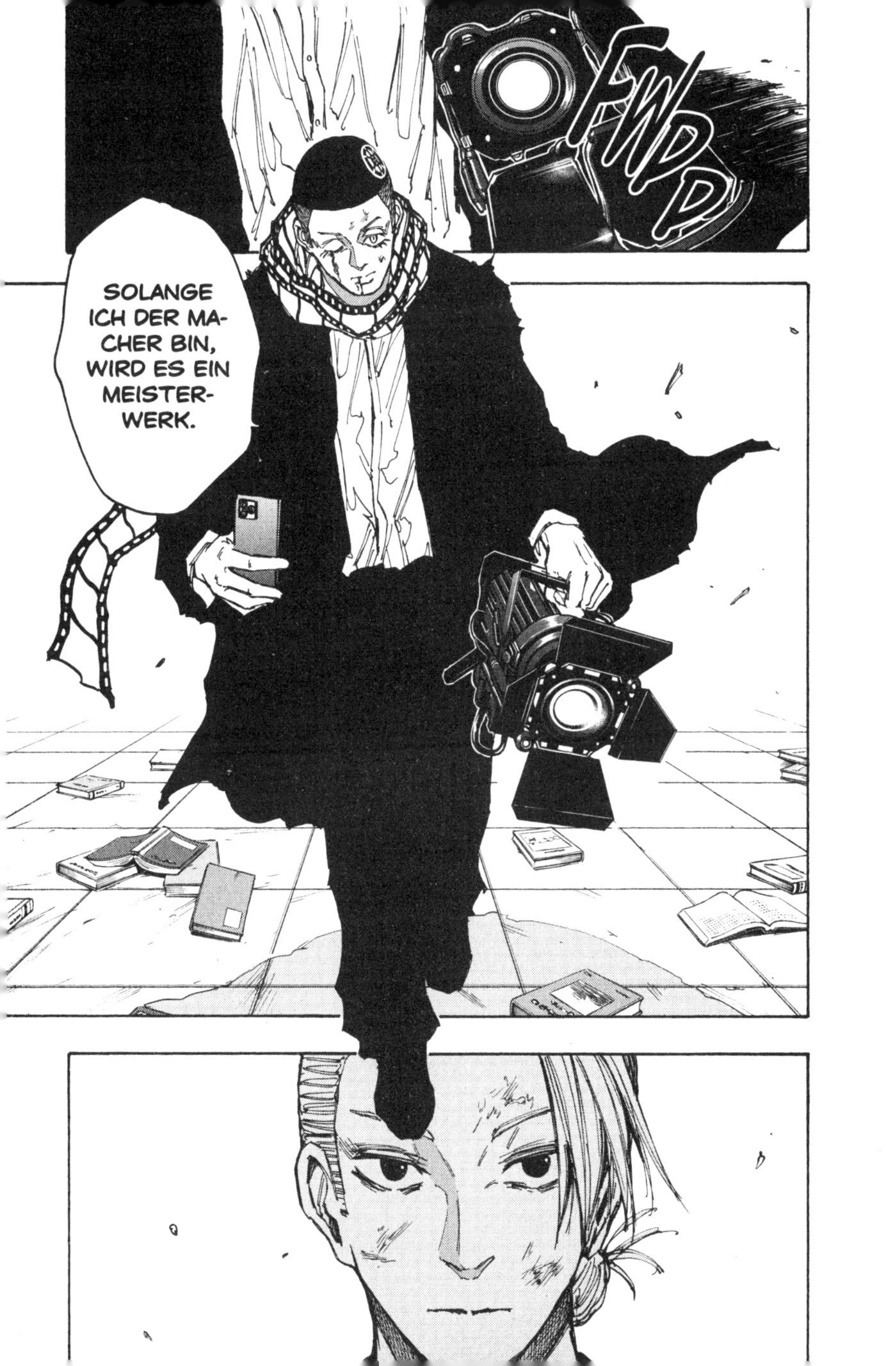
FWDP
SOLANGE ICH DER MACHER BIN, WIRD ES EIN MEISTERWERK.

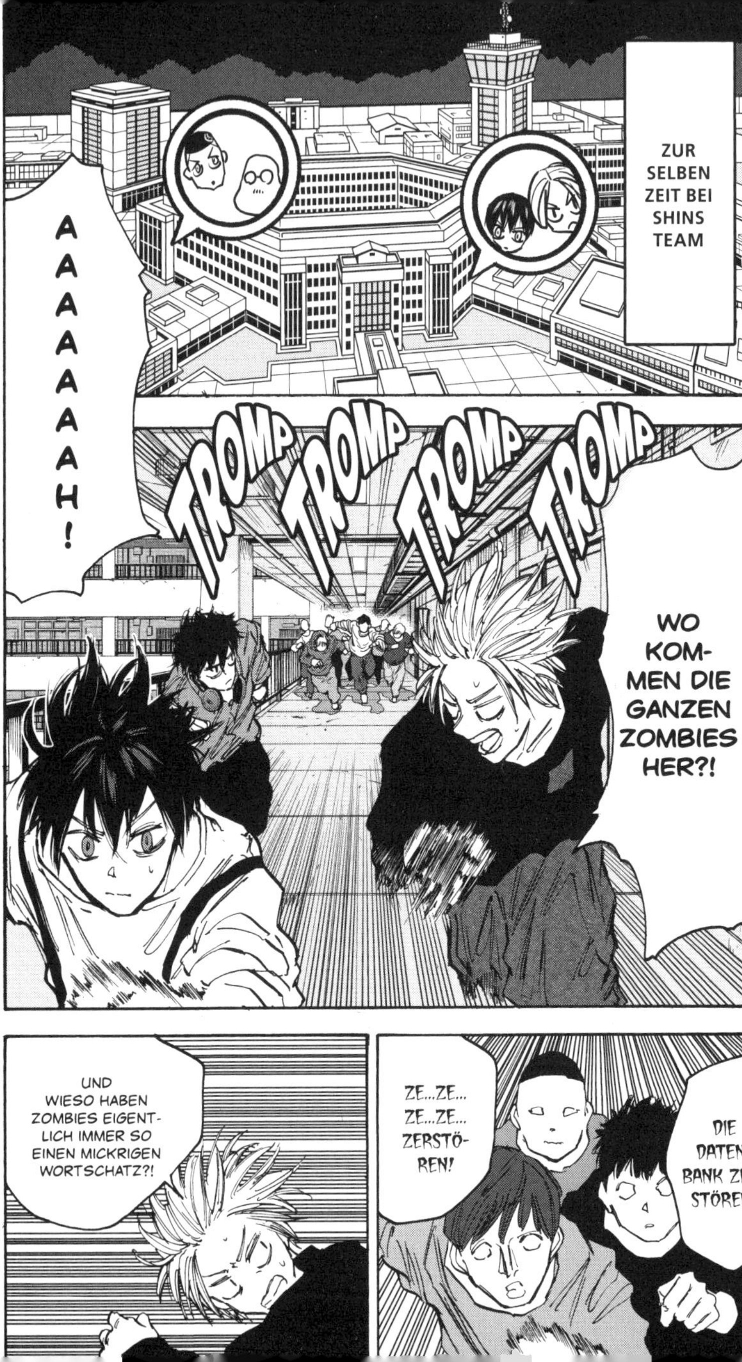
ZUR SELBEN ZEIT BEI SHINS TEAM
AAAAAAAAH!
TROMP TROMP TROMP TROMP
WO KOMMEN DIE GANZEN ZOMBIES HER?!
DIE DATENBANK ZERSTÖREN!
ZE...ZE... ZE...ZE... ZERSTÖREN!
UND WIESO HABEN ZOMBIES EIGENTLICH IMMER SO EINEN MICKRIGEN WORTSCHATZ?!

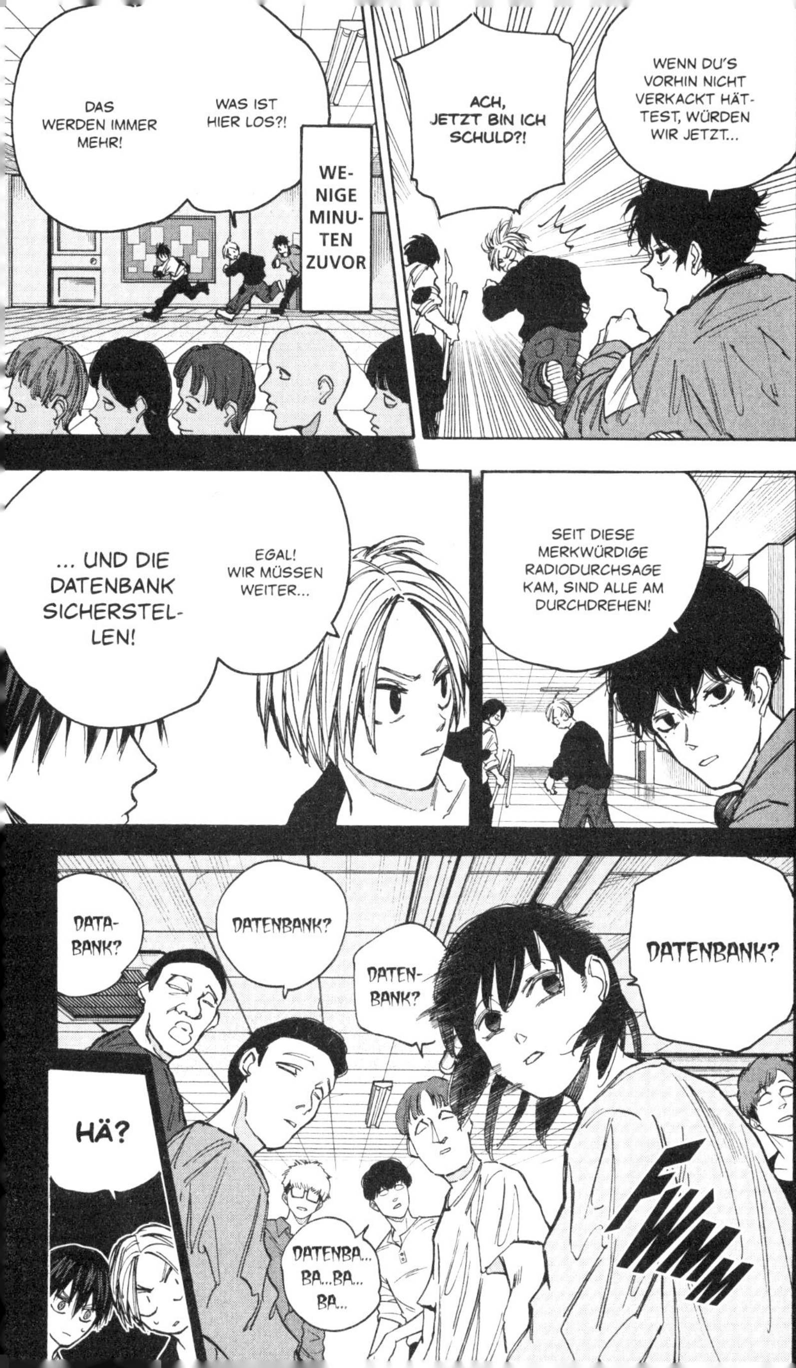
WENN DU'S VORHIN NICHT VERKACKT HÄT-TEST, WÜRDEN WIR JETZT...
ACH, JETZT BIN ICH SCHULD?!
WE-NIGE MINU-TEN ZUVOR
WAS IST HIER LOS?!
DAS WERDEN IMMER MEHR!
SEIT DIESE MERKWÜRDIGE RADIODURCHSAGE KAM, SIND ALLE AM DURCHDREHEN!
EGAL! WIR MÜSSEN WEITER...
... UND DIE DATENBANK SICHERSTEL-LEN!
DATENBANK?
DATEN-BANK?
DATENBANK?
DATA-BANK?
FWMM
DATENBA... BA...BA... BA...
HÄ?

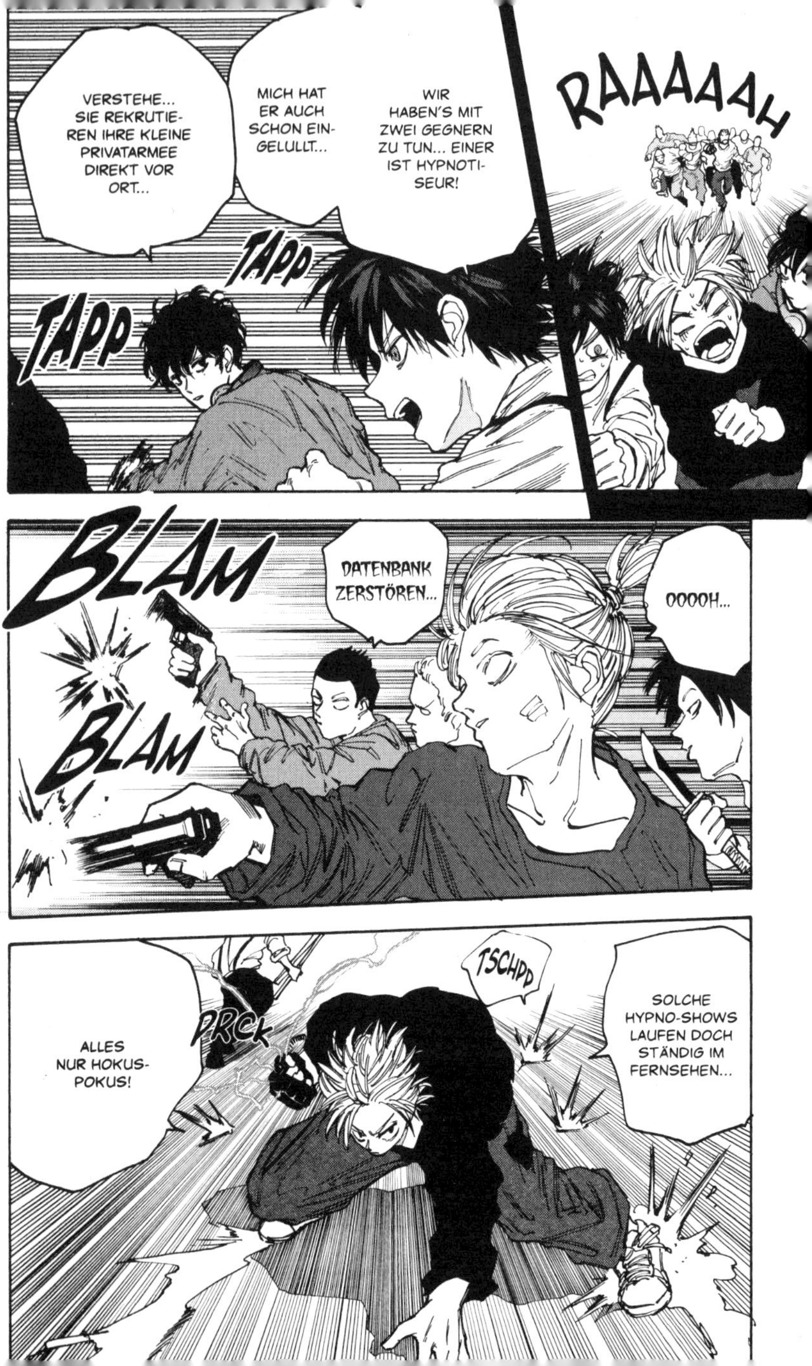
RAAAAAH
WIR HABEN'S MIT ZWEI GEGNERN ZU TUN... EINER IST HYPNOTISEUR!
MICH HAT ER AUCH SCHON EINGELULLT...
VERSTEHE... SIE REKRUTIEREN IHRE KLEINE PRIVATARMEE DIREKT VOR ORT...
TAPP
TAPP
OOOOH...
DATENBANK ZERSTÖREN...
BLAM
BLAM
SOLCHE HYPNO-SHOWS LAUFEN DOCH STÄNDIG IM FERNSEHEN...
TSCHPD
DRCK
ALLES NUR HOKUS-POKUS!

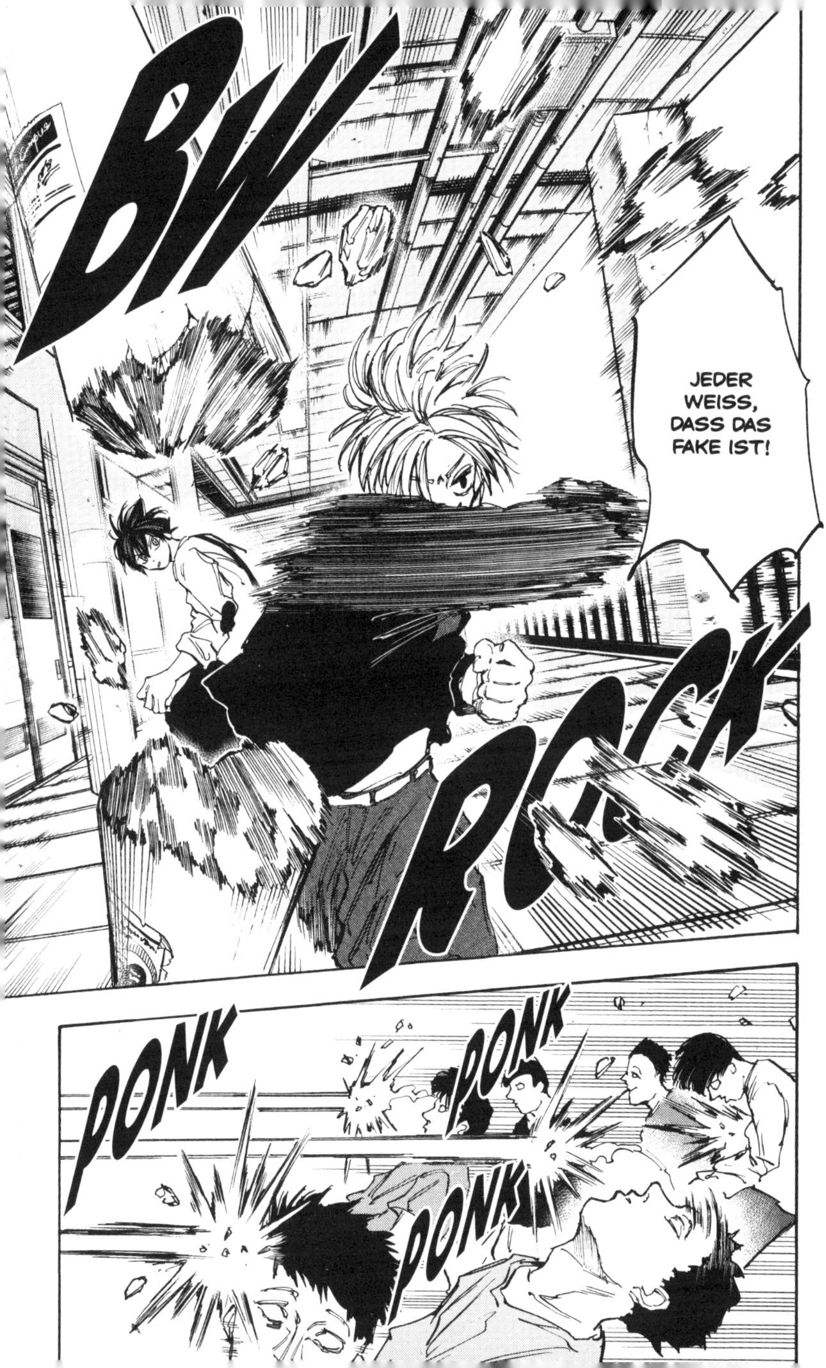
JEDER WEISS, DASS DAS FAKE IST!
BW
ROCK
PONK
PONK
PONK

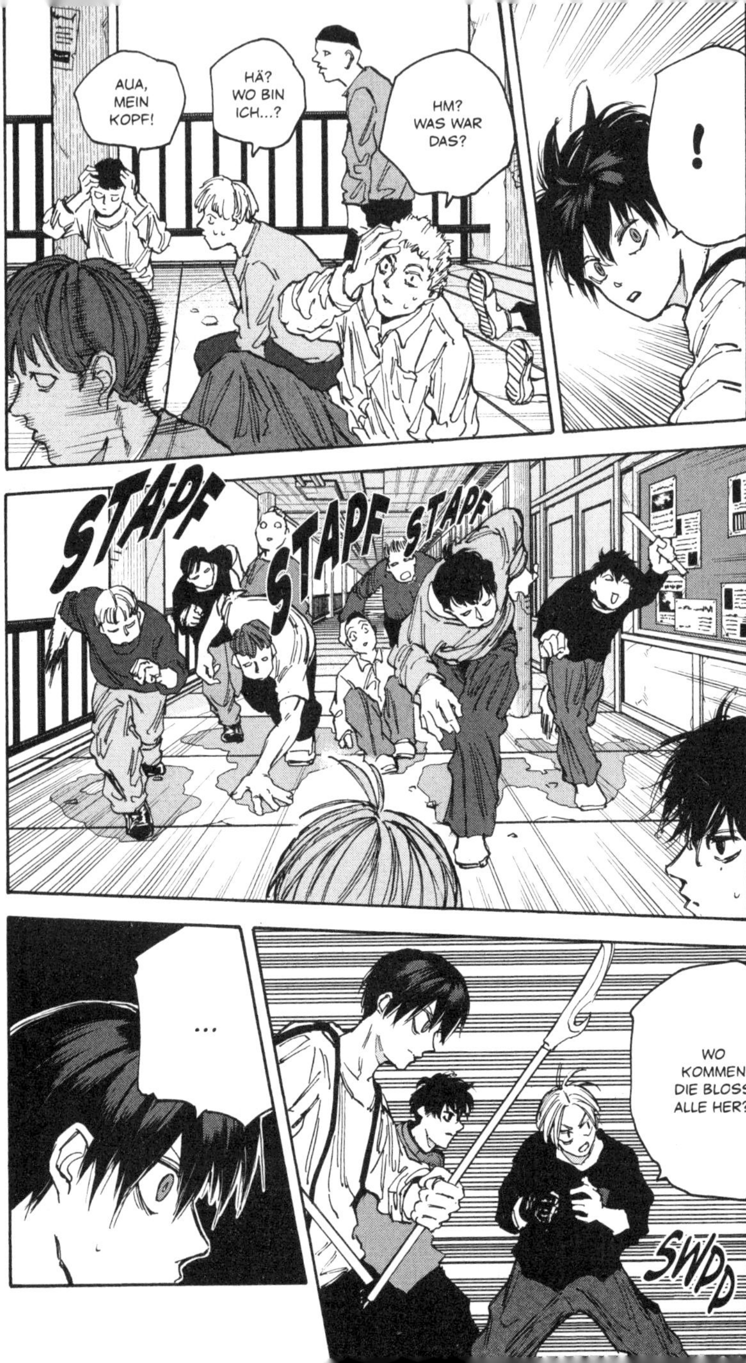
!
HM?
WAS WAR
DAS?
HÄ?
WO BIN
ICH...?
AUA,
MEIN
KOPF!
STAPF
STAPF
STAPF
WO
KOMMEN
DIE BLOSS
ALLE HER?!
SWDD
...

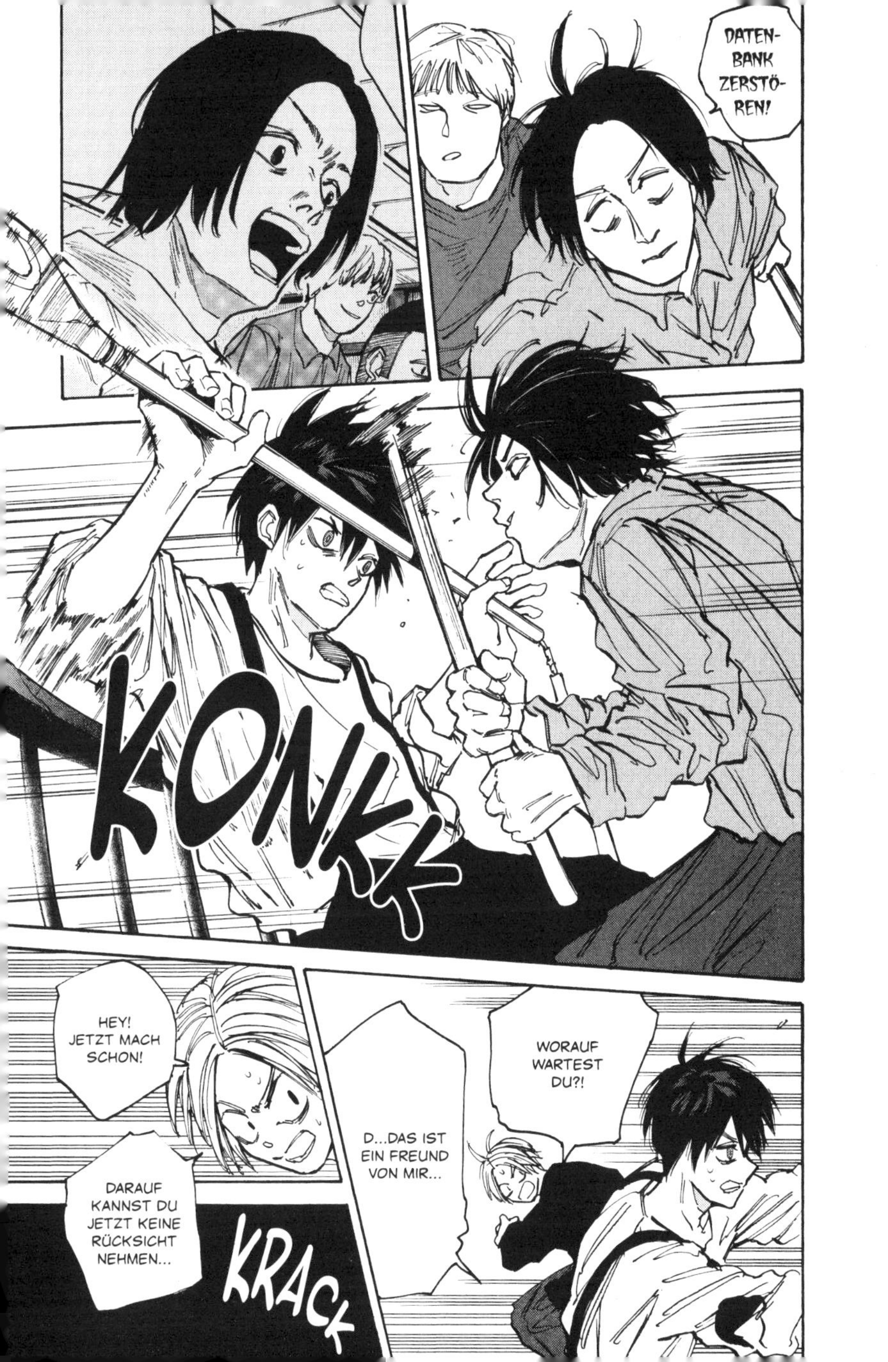
DATEN-BANK ZERSTÖ-REN!
KONKK
WORAUF WARTEST DU?!
D...DAS IST EIN FREUND VON MIR...
HEY! JETZT MACH SCHON!
DARAUF KANNST DU JETZT KEINE RÜCKSICHT NEHMEN...
KRACK

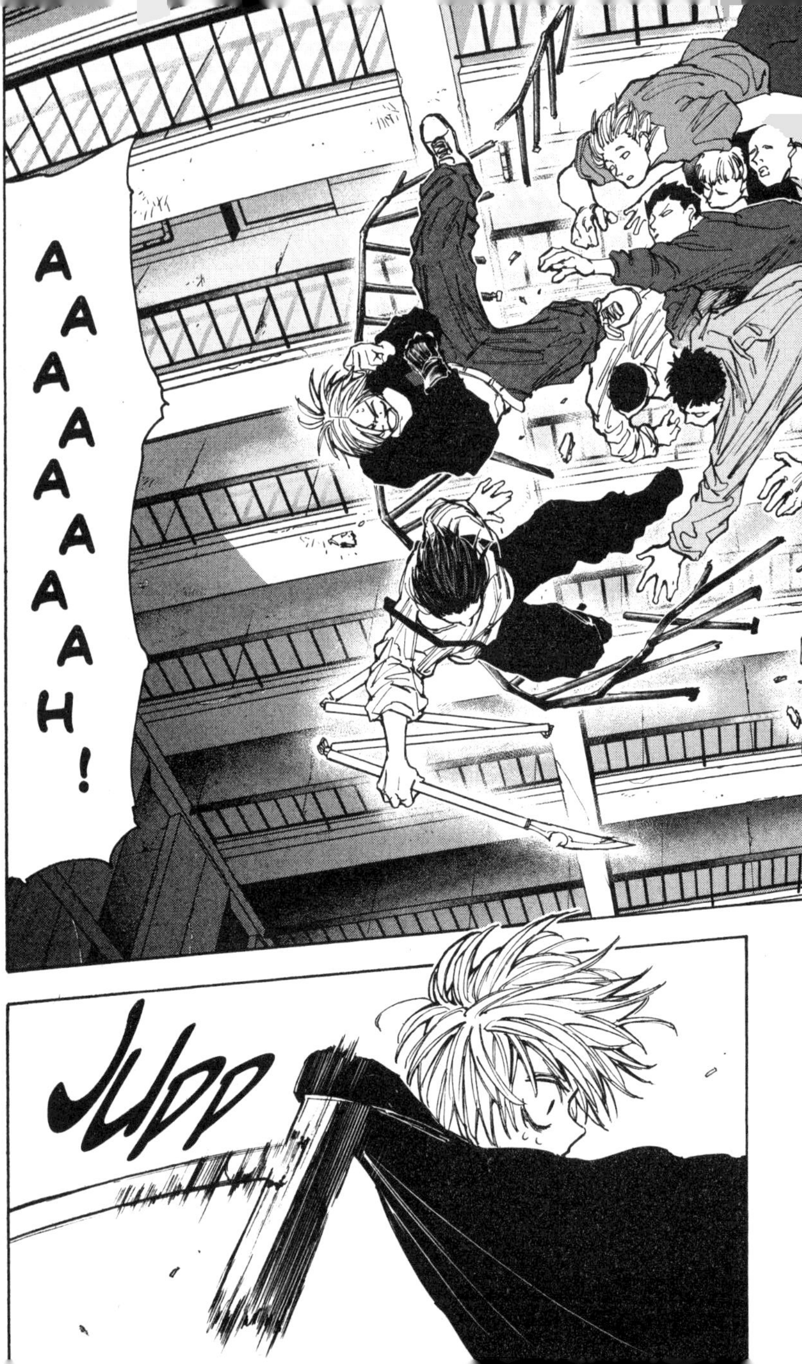
AAAAAAAAH!

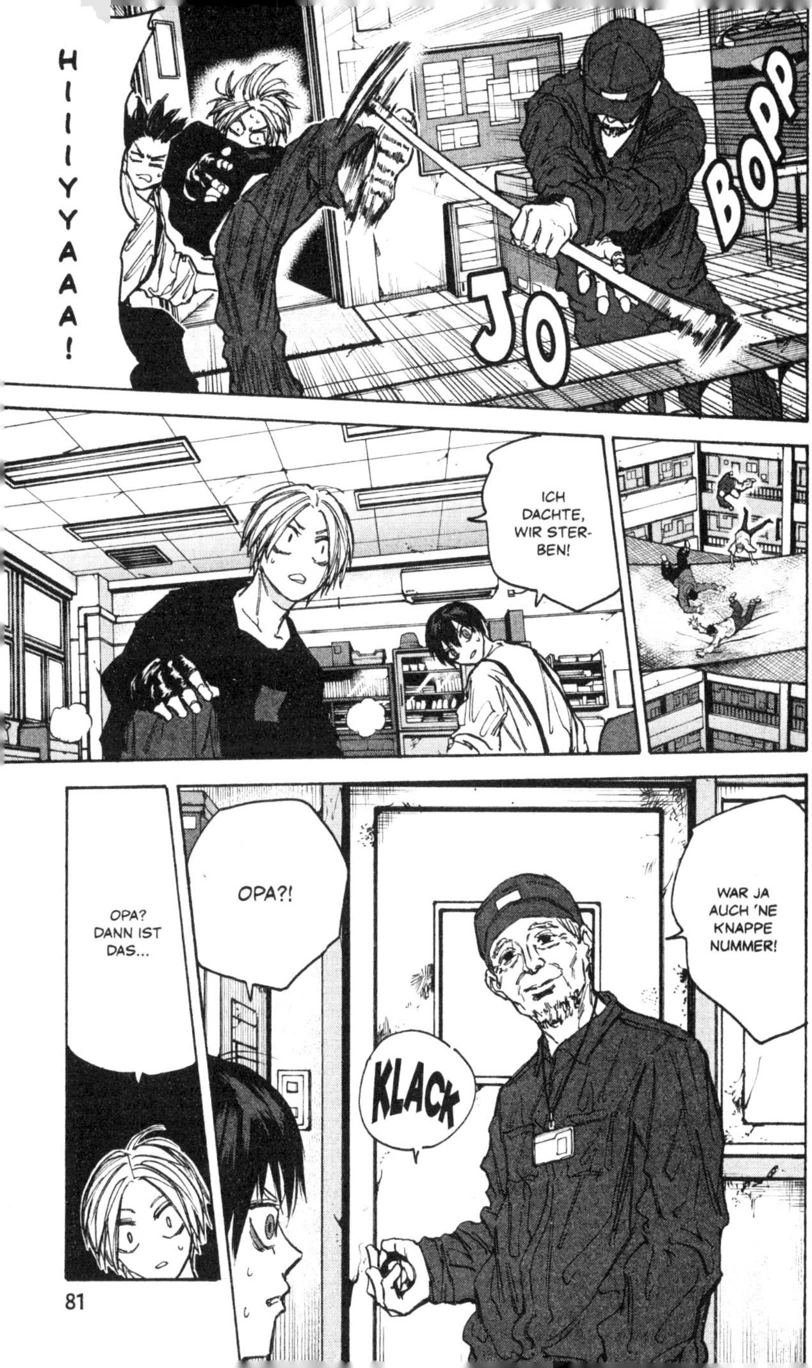
BOPP
JO
HIIIYYAAAA!
ICH DACHTE, WIR STERBEN!
WAR JA AUCH 'NE KNAPPE NUMMER!
KLACK
OPA?!
OPA? DANN IST DAS...

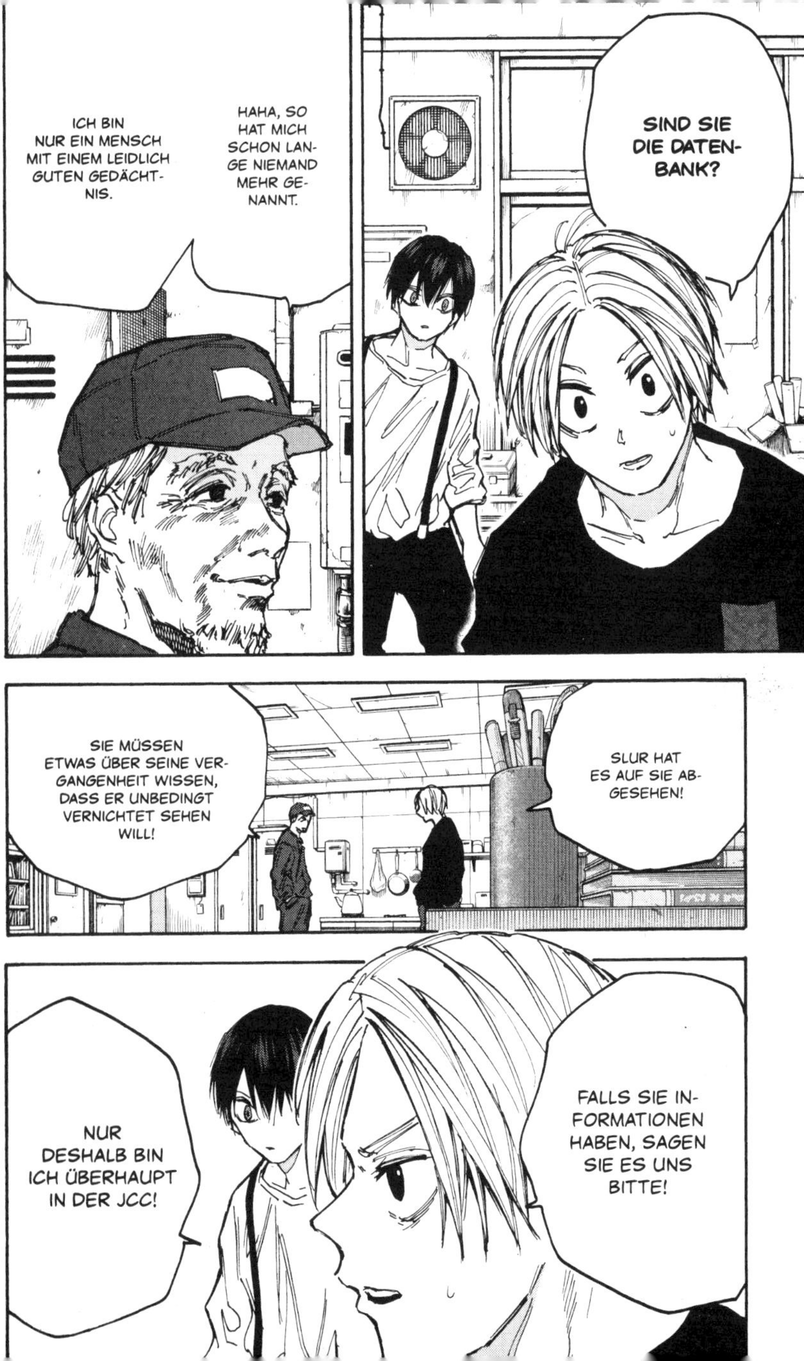
SIND SIE DIE DATEN-BANK?
HAHA, SO HAT MICH SCHON LAN-GE NIEMAND MEHR GE-NANNT.
ICH BIN NUR EIN MENSCH MIT EINEM LEIDLICH GUTEN GEDÄCHT-NIS.
SLUR HAT ES AUF SIE AB-GESEHEN!
SIE MÜSSEN ETWAS ÜBER SEINE VER-GANGENHEIT WISSEN, DASS ER UNBEDINGT VERNICHTET SEHEN WILL!
FALLS SIE IN-FORMATIONEN HABEN, SAGEN SIE ES UNS BITTE!
NUR DESHALB BIN ICH ÜBERHAUPT IN DER JCC!

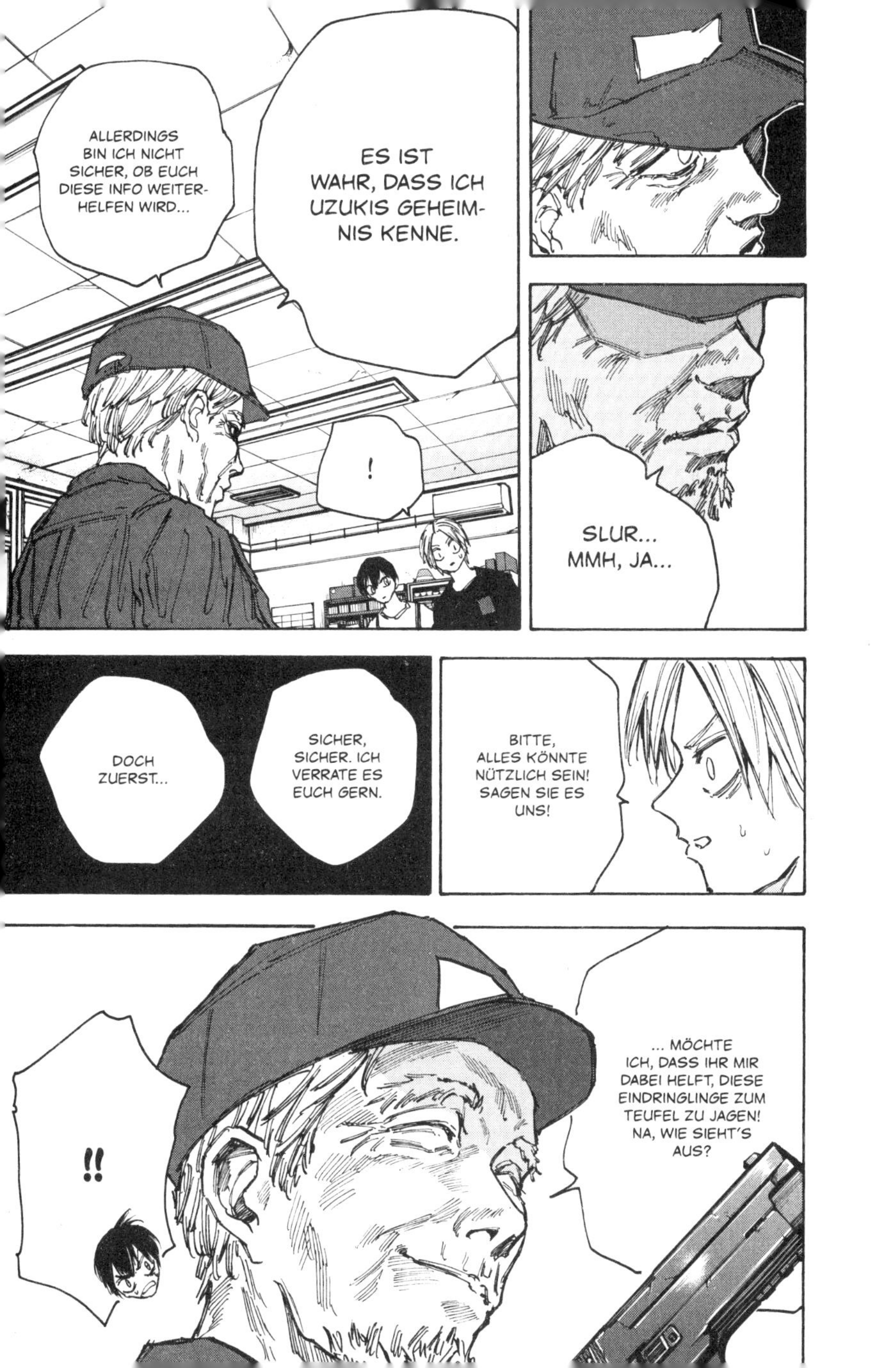
ES IST WAHR, DASS ICH UZUKIS GEHEIMNIS KENNE.
ALLERDINGS BIN ICH NICHT SICHER, OB EUCH DIESE INFO WEITERHELFEN WIRD...
!
SLUR... MMH, JA...
BITTE, ALLES KÖNNTE NÜTZLICH SEIN! SAGEN SIE ES UNS!
SICHER, SICHER. ICH VERRATE ES EUCH GERN.
DOCH ZUERST...
... MÖCHTE ICH, DASS IHR MIR DABEI HELFT, DIESE EINDRINGLINGE ZUM TEUFEL ZU JAGEN! NA, WIE SIEHT'S AUS?
!!

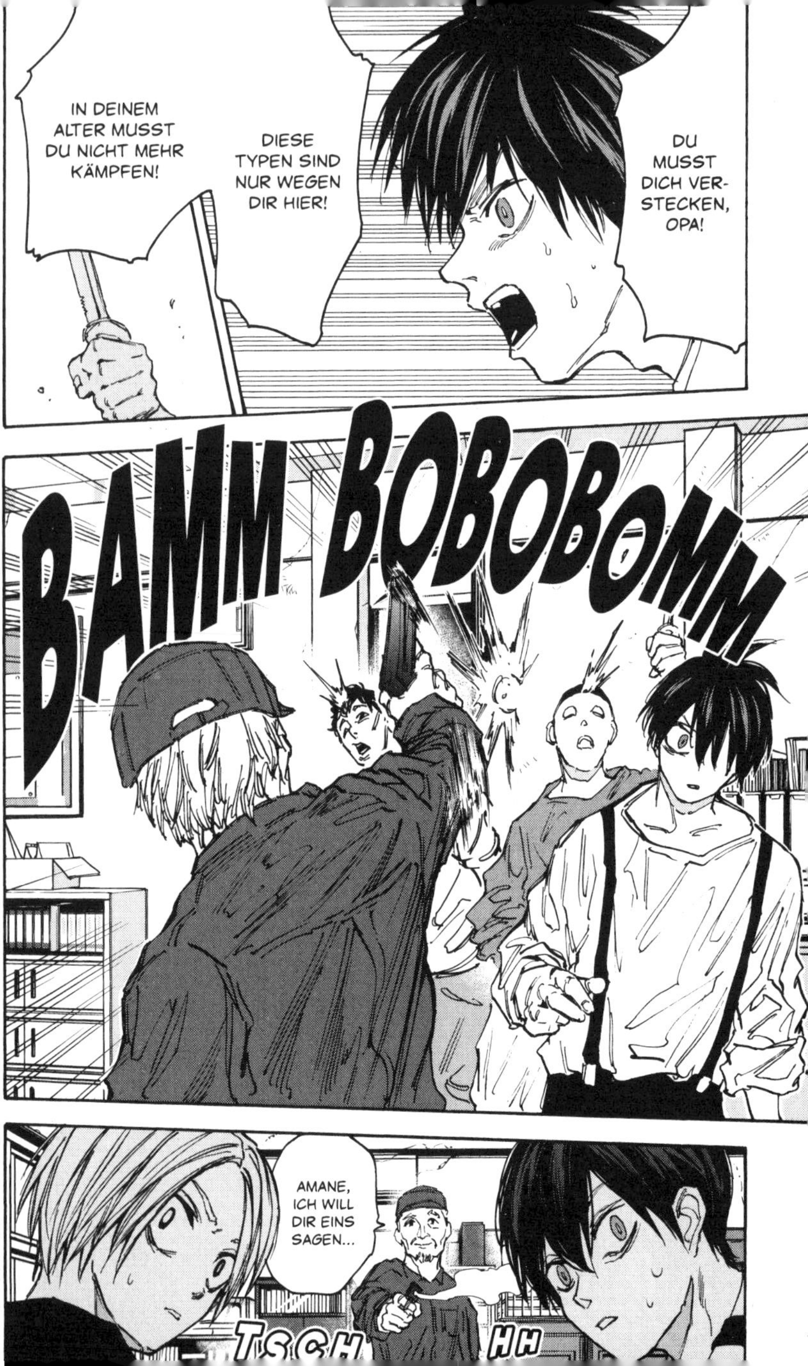
DU MUSST DICH VER-STECKEN, OPA!
DIESE TYPEN SIND NUR WEGEN DIR HIER!
IN DEINEM ALTER MUSST DU NICHT MEHR KÄMPFEN!
BAMM BOBOBOMM
AMANE, ICH WILL DIR EINS SAGEN...
TSCH
HH

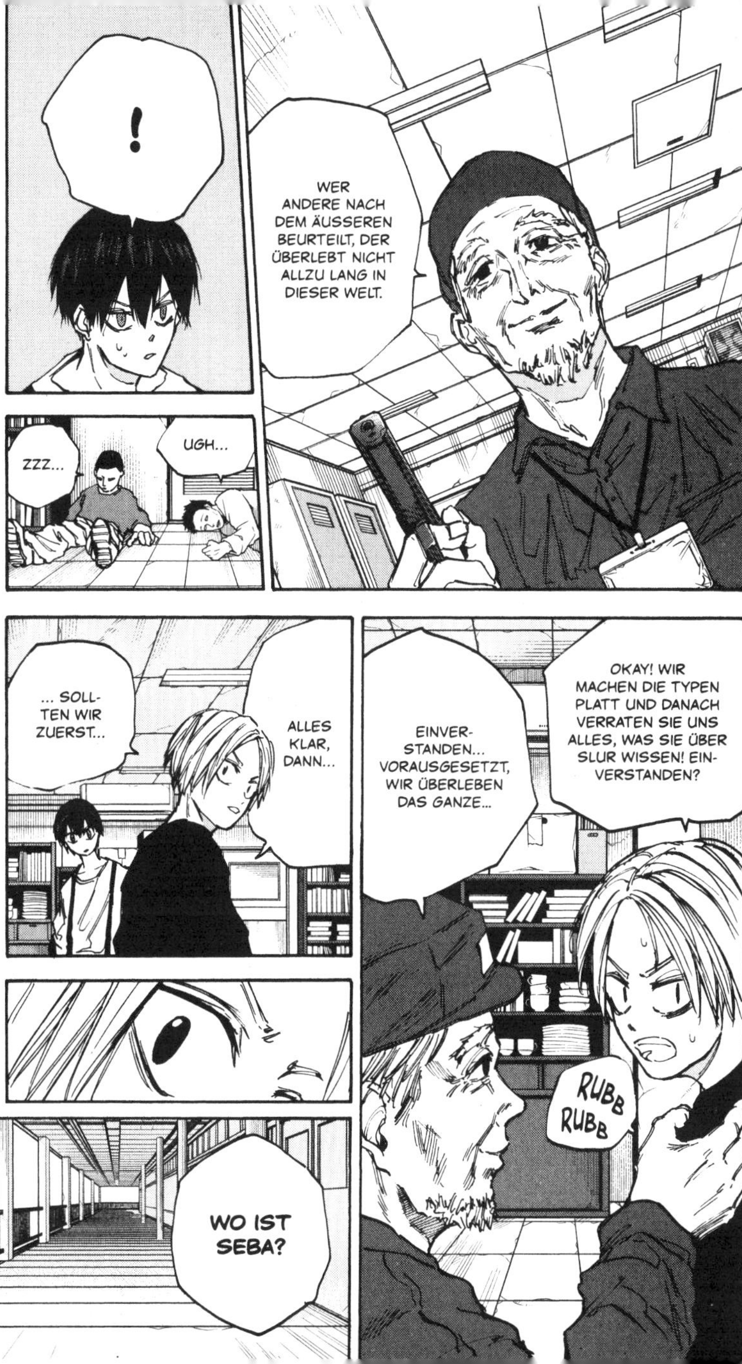
WER ANDERE NACH DEM ÄUSSEREN BEURTEILT, DER ÜBERLEBT NICHT ALLZU LANG IN DIESER WELT.
!
UGH...
ZZZ...
OKAY! WIR MACHEN DIE TYPEN PLATT UND DANACH VERRATEN SIE UNS ALLES, WAS SIE ÜBER SLUR WISSEN! EIN-VERSTANDEN?
EINVER-STANDEN... VORAUSGESETZT, WIR ÜBERLEBEN DAS GANZE...
RUBB RUBB
ALLES KLAR, DANN...
... SOLL-TEN WIR ZUERST...
WO IST SEBA?

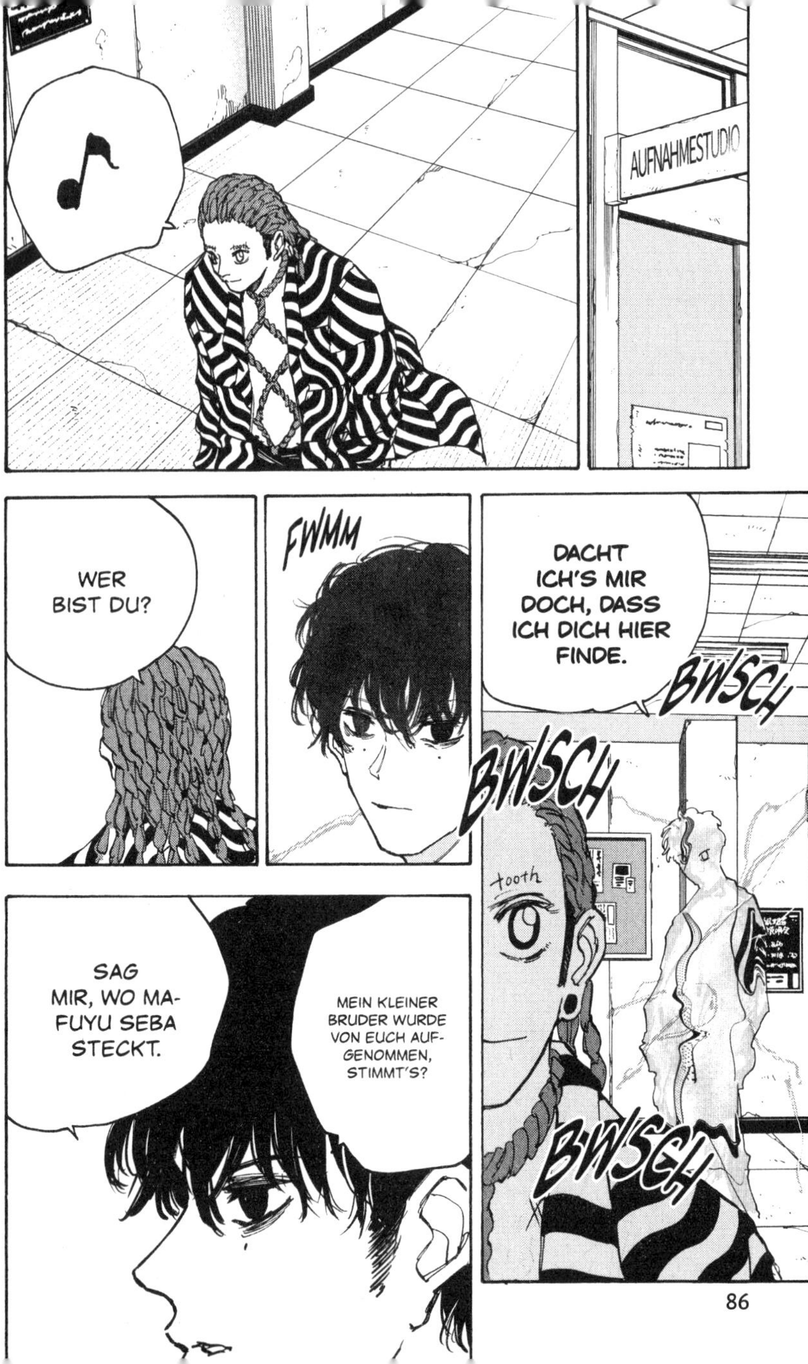
AUFNAHMESTUDIO
DACHT ICH'S MIR DOCH, DASS ICH DICH HIER FINDE.
BWSCH
BWSCH
FWMM
WER BIST DU?
tooth
BWSCH
MEIN KLEINER BRUDER WURDE VON EUCH AUF-GENOMMEN, STIMMT'S?
SAG MIR, WO MA-FUYU SEBA STECKT.

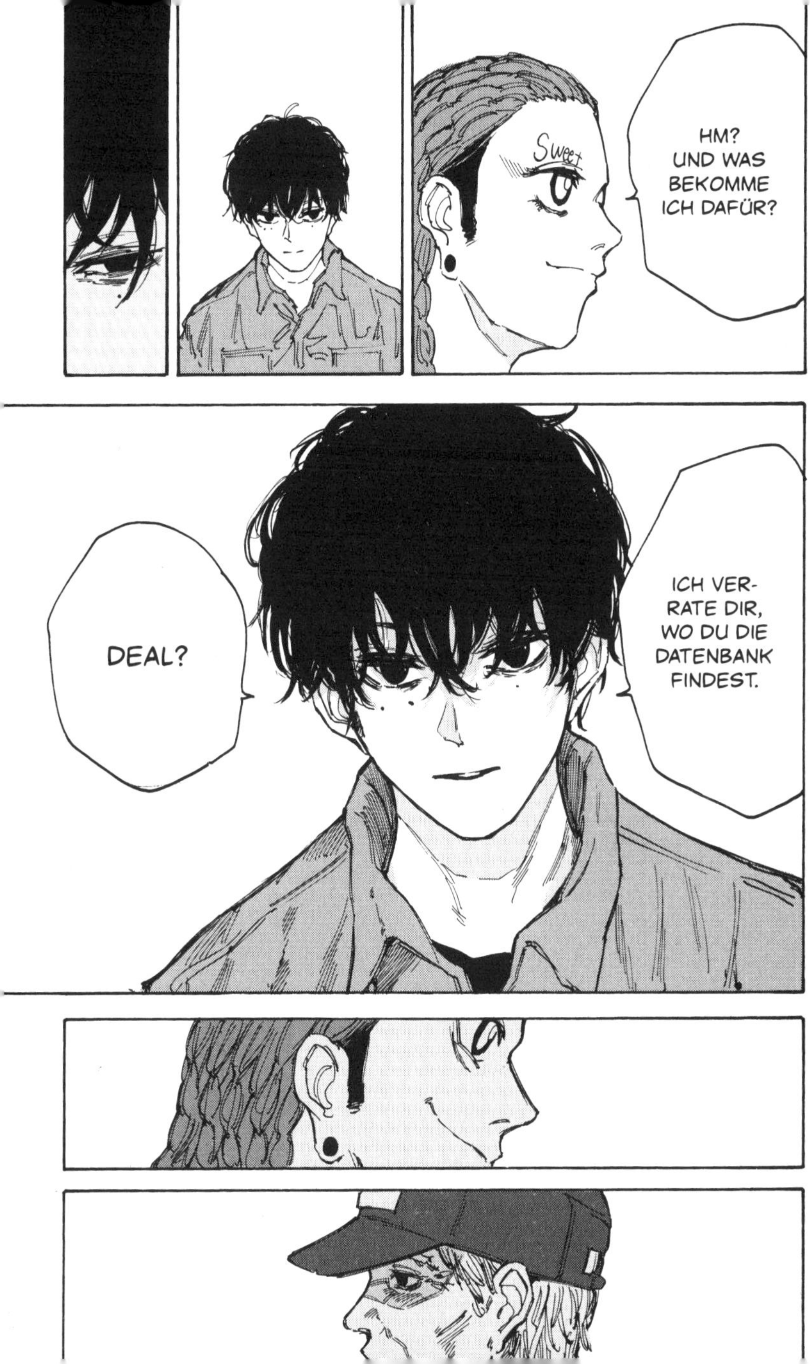
Sweet
HM? UND WAS BEKOMME ICH DAFÜR?
ICH VER-RATE DIR, WO DU DIE DATENBANK FINDEST.
DEAL?

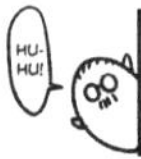

HINTER DEN KULISSEN DER KULISSEN

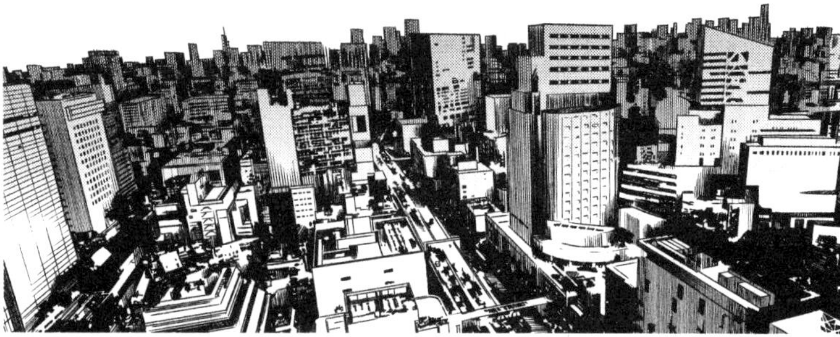

BAND 9, KAPITEL 73 – STADTBILD

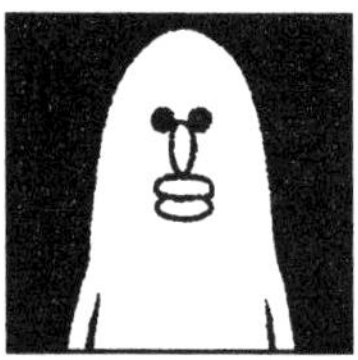

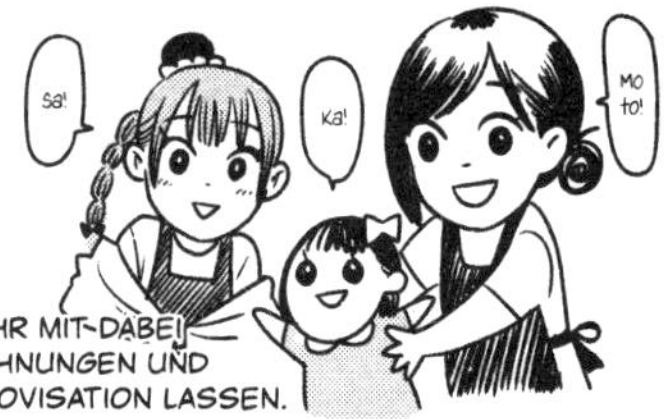

SHUN AYUHARA

TEAM SAKAMOTO: FAST 1 JAHR MIT-DABEI
BESONDERE STÄRKEN: ZEICHNUNGEN UND MOTIVE, DIE RAUM FÜR IMPROVISATION LASSEN.

ICH FÜHLE MICH SEHR GEEHRT, DASS ICH DIESE BONUSSEITE BEKOMMEN HABE, OBWOHL ICH NOCH GAR NICHT SO LANGE IM TEAM DABEI UND AUCH NICHT BESONDERS GUT IM DIGITALEN ZEICHNEN BIN … ICH HABE MICH ENTSCHIEDEN, EUCH DIE OBEN ABGEBILDETE SZENERIE ZU ZEIGEN, WEIL SIE MIR AUF DER ABSCHLUSSFEIER EIN KOMPLIMENT VON MEINEM KOLLEGEN UND FREUND SAEZU EINGEBRACHT HAT. (DANKE, SAEZU!)

DA SUZUKI-SENSEIS ZEICHNUNGEN SOWOHL GROB ALS AUCH DYNAMISCH SEIN KÖNNEN, HATTE ICH ANGST, DASS EINE MIT DEM LINEAL GEZEICHNETE STADTLANDSCHAFT NICHT LEBENDIG GENUG FÜR IHN SEIN WÜRDE. DAHER ENTSCHIED ICH MICH FÜR EINE DARSTELLUNG, DIE PRÄZISION UND GROBE LINIEN MITEINANDER KOMBINIERT, UM DEM STIL VON SUZUKI-SENSEI GERECHT ZU WERDEN.

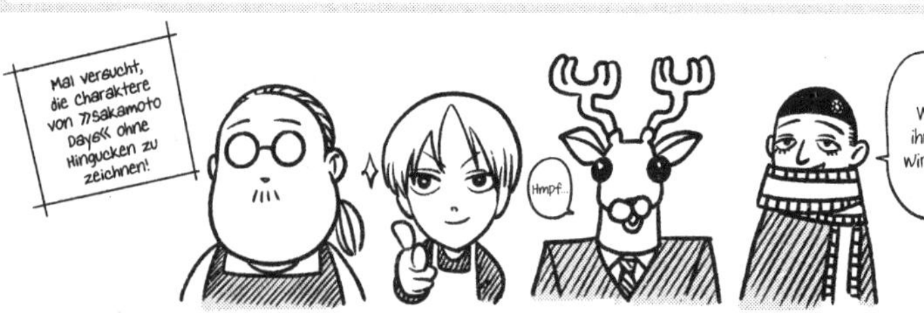

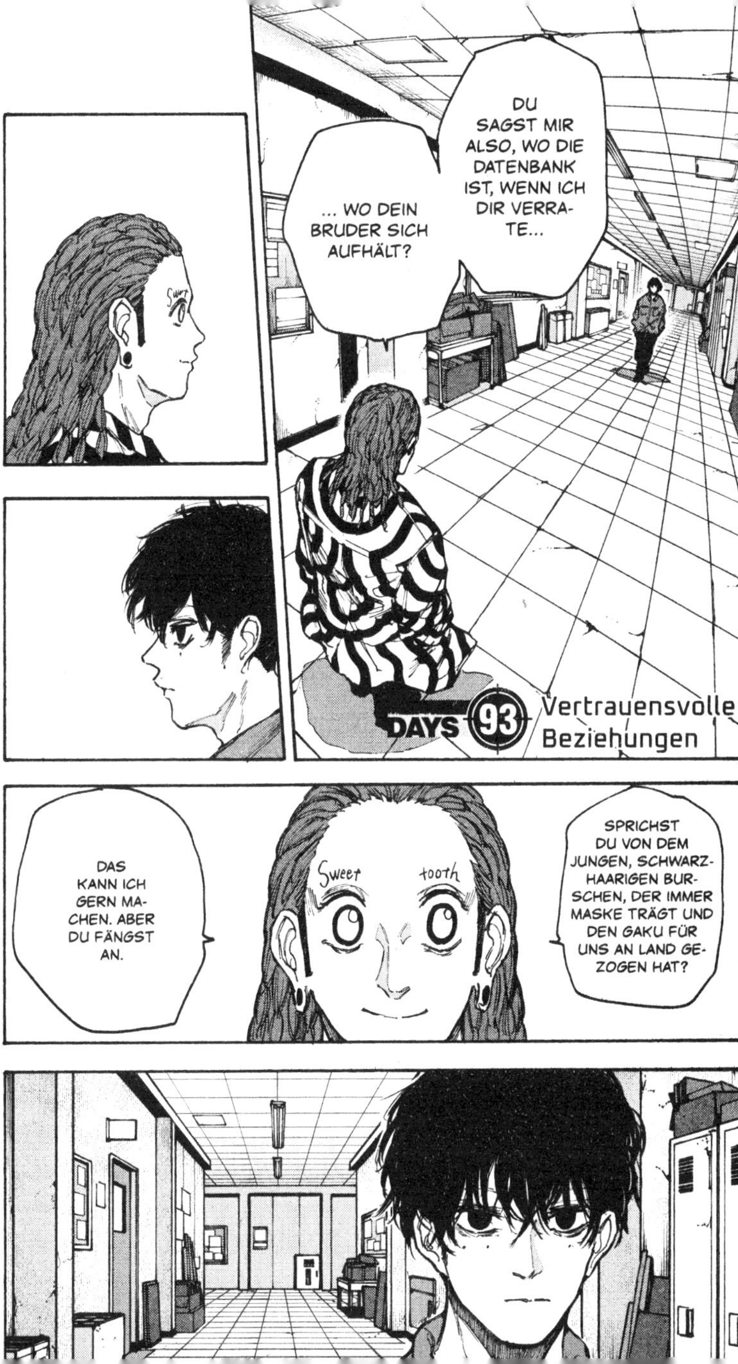

DU SAGST MIR ALSO, WO DIE DATENBANK IST, WENN ICH DIR VERRATE...
... WO DEIN BRUDER SICH AUFHÄLT?
DAYS 93 Vertrauensvolle Beziehungen
Sweet tooth
SPRICHST DU VON DEM JUNGEN, SCHWARZHAARIGEN BURSCHEN, DER IMMER MASKE TRÄGT UND DEN GAKU FÜR UNS AN LAND GEZOGEN HAT?
DAS KANN ICH GERN MACHEN. ABER DU FÄNGST AN.

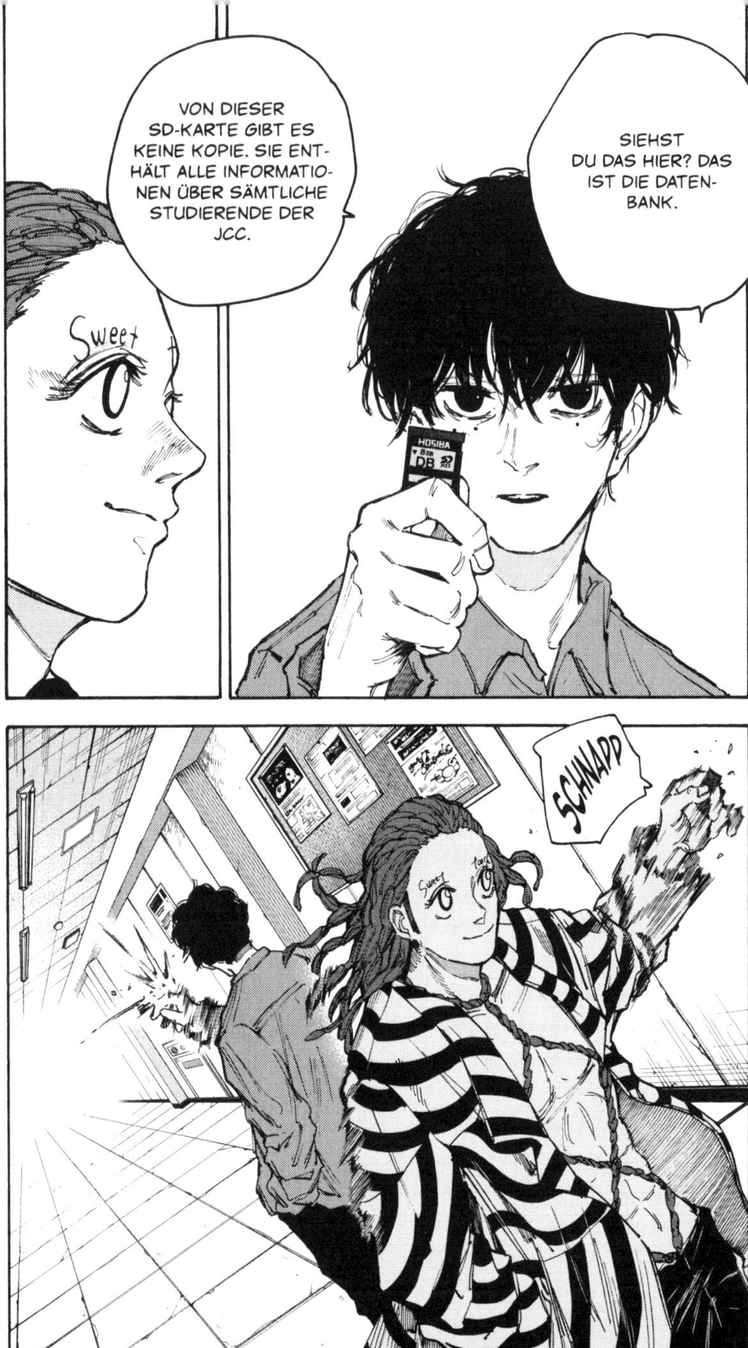
SIEHST DU DAS HIER? DAS IST DIE DATEN-BANK.
VON DIESER SD-KARTE GIBT ES KEINE KOPIE. SIE ENT-HÄLT ALLE INFORMATIO-NEN ÜBER SÄMTLICHE STUDIERENDE DER JCC.
Sweet
SCHNAPP

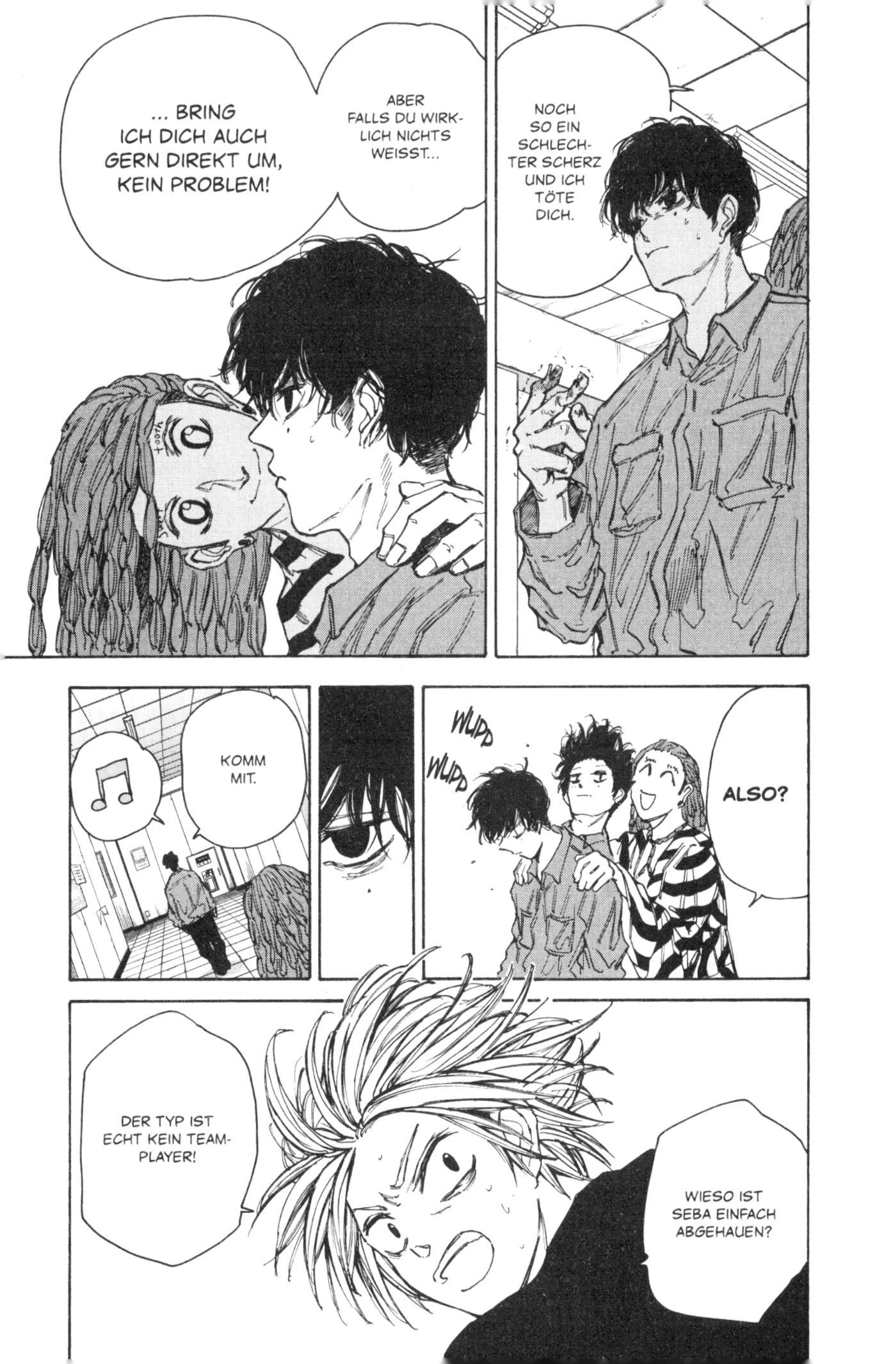
NOCH SO EIN SCHLECHTER SCHERZ UND ICH TÖTE DICH.
ABER FALLS DU WIRKLICH NICHTS WEISST...
... BRING ICH DICH AUCH GERN DIREKT UM, KEIN PROBLEM!
ALSO?
WUPP
WUPP
KOMM MIT.
WIESO IST SEBA EINFACH ABGEHAUEN?
DER TYP IST ECHT KEIN TEAMPLAYER!

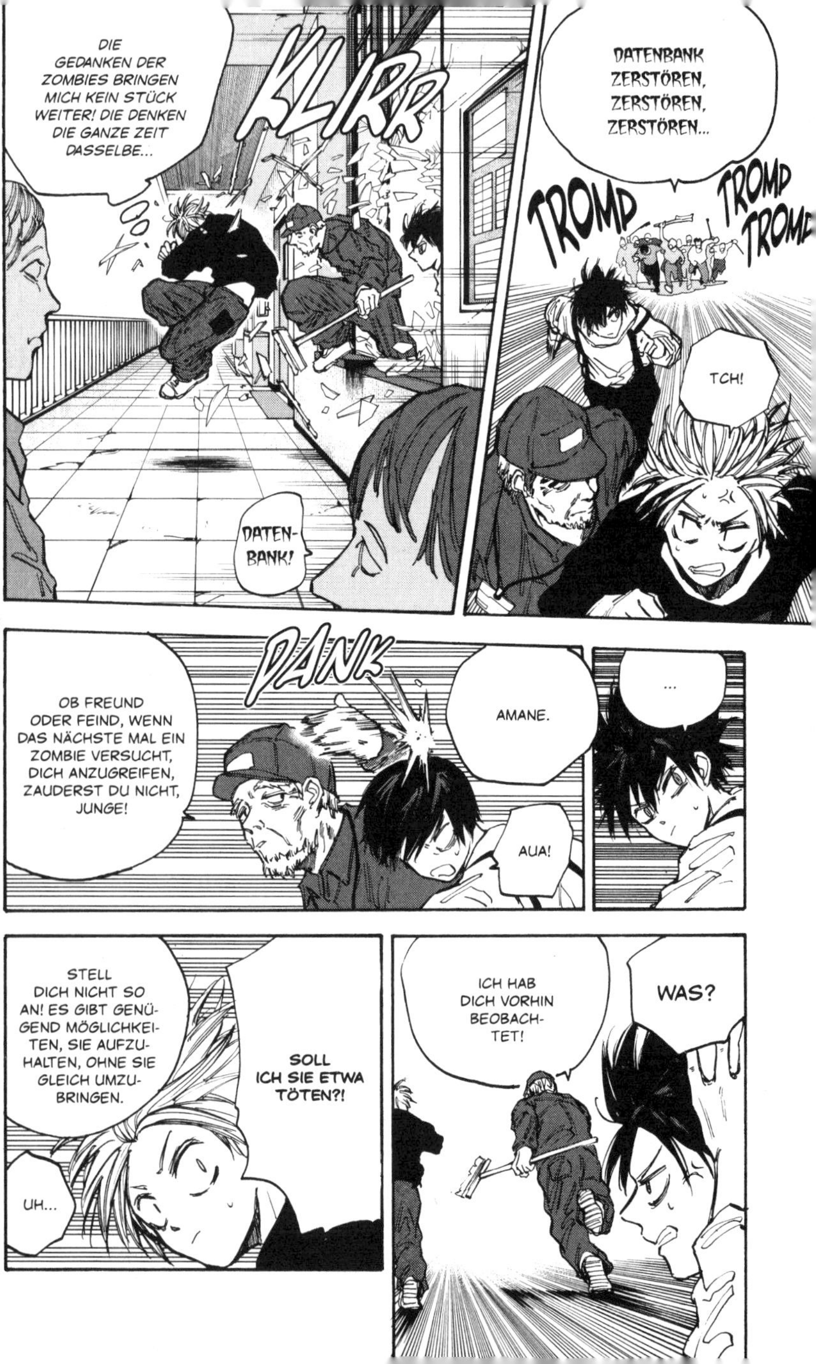

DATENBANK ZERSTÖREN, ZERSTÖREN, ZERSTÖREN...
TROMP
TROMP TROMP
TCH!
KLIRR
DIE GEDANKEN DER ZOMBIES BRINGEN MICH KEIN STÜCK WEITER! DIE DENKEN DIE GANZE ZEIT DASSELBE...
DATEN-BANK!
...
DANK
AMANE.
OB FREUND ODER FEIND, WENN DAS NÄCHSTE MAL EIN ZOMBIE VERSUCHT, DICH ANZUGREIFEN, ZAUDERST DU NICHT, JUNGE!
AUA!
WAS?
ICH HAB DICH VORHIN BEOBACH-TET!
SOLL ICH SIE ETWA TÖTEN?!
STELL DICH NICHT SO AN! ES GIBT GENÜ-GEND MÖGLICHKEI-TEN, SIE AUFZU-HALTEN, OHNE SIE GLEICH UMZU-BRINGEN.
UH...

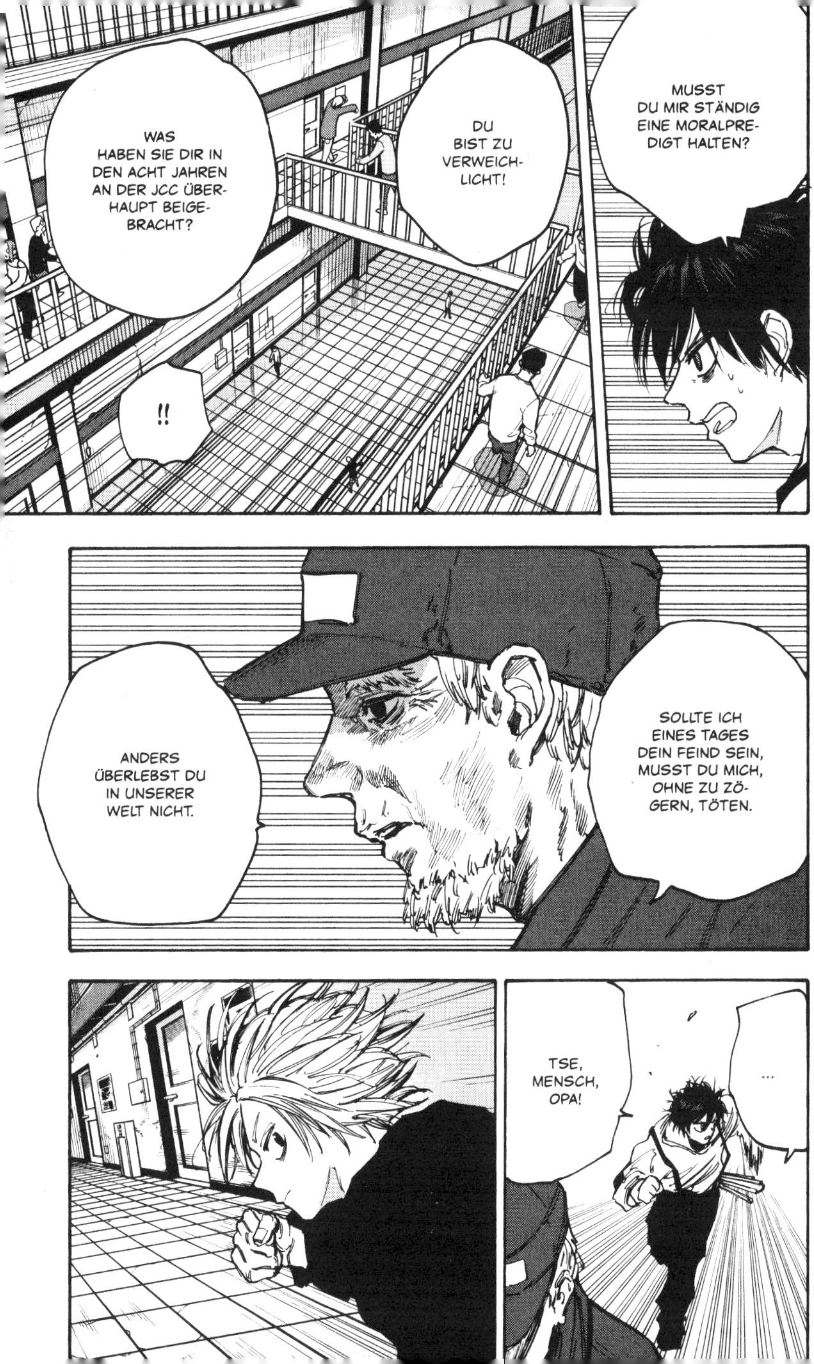
MUSST DU MIR STÄNDIG EINE MORALPREDIGT HALTEN?
DU BIST ZU VERWEICHLICHT!
WAS HABEN SIE DIR IN DEN ACHT JAHREN AN DER JCC ÜBERHAUPT BEIGEBRACHT?
!!
SOLLTE ICH EINES TAGES DEIN FEIND SEIN, MUSST DU MICH, OHNE ZU ZÖGERN, TÖTEN.
ANDERS ÜBERLEBST DU IN UNSERER WELT NICHT.
...
TSE, MENSCH, OPA!

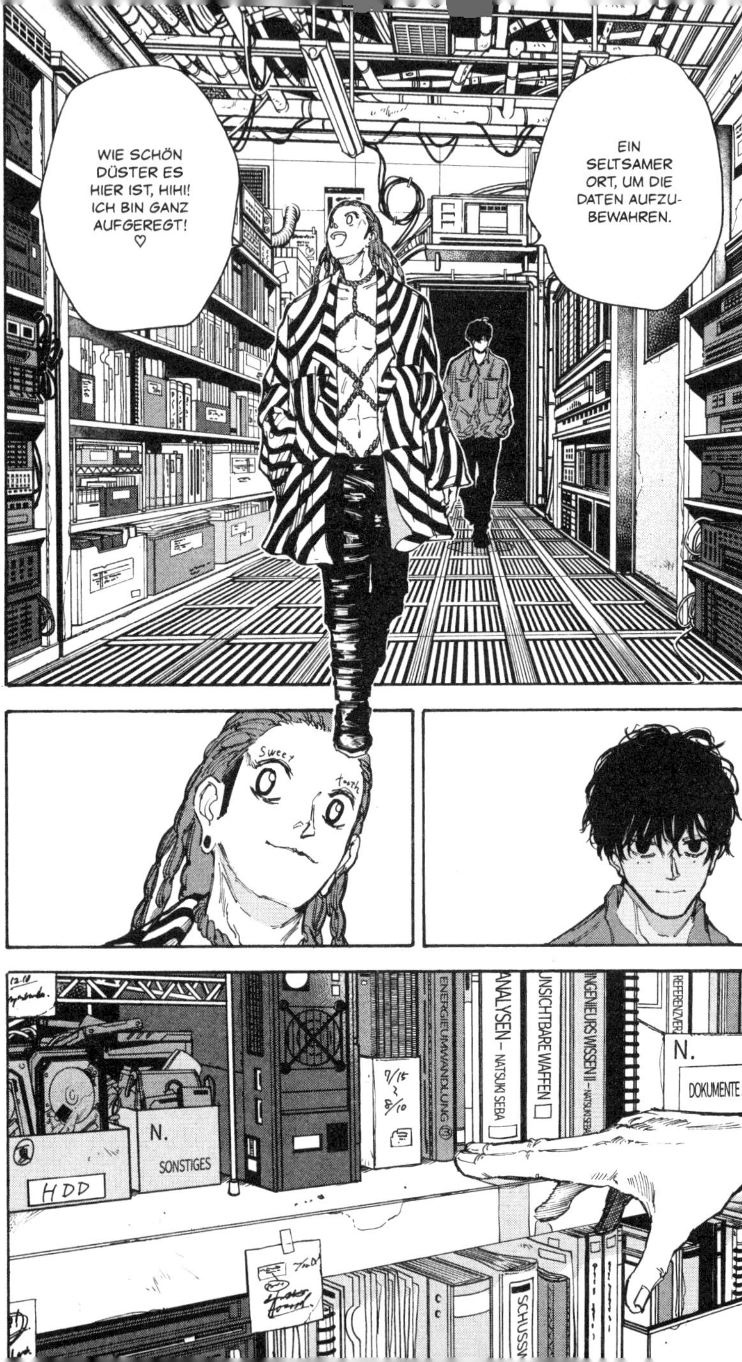

EIN SELTSAMER ORT, UM DIE DATEN AUFZUBEWAHREN.
WIE SCHÖN DÜSTER ES HIER IST, HIHI! ICH BIN GANZ AUFGEREGT! ♡
sweet tooth
N.
DOKUMENTE A
INGENIEURSWISSEN II – NATSUKI SEBA
UNSICHTBARE WAFFEN
ANALYSEN – NATSUKI SEBA
ENERGIEUMWANDLUNG
7/15 ~ 8/10
N.
SONSTIGES
HDD

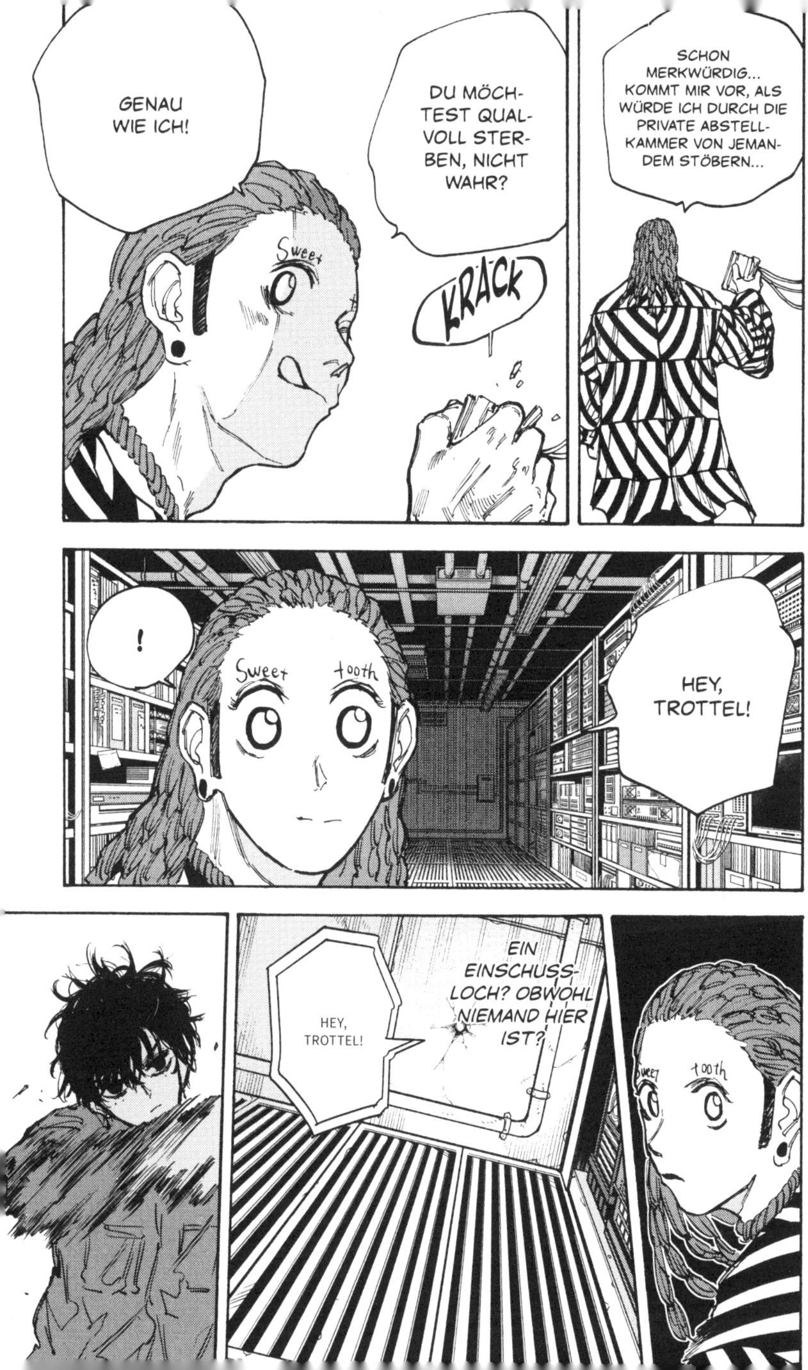
SCHON MERKWÜRDIG... KOMMT MIR VOR, ALS WÜRDE ICH DURCH DIE PRIVATE ABSTELL-KAMMER VON JEMAN-DEM STÖBERN...
DU MÖCH-TEST QUAL-VOLL STER-BEN, NICHT WAHR?
KRACK
GENAU WIE ICH!
Sweet
HEY, TROTTEL!
!
Sweet tooth
EIN EINSCHUSS-LOCH? OBWOHL NIEMAND HIER IST?
HEY, TROTTEL!
Sweet tooth

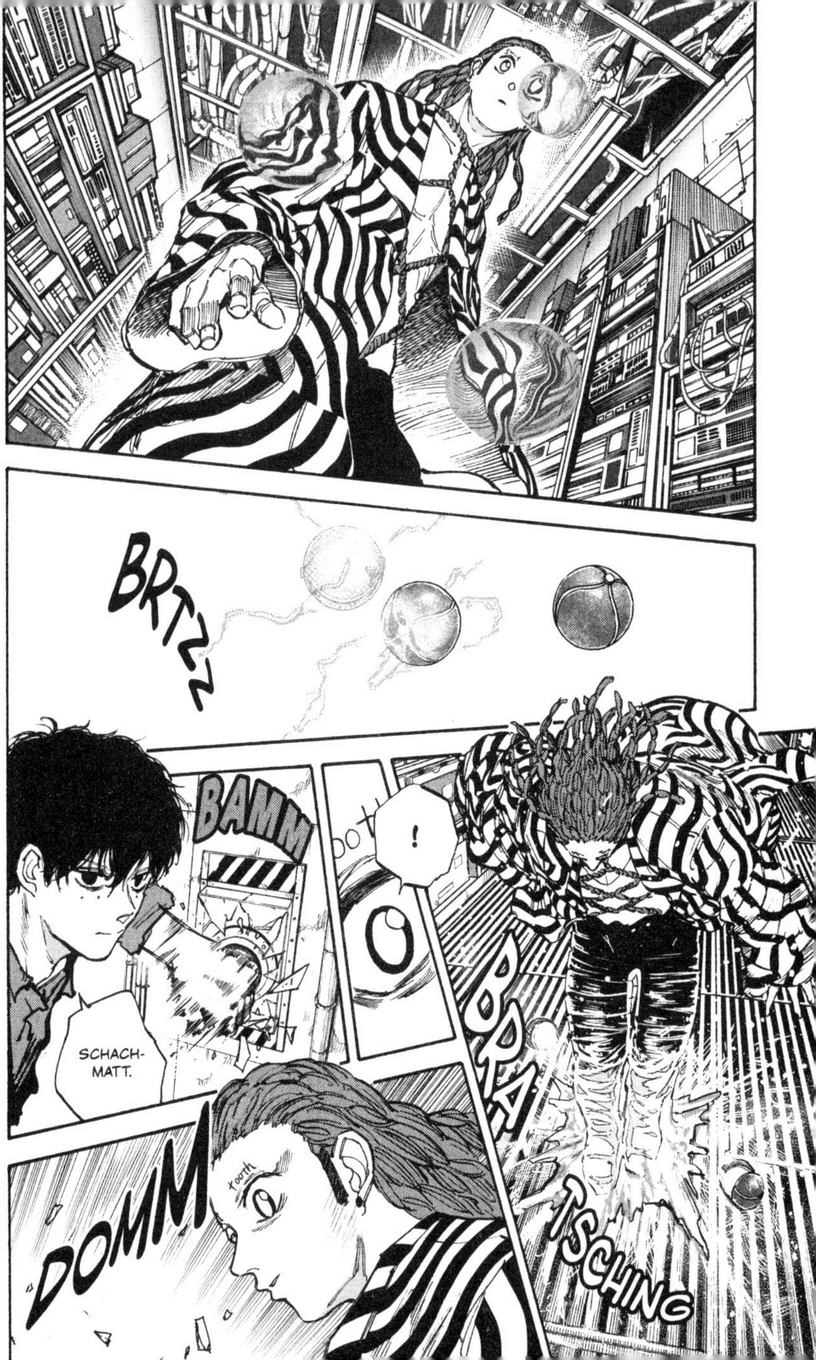
BRTZZZ
!
BAMM
SCHACH-MATT.
BRA
TSCHING
DOMM

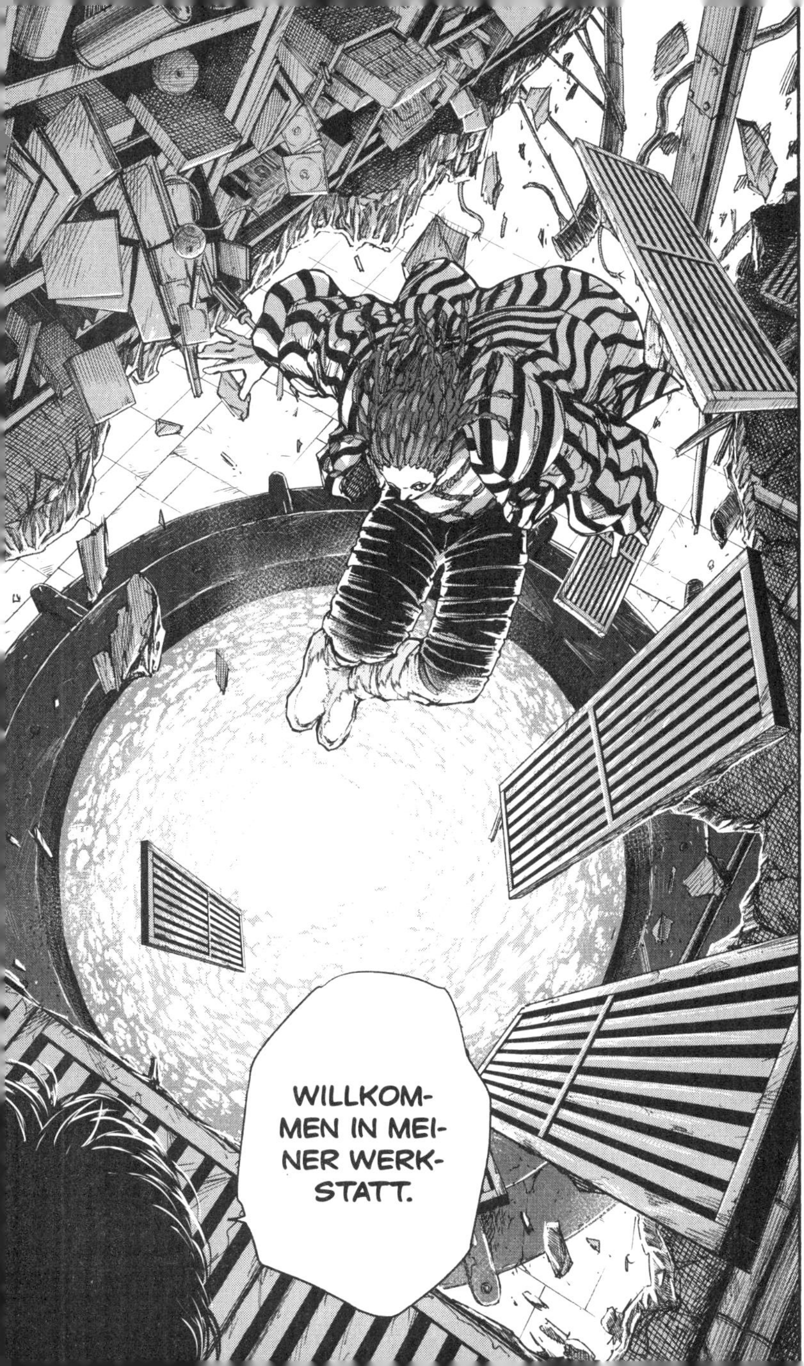
WILLKOMMEN IN MEINER WERKSTATT.

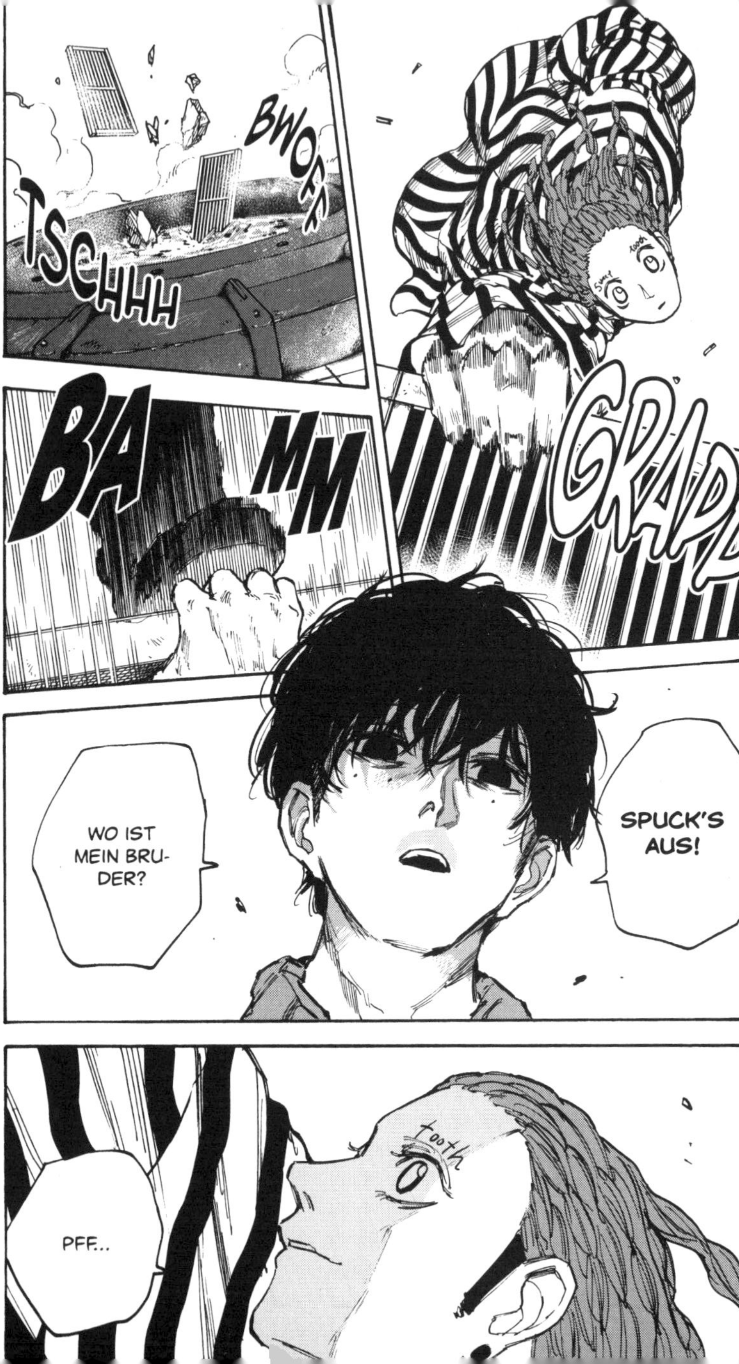
GRAPP
BWOFF
TSCHHH
BAMM
SPUCK'S AUS!
WO IST MEIN BRUDER?
PFF...

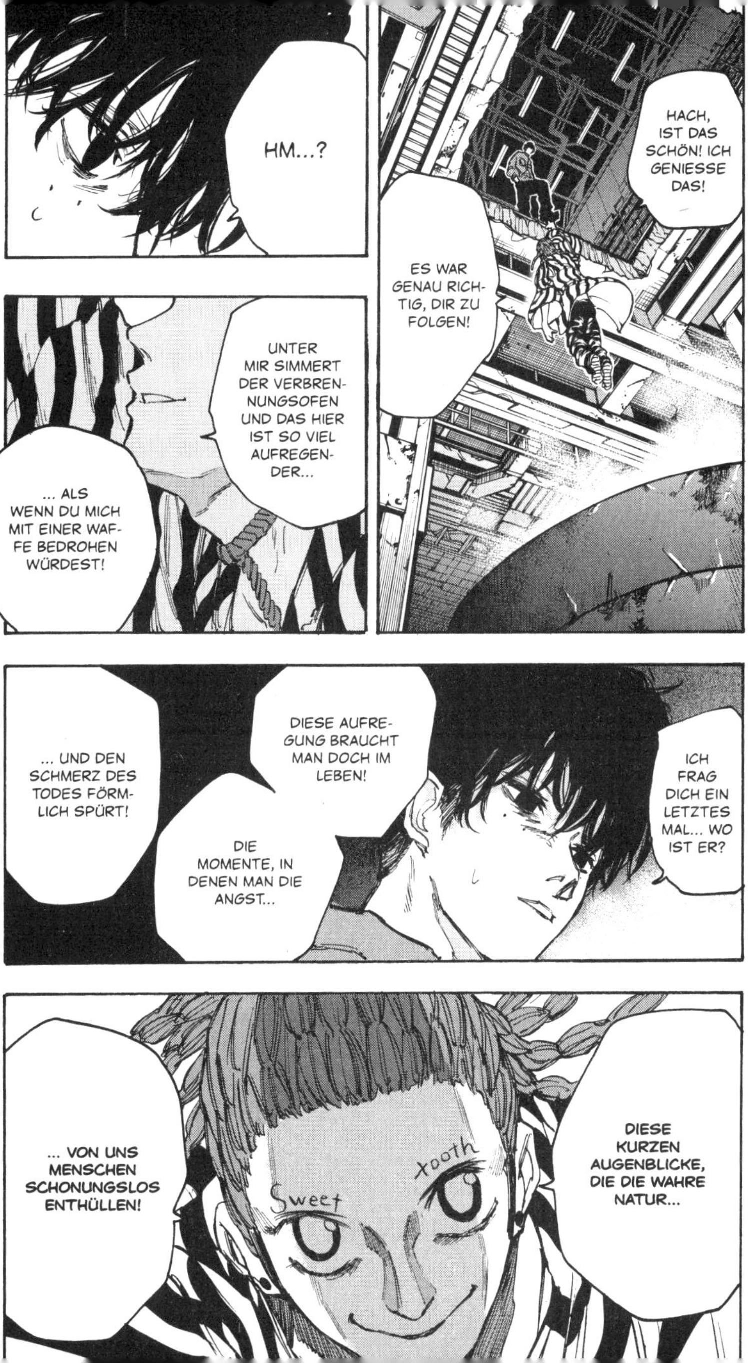
HACH, IST DAS SCHÖN! ICH GENIESSE DAS!
ES WAR GENAU RICHTIG, DIR ZU FOLGEN!
HM...?
UNTER MIR SIMMERT DER VERBRENNUNGSOFEN UND DAS HIER IST SO VIEL AUFREGENDER...
... ALS WENN DU MICH MIT EINER WAFFE BEDROHEN WÜRDEST!
ICH FRAG DICH EIN LETZTES MAL... WO IST ER?
DIESE AUFREGUNG BRAUCHT MAN DOCH IM LEBEN!
DIE MOMENTE, IN DENEN MAN DIE ANGST...
... UND DEN SCHMERZ DES TODES FÖRMLICH SPÜRT!
DIESE KURZEN AUGENBLICKE, DIE DIE WAHRE NATUR...
... VON UNS MENSCHEN SCHONUNGSLOS ENTHÜLLEN!

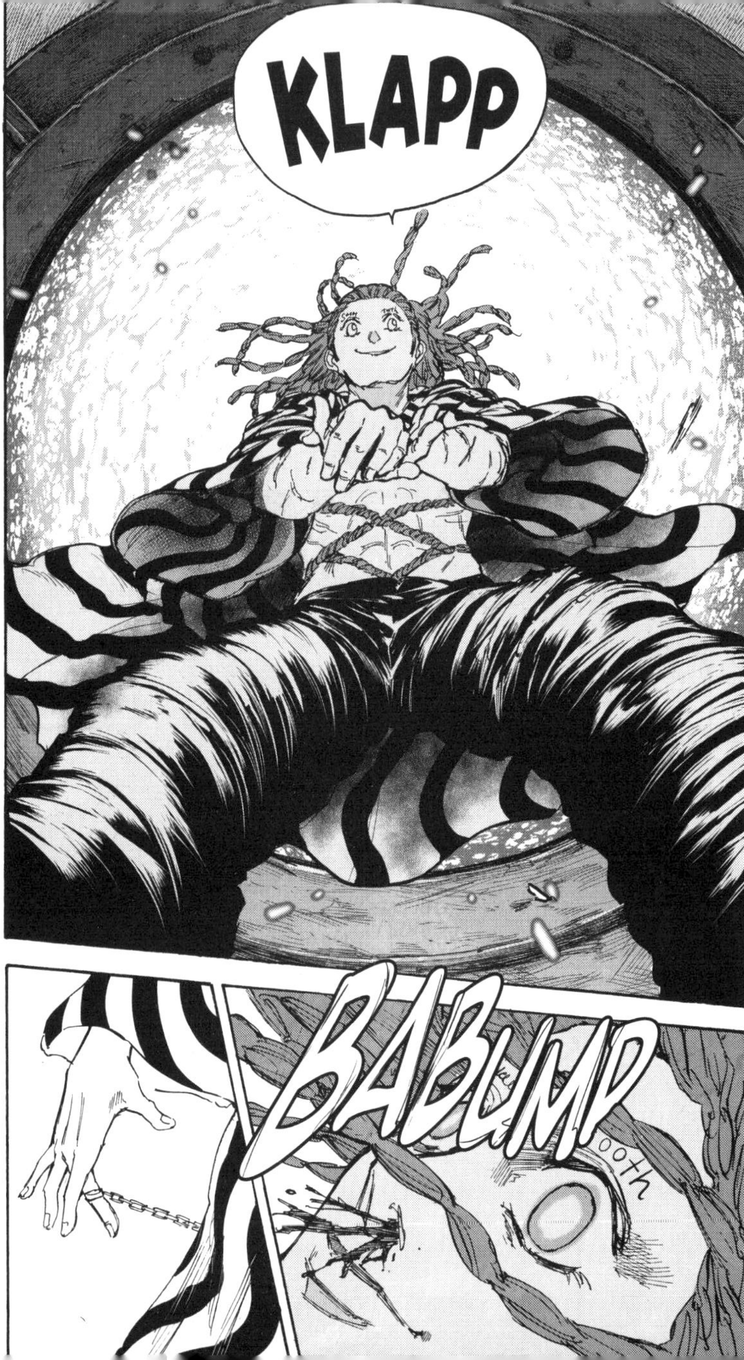
KLAPP
BABUMP

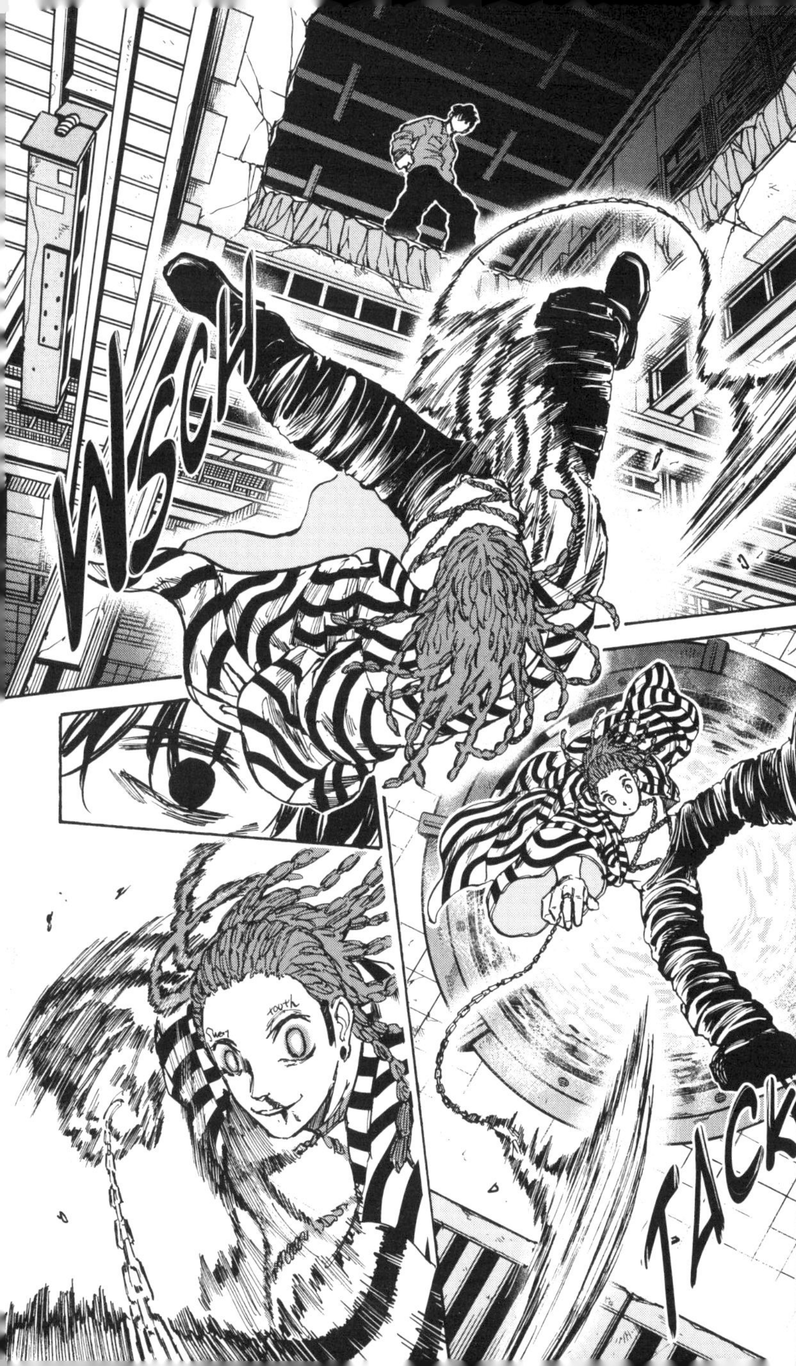
WSCH
TACK

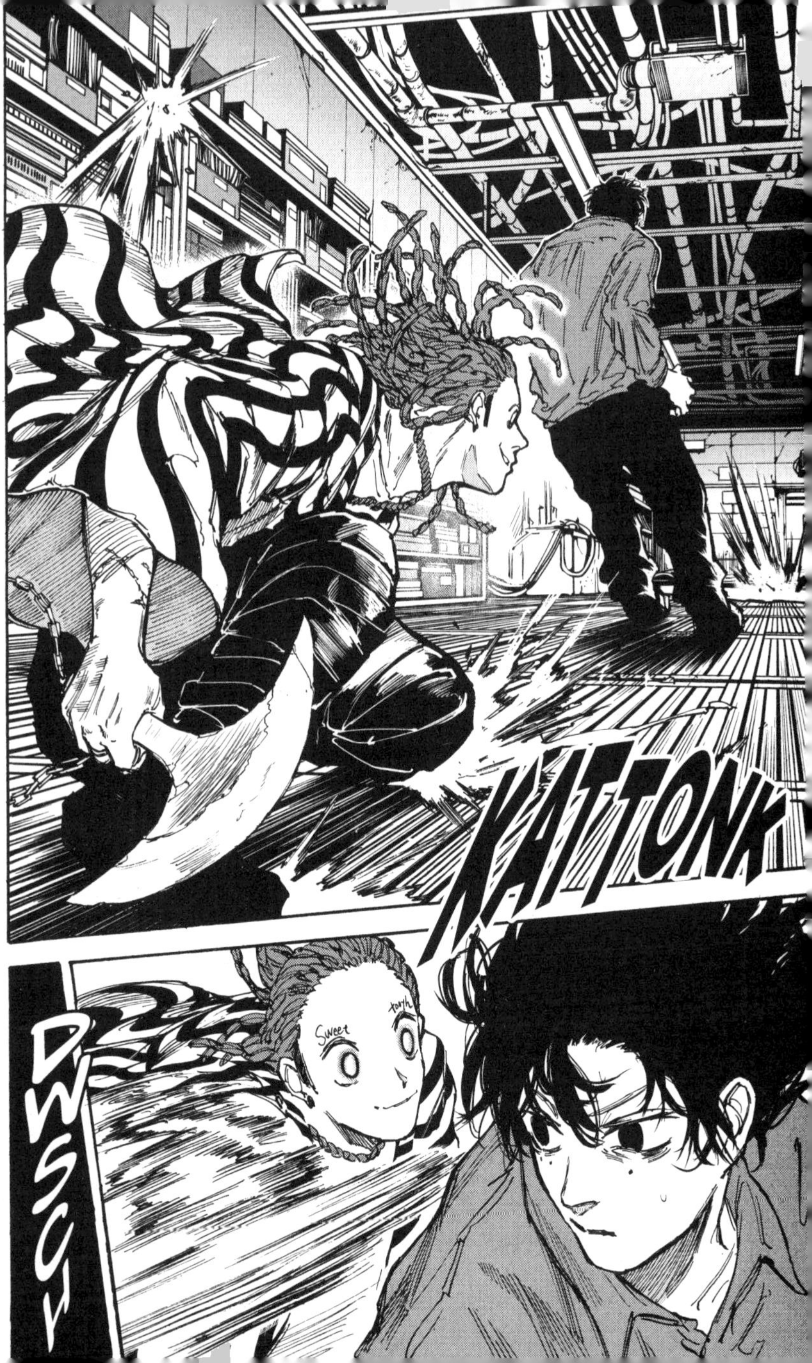
KATTONK
Sweet
tooth
DWSSH

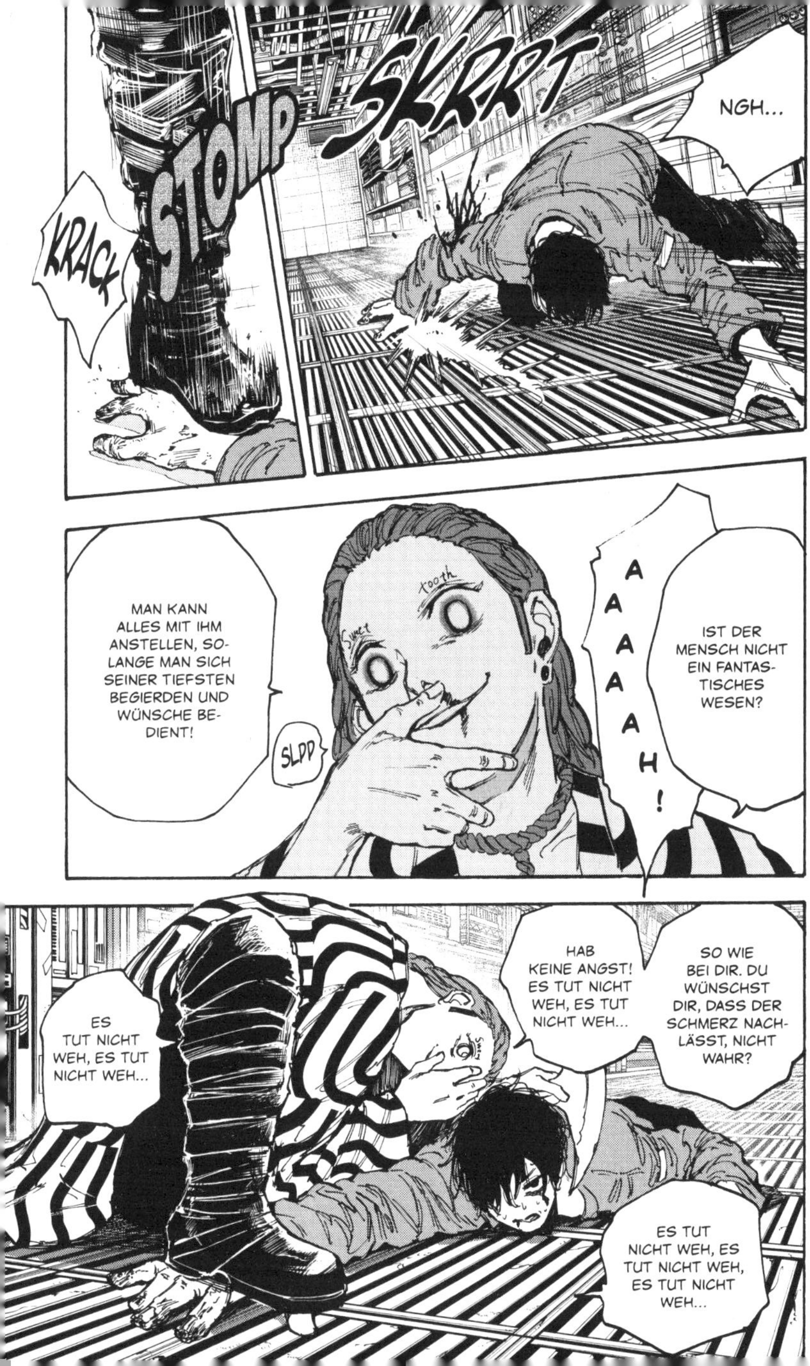
KRACK
STOMP
SKRRT
NGH...
AAAAAAH!
IST DER MENSCH NICHT EIN FANTASTISCHES WESEN?
MAN KANN ALLES MIT IHM ANSTELLEN, SOLANGE MAN SICH SEINER TIEFSTEN BEGIERDEN UND WÜNSCHE BEDIENT!
SLPP
SO WIE BEI DIR. DU WÜNSCHST DIR, DASS DER SCHMERZ NACHLÄSST, NICHT WAHR?
HAB KEINE ANGST! ES TUT NICHT WEH, ES TUT NICHT WEH...
ES TUT NICHT WEH, ES TUT NICHT WEH...
ES TUT NICHT WEH, ES TUT NICHT WEH, ES TUT NICHT WEH...

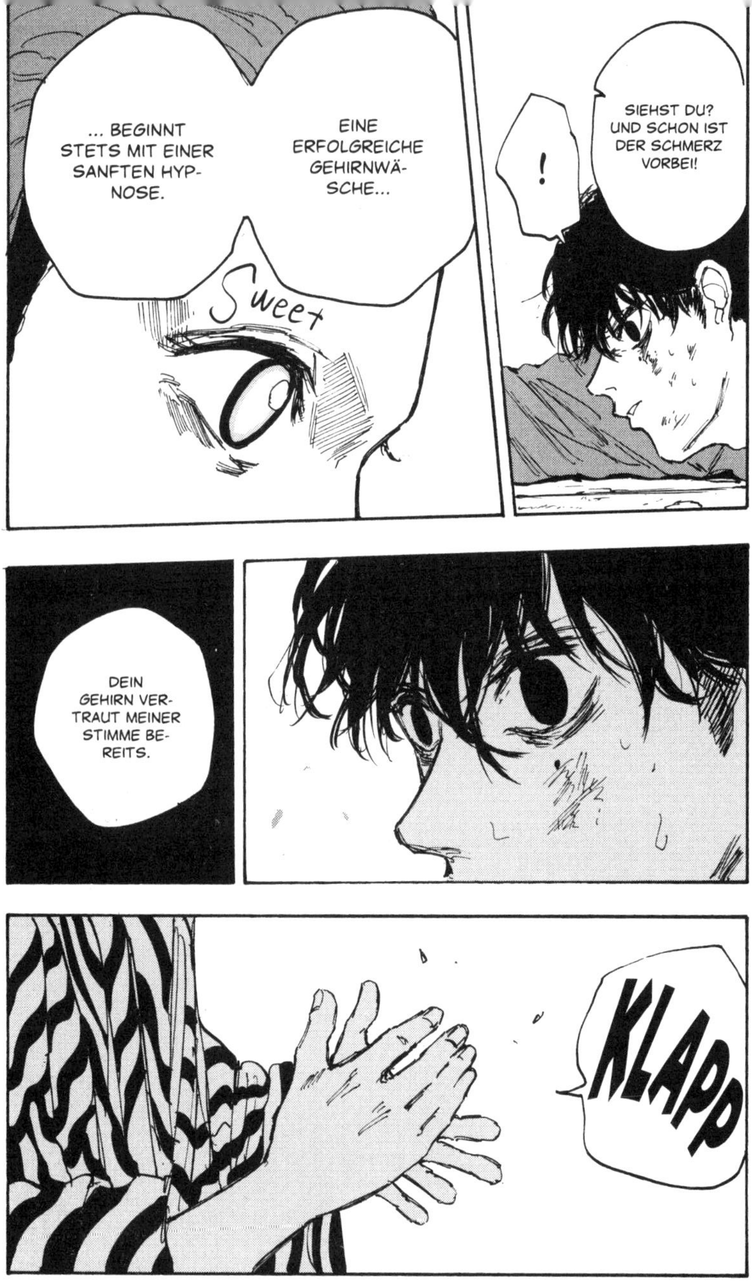
SIEHST DU? UND SCHON IST DER SCHMERZ VORBEI!
!
EINE ERFOLGREICHE GEHIRNWÄSCHE...
... BEGINNT STETS MIT EINER SANFTEN HYPNOSE.
Sweet
DEIN GEHIRN VERTRAUT MEINER STIMME BEREITS.
KLAPP

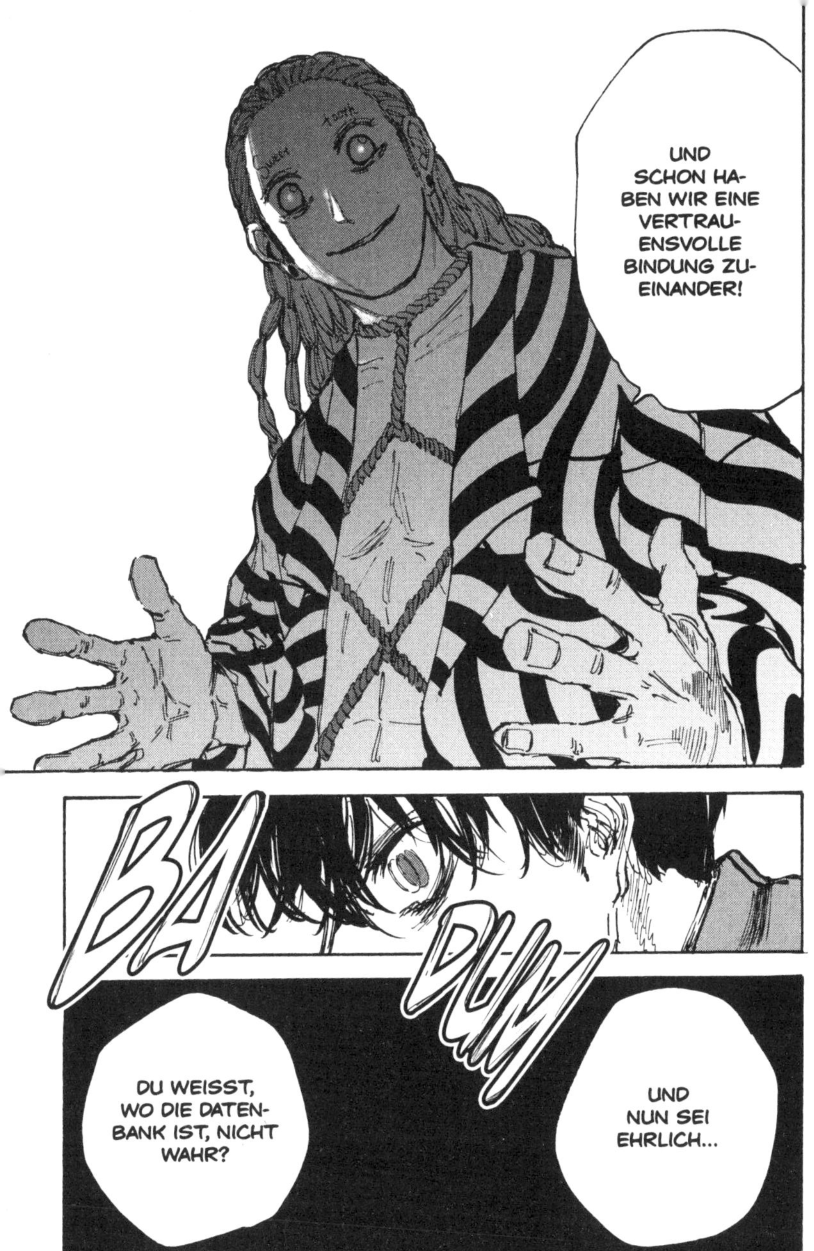
UND SCHON HABEN WIR EINE VERTRAUENSVOLLE BINDUNG ZUEINANDER!
BA DUM
UND NUN SEI EHRLICH...
DU WEISST, WO DIE DATENBANK IST, NICHT WAHR?

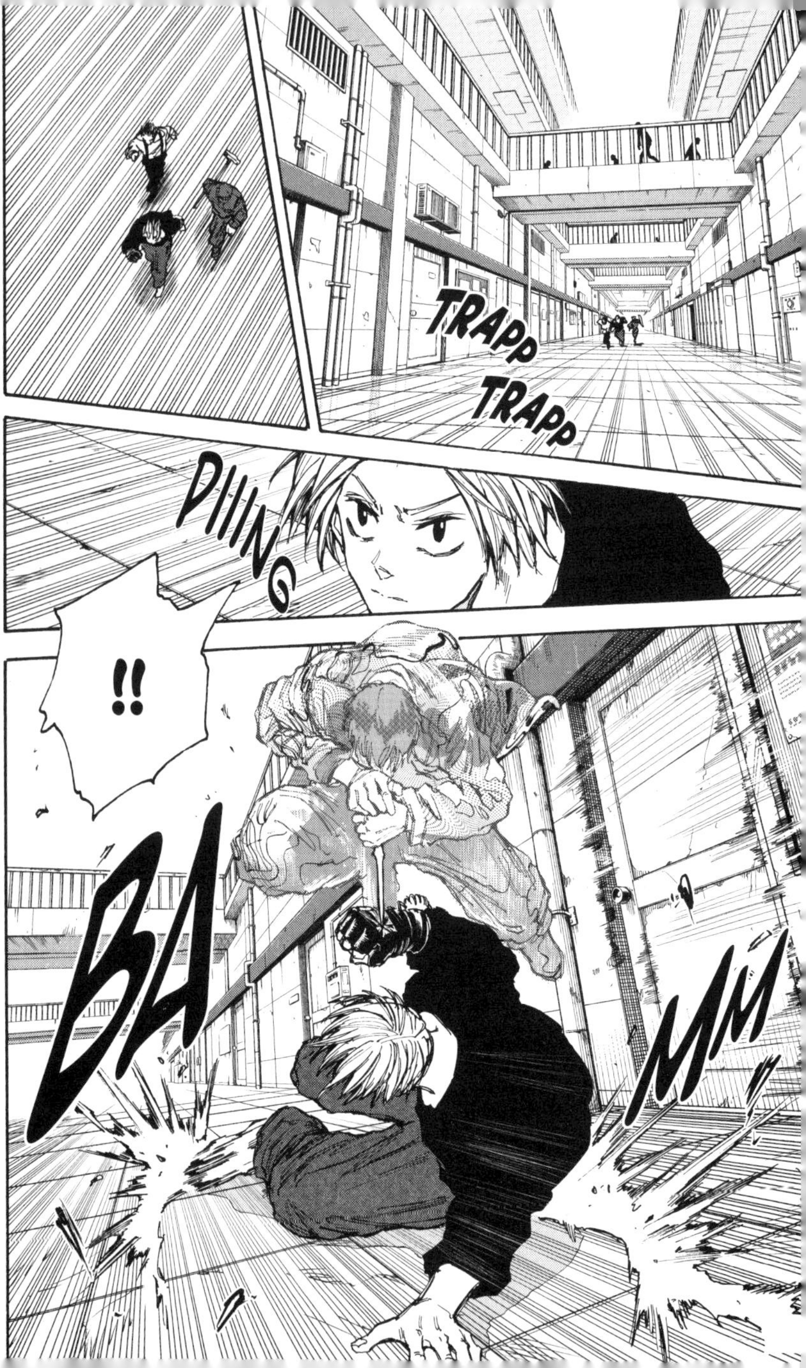
TRAPP
TRAPP
DIIING
!!
BAMM

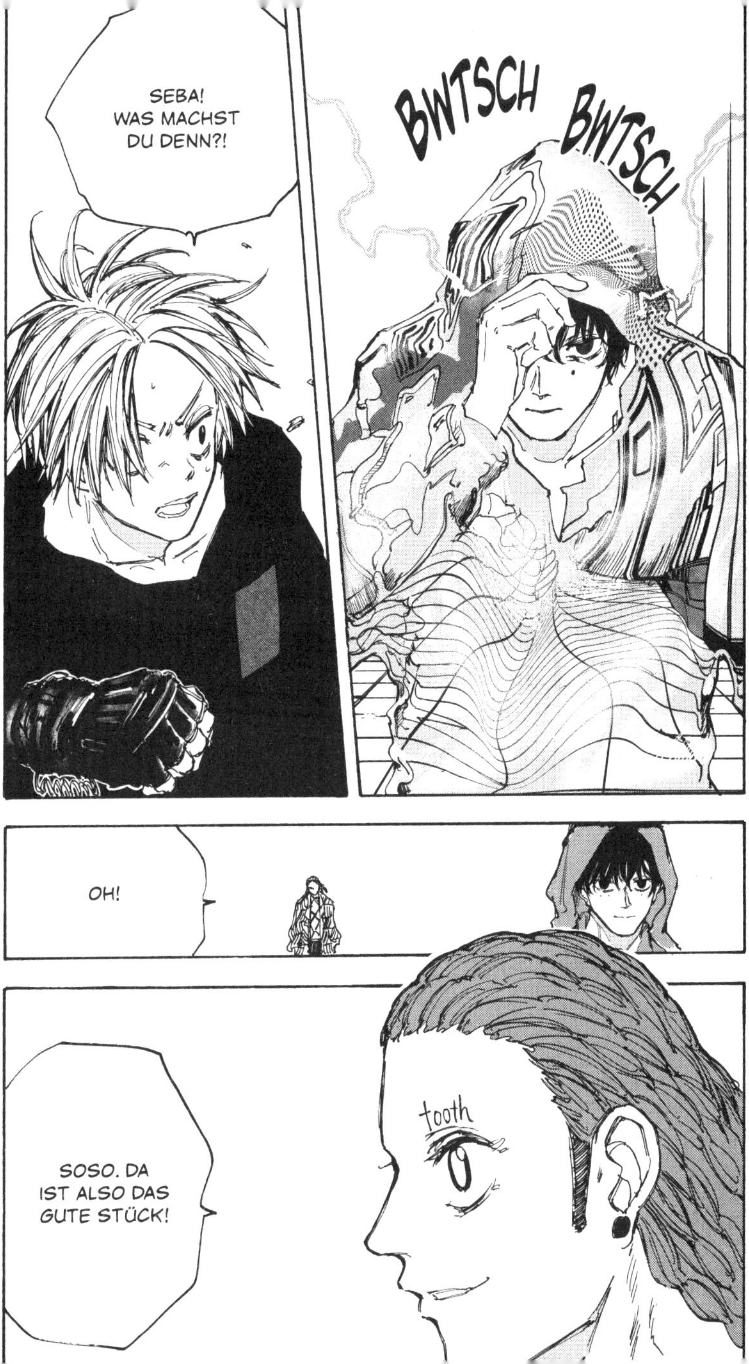
BWTSCH
BWTSCH
SEBA! WAS MACHST DU DENN?!
OH!
SOSO. DA IST ALSO DAS GUTE STÜCK!
tooth

HINTER DEN KULISSEN DER KULISSEN

BAND 10, KAPITEL 80
MÜLLPLATZ DER JCC

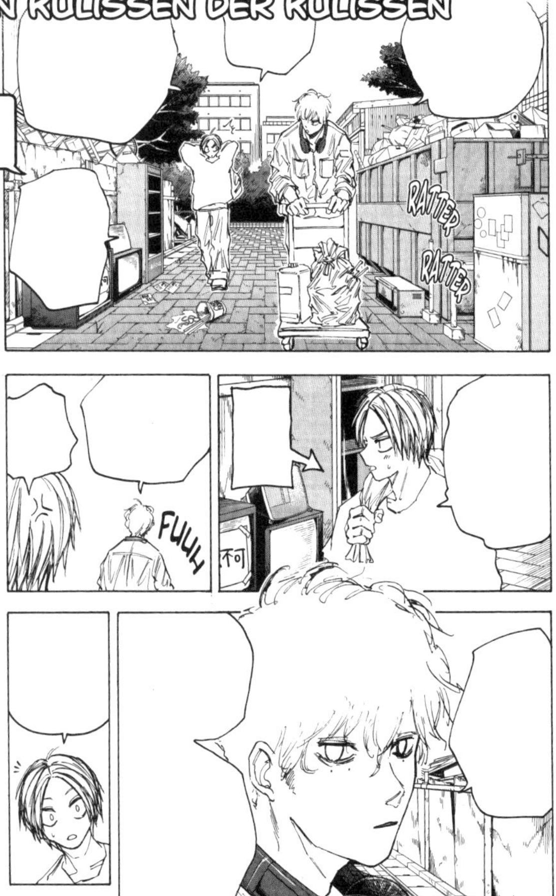

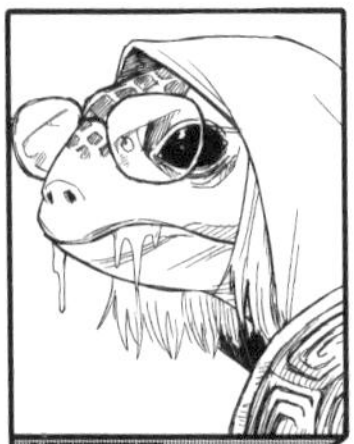

ASSISTENT

KAZUTO KARIYA

SEIT DER ZWEITEN HÄLFTE VON BAND 5 GEHÖRE ICH ZUM TEAM SAKAMOTO. ABENDS ESSE ICH GANZ GERN »TAIWAN MAZESOBA« VOM FAMILY MART.

MEISTENS LASSE ICH MICH VON DEN SETS MEINER KOLLEGEN INSPIRIEREN, UM AUS EINEM ANDEREN BLICKWINKEL ZU ZEICHNEN. FÜR DIESES SET HINGEGEN MUSSTE ICH MIT EINEM LEEREN BLATT ANFANGEN UND MICH VON SUZUKI-SENSEIS ERLÄUTERUNGEN LEITEN LASSEN. ICH TAT ALSO MEIN BESTES UND VERSUCHTE, MICH AN ÄHNLICHE ORTE ZU ERINNERN, DIE ICH WÄHREND MEINER STUDENTENZEIT GESEHEN HATTE. DIE KAPITEL DES JCC-ARCS WAREN VIEL ARBEIT, DA DIE GESCHICHTE IMMER WIEDER VON EINEM SCHAUPLATZ ZUM NÄCHSTEN SPRINGT. AUF DER ANDEREN SEITE HATTE ICH SEHR VIEL SPASS DABEI. EINZIG SEBAS KOPFHÖRER WAREN VERDAMMT SCHWER ZU ZEICHNEN…

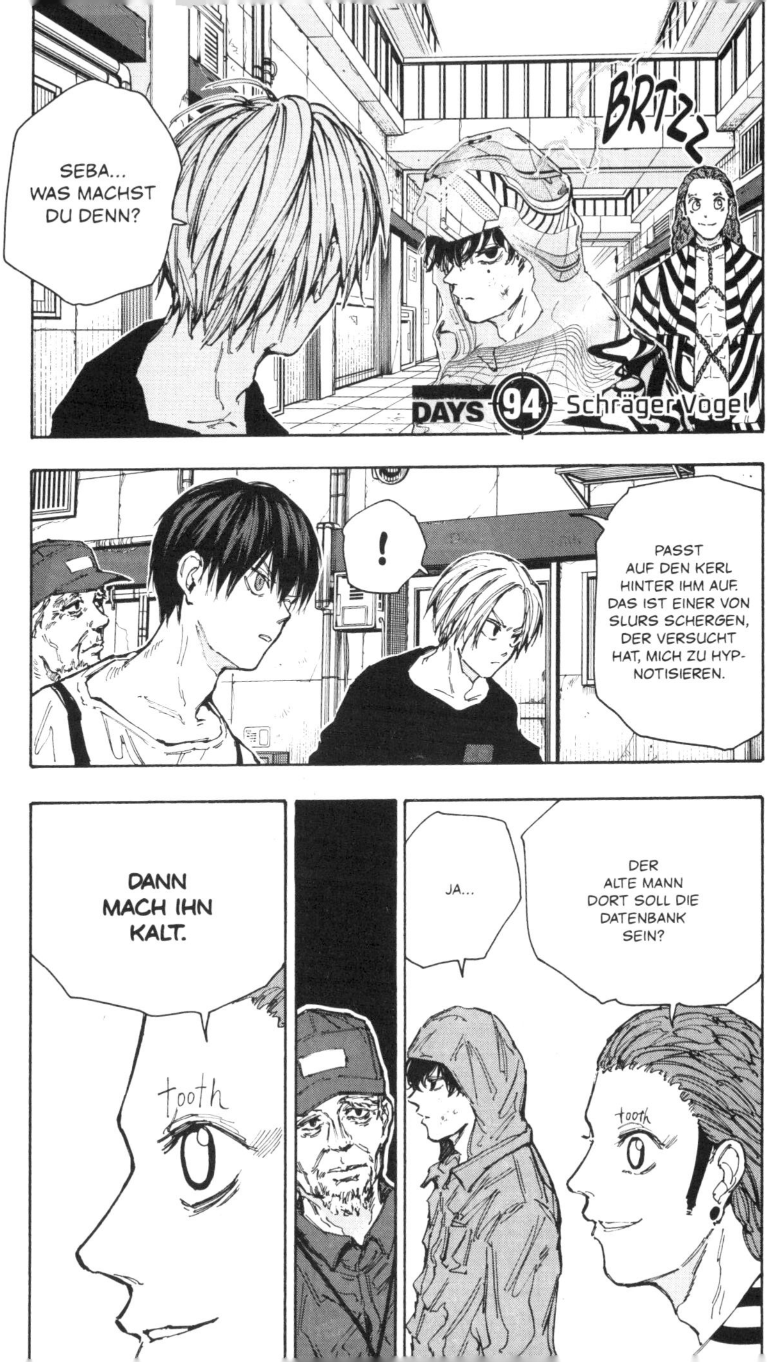
BRTZZ
SEBA... WAS MACHST DU DENN?
DAYS 94 Schräger Vogel
PASST AUF DEN KERL HINTER IHM AUF. DAS IST EINER VON SLURS SCHERGEN, DER VERSUCHT HAT, MICH ZU HYPNOTISIEREN.
!
DER ALTE MANN DORT SOLL DIE DATENBANK SEIN?
JA...
tooth
DANN MACH IHN KALT.
tooth

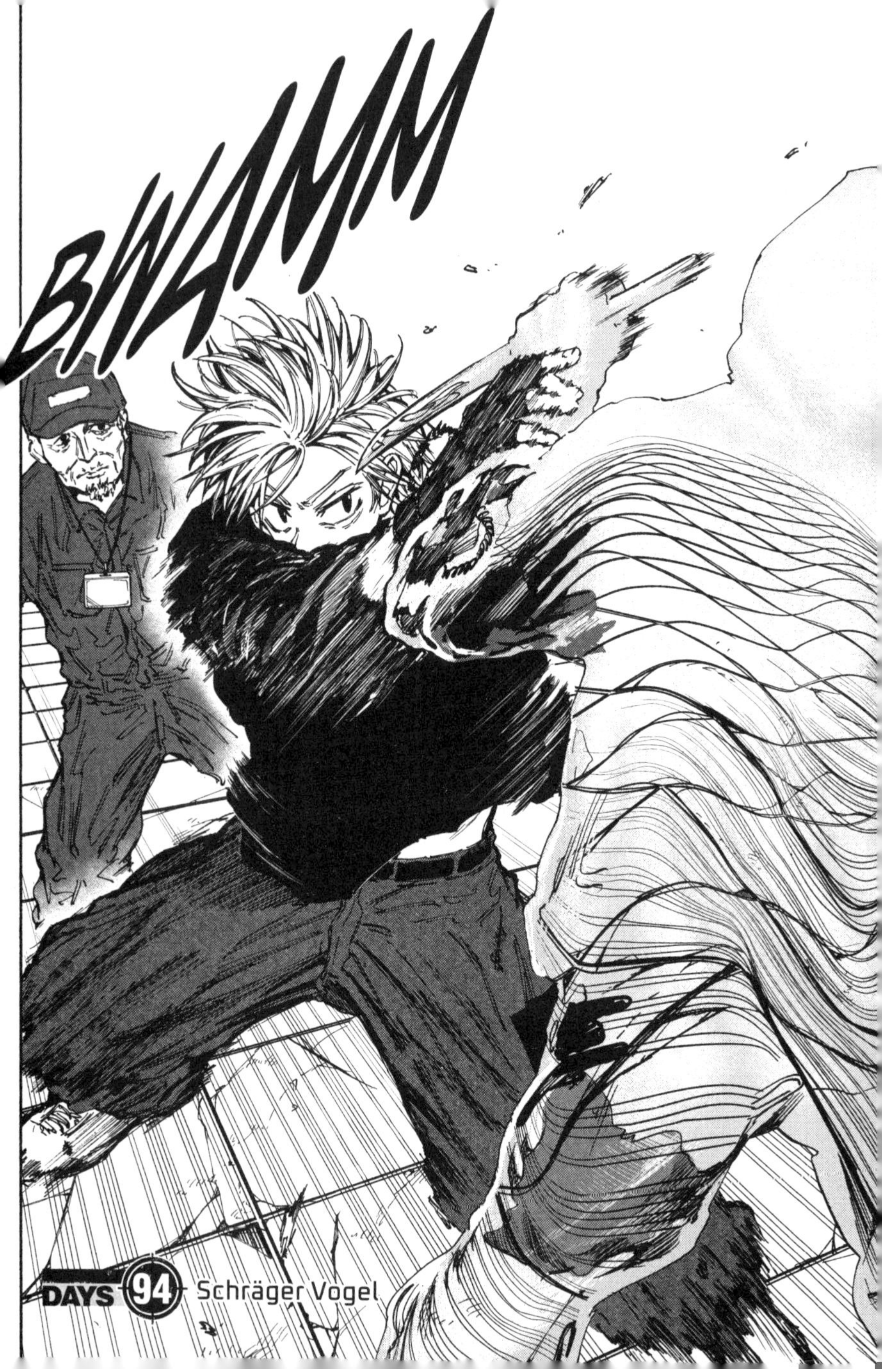
BWAMM
DAYS 94 Schräger Vogel

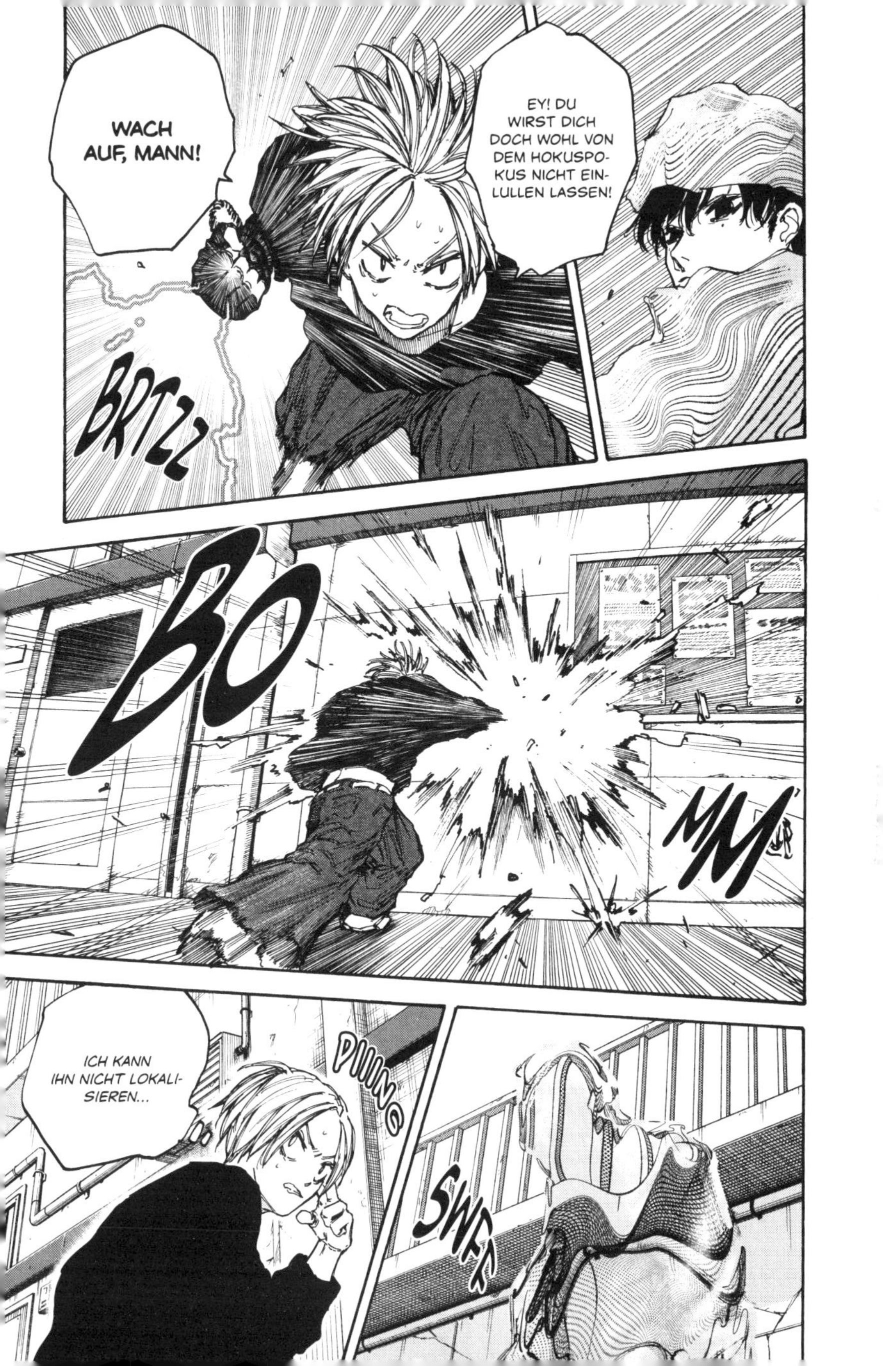
EY! DU WIRST DICH DOCH WOHL VON DEM HOKUSPOKUS NICHT EINLULLEN LASSEN!
WACH AUF, MANN!
BRTZZ
BOMM
PIIING
ICH KANN IHN NICHT LOKALISIEREN...
SWFF

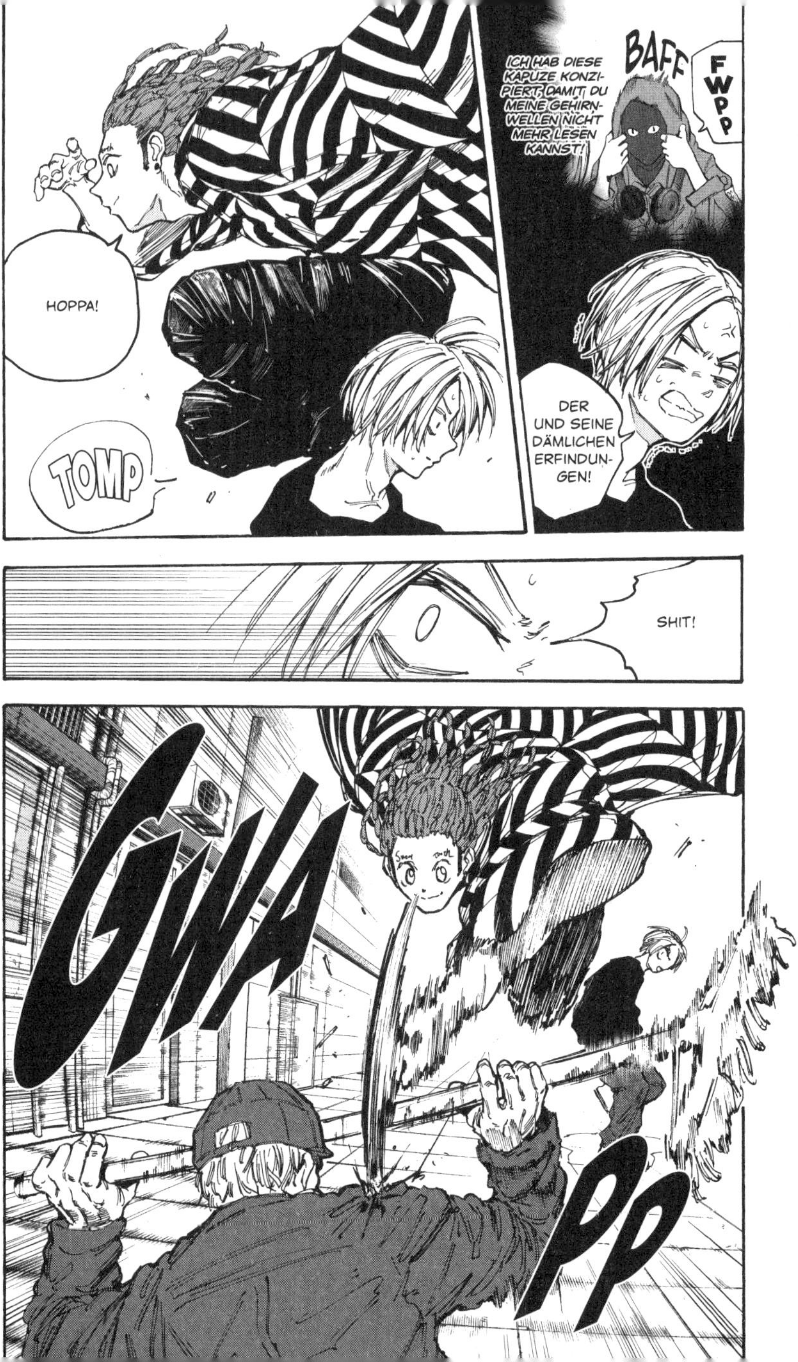

BAFF
FWPP
ICH HAB DIESE KAPUZE KONZIPIERT, DAMIT DU MEINE GEHIRNWELLEN NICHT MEHR LESEN KANNST!
DER UND SEINE DÄMLICHEN ERFINDUNGEN!
HOPPA!
TOMP
SHIT!
GWA
PP

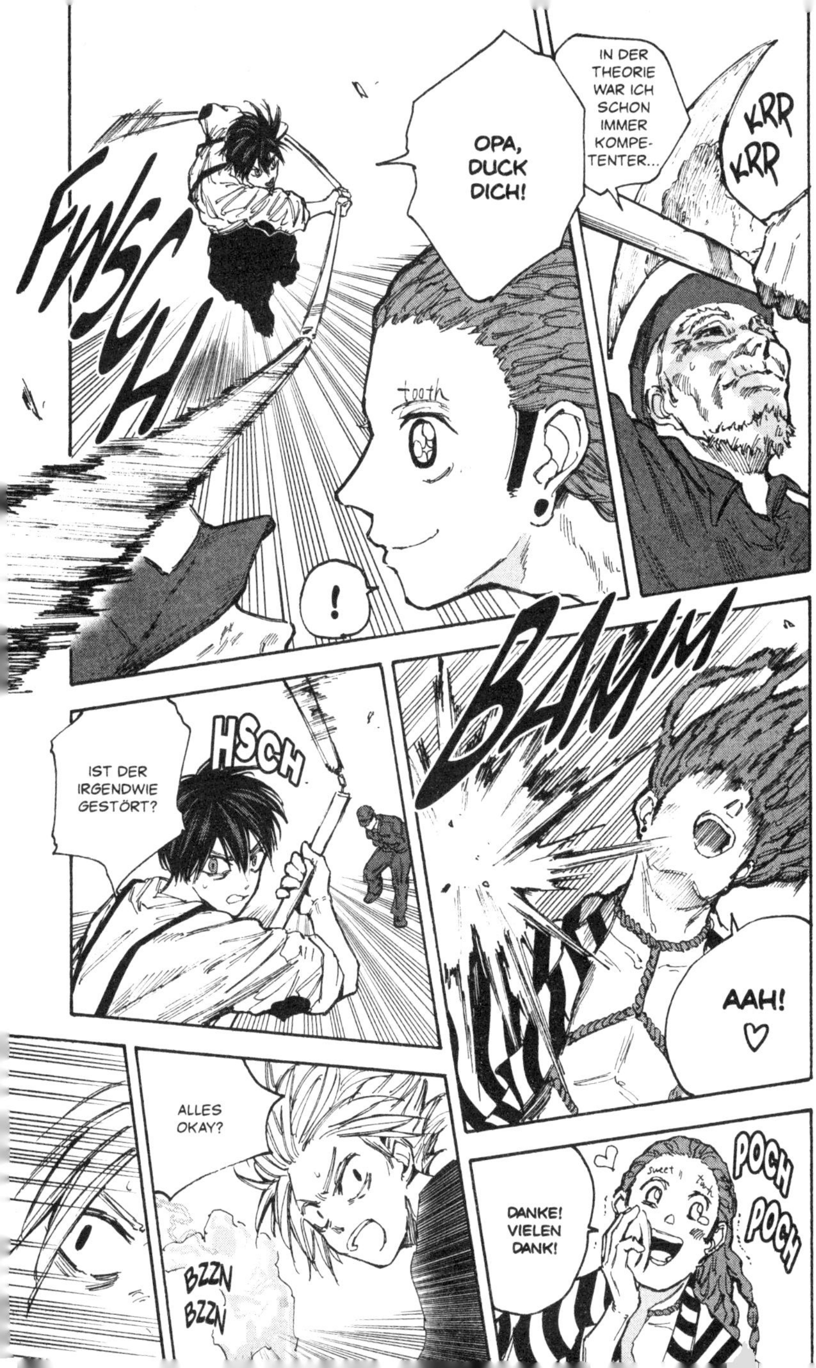

IN DER THEORIE WAR ICH SCHON IMMER KOMPETENTER...
KRR KRR
OPA, DUCK DICH!
FWISCH
tooth
!
BAMM
HSCH
IST DER IRGENDWIE GESTÖRT?
AAH! ♡
POCH POCH
DANKE! VIELEN DANK!
sweet
ALLES OKAY?
BZZN BZZN

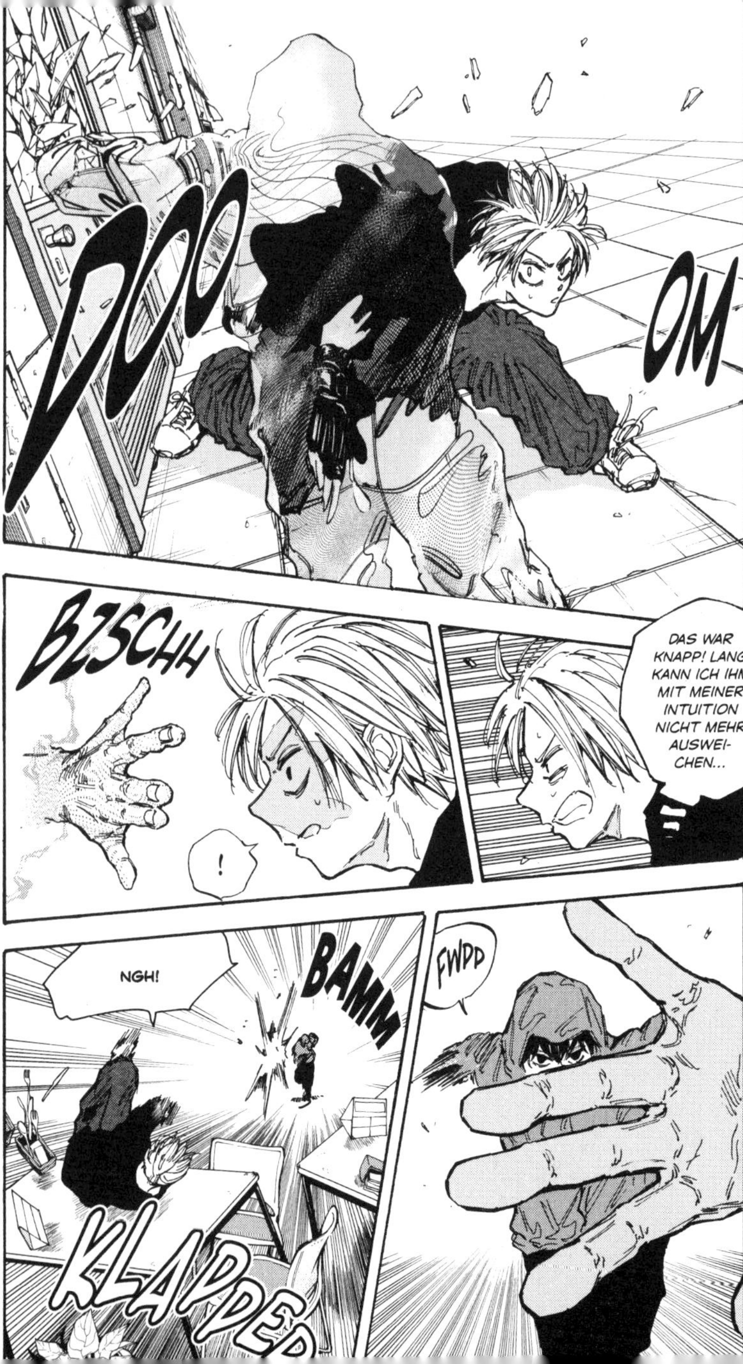
DOO
OM
DAS WAR KNAPP! LANG KANN ICH IHM MIT MEINER INTUITION NICHT MEHR AUSWEICHEN...
BZSCHH
!
FWDD
BAMM
NGH!
KLAPPER

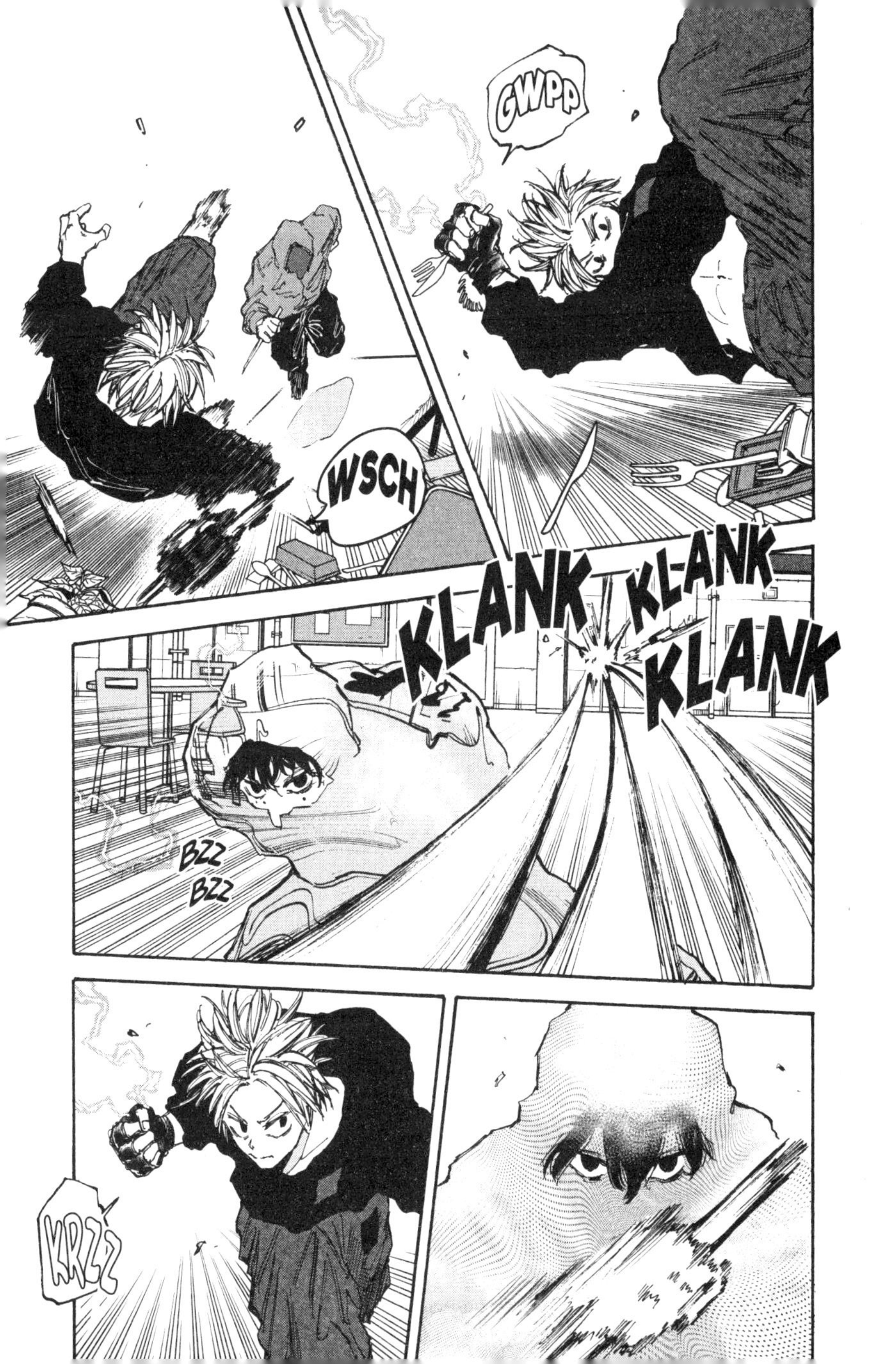
GWPP
WSCH
KLANK KLANK
KLANK
KLANK
BZZ
BZZ
KRZZ

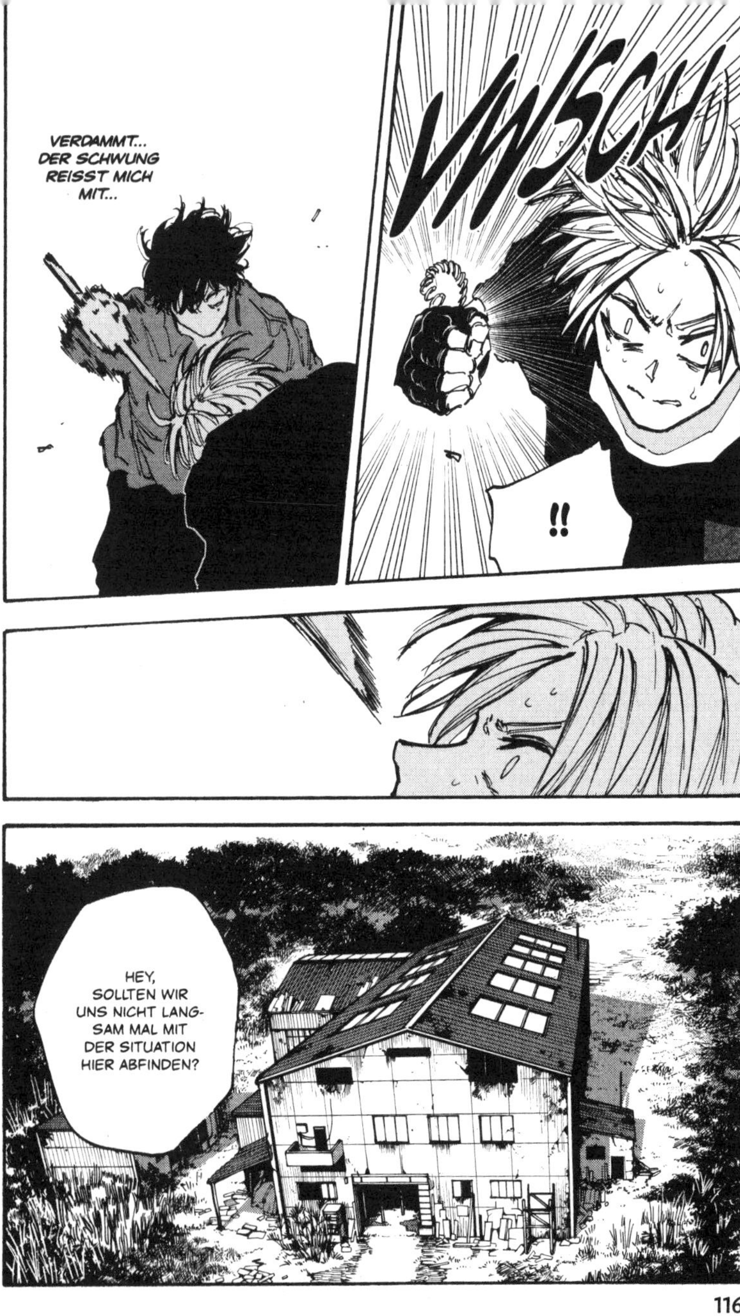
VWSCH
!!
VERDAMMT... DER SCHWUNG REISST MICH MIT...
HEY, SOLLTEN WIR UNS NICHT LANGSAM MAL MIT DER SITUATION HIER ABFINDEN?

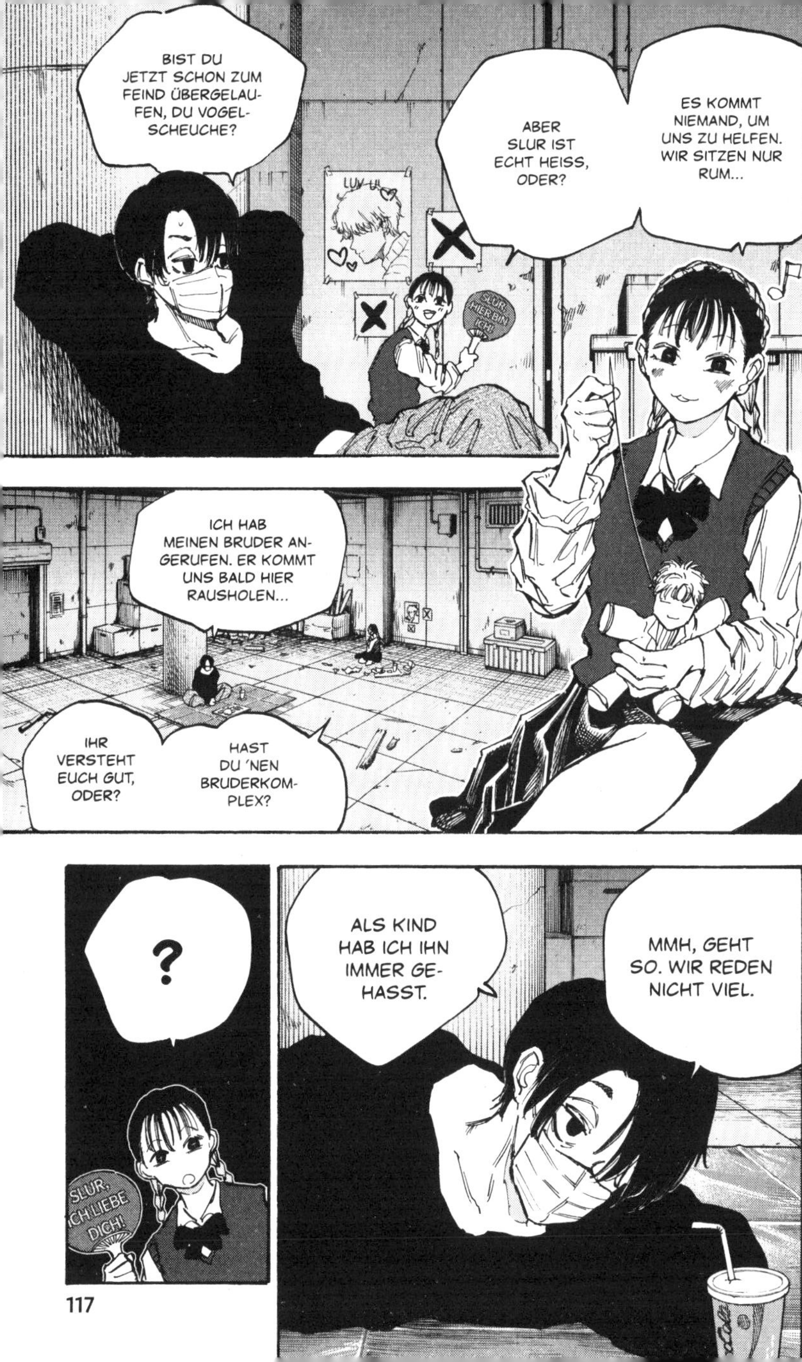
ES KOMMT NIEMAND, UM UNS ZU HELFEN. WIR SITZEN NUR RUM…
ABER SLUR IST ECHT HEISS, ODER?
BIST DU JETZT SCHON ZUM FEIND ÜBERGELAUFEN, DU VOGELSCHEUCHE?
SLUR, HIER BIN ICH!
ICH HAB MEINEN BRUDER ANGERUFEN. ER KOMMT UNS BALD HIER RAUSHOLEN…
HAST DU ´NEN BRUDERKOMPLEX?
IHR VERSTEHT EUCH GUT, ODER?
MMH, GEHT SO. WIR REDEN NICHT VIEL.
ALS KIND HAB ICH IHN IMMER GEHASST.
?
SLUR, ICH LIEBE DICH!

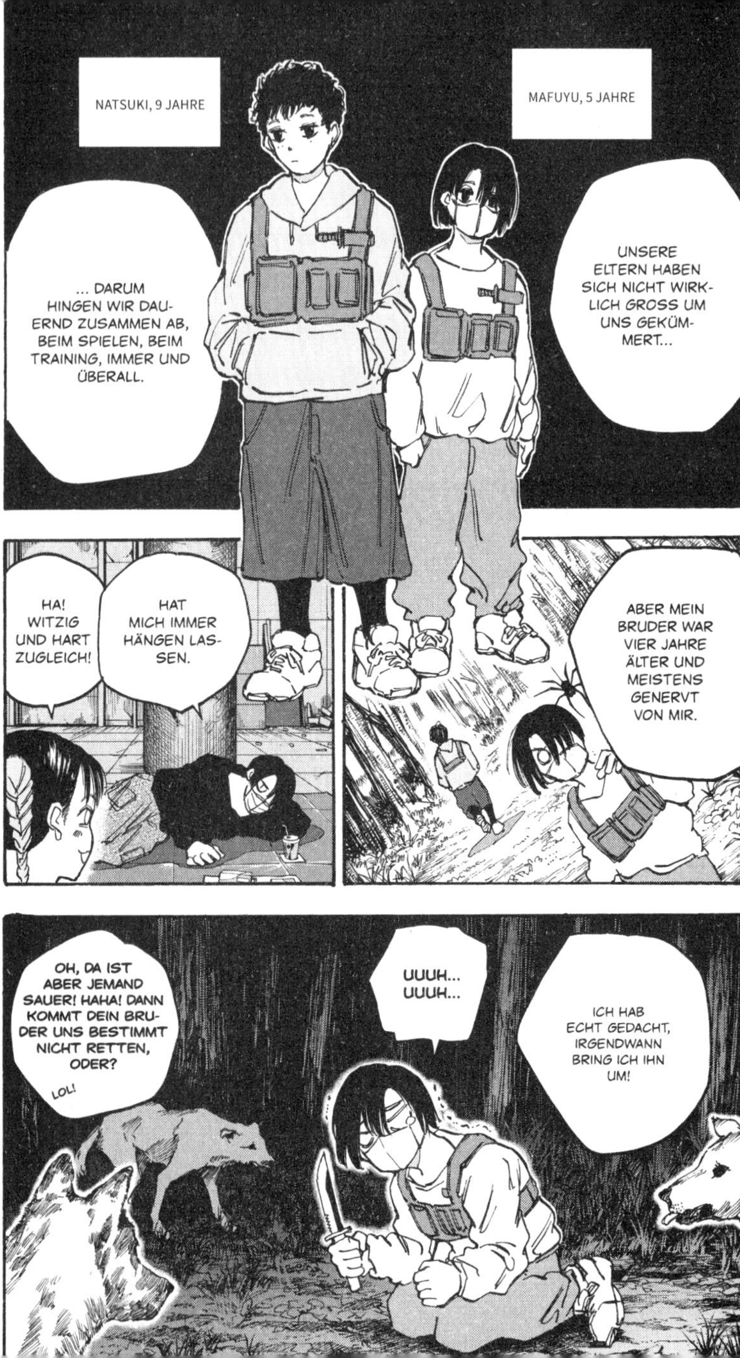
MAFUYU, 5 JAHRE
NATSUKI, 9 JAHRE
UNSERE ELTERN HABEN SICH NICHT WIRKLICH GROSS UM UNS GEKÜMMERT...
... DARUM HINGEN WIR DAUERND ZUSAMMEN AB, BEIM SPIELEN, BEIM TRAINING, IMMER UND ÜBERALL.
ABER MEIN BRUDER WAR VIER JAHRE ÄLTER UND MEISTENS GENERVT VON MIR.
HAT MICH IMMER HÄNGEN LASSEN.
HA! WITZIG UND HART ZUGLEICH!
ICH HAB ECHT GEDACHT, IRGENDWANN BRING ICH IHN UM!
UUUH... UUUH...
OH, DA IST ABER JEMAND SAUER! HAHA! DANN KOMMT DEIN BRUDER UNS BESTIMMT NICHT RETTEN, ODER?
LOL!

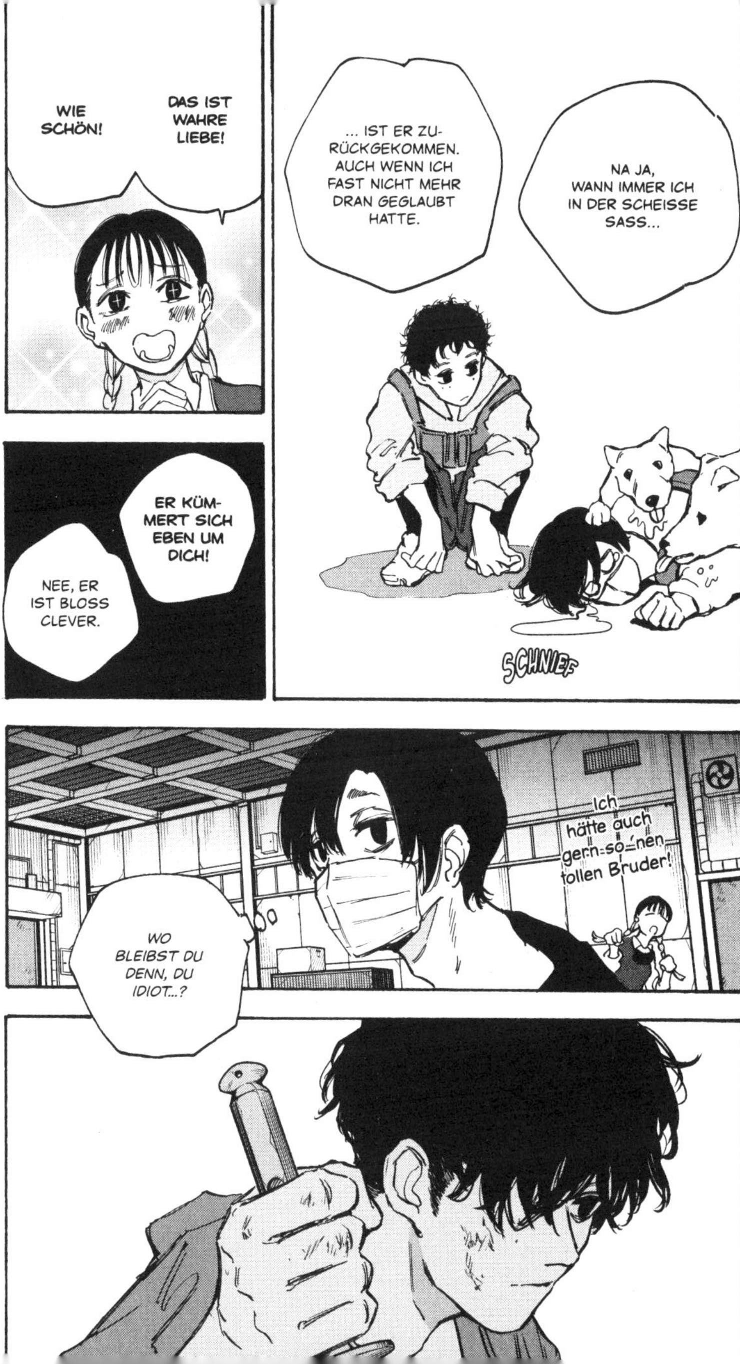
NA JA, WANN IMMER ICH IN DER SCHEISSE SASS...
... IST ER ZURÜCKGEKOMMEN. AUCH WENN ICH FAST NICHT MEHR DRAN GEGLAUBT HATTE.
SCHNIEF
DAS IST WAHRE LIEBE!
WIE SCHÖN!
ER KÜMMERT SICH EBEN UM DICH!
NEE, ER IST BLOSS CLEVER.
Ich hätte auch gern so 'nen tollen Bruder!
WO BLEIBST DU DENN, DU IDIOT...?

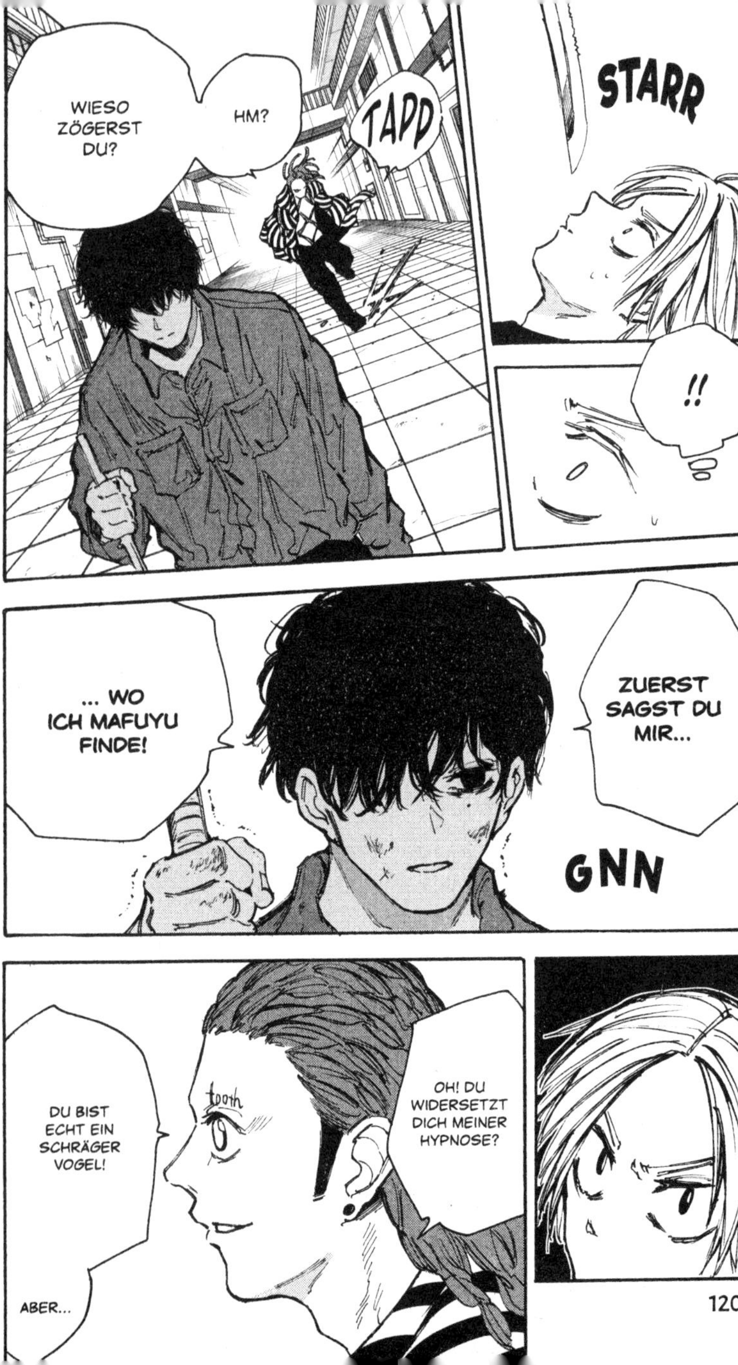
STARR
!!
TAPP
HM?
WIESO ZÖGERST DU?
ZUERST SAGST DU MIR...
GNN
... WO ICH MAFUYU FINDE!
OH! DU WIDERSETZT DICH MEINER HYPNOSE?
tooth
DU BIST ECHT EIN SCHRÄGER VOGEL!
ABER...

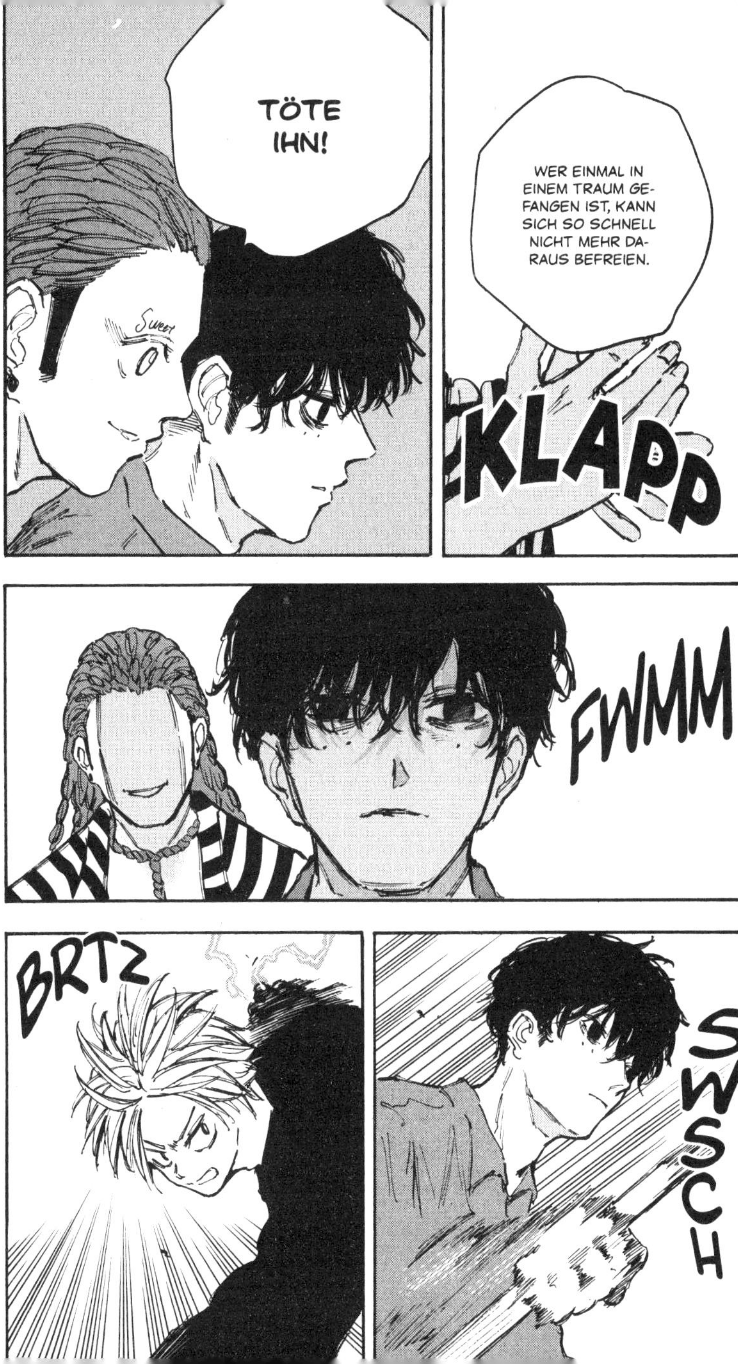
WER EINMAL IN EINEM TRAUM GEFANGEN IST, KANN SICH SO SCHNELL NICHT MEHR DARAUS BEFREIEN.
KLAPP
TÖTE IHN!
Sweet
FWMM
SWSCH
BRTZ

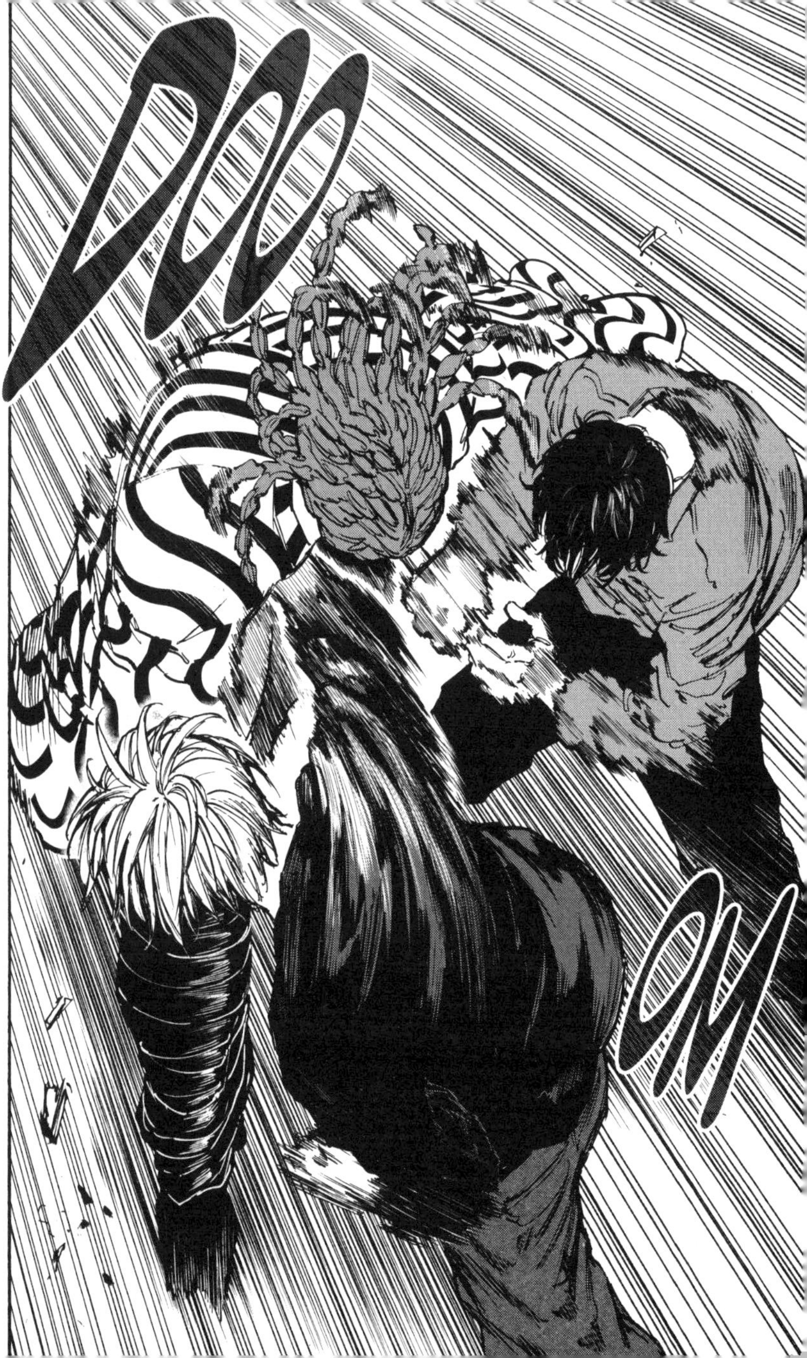
DOO

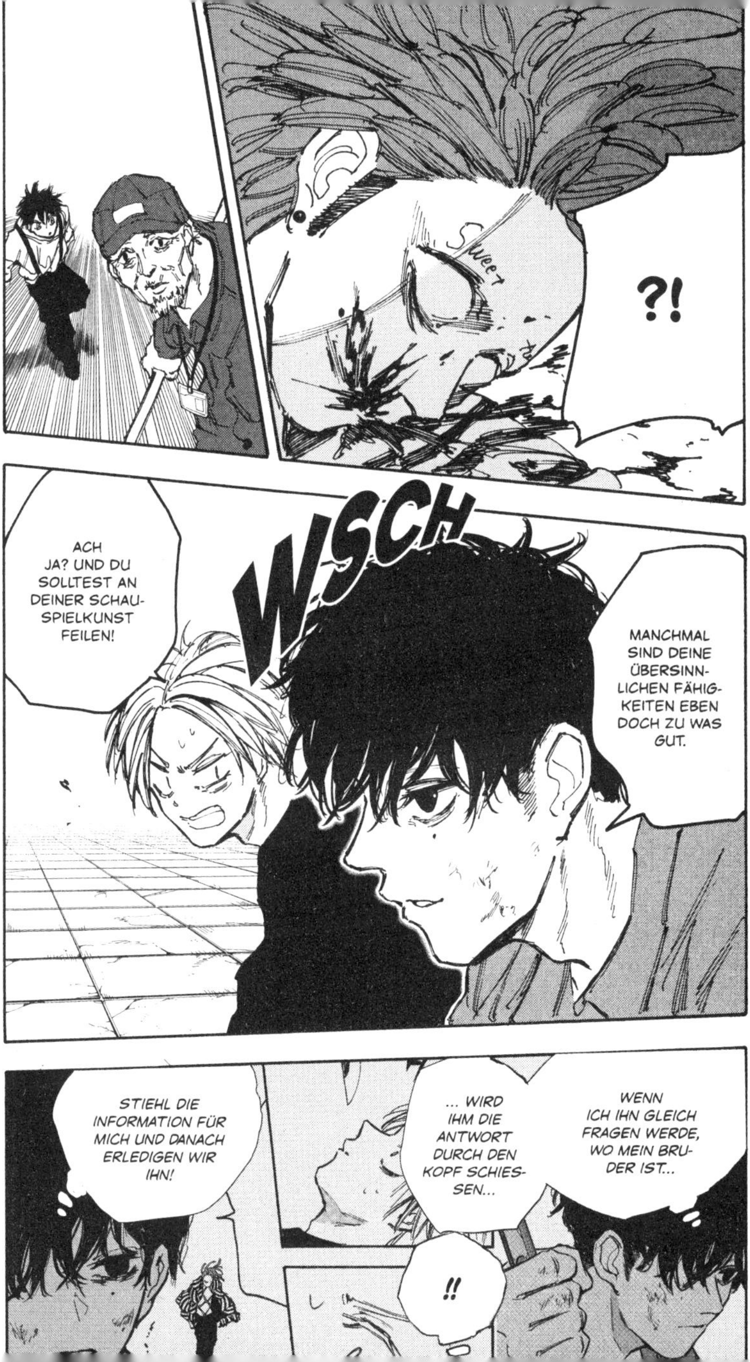

?!
WSCH
MANCHMAL SIND DEINE ÜBERSINN-LICHEN FÄHIG-KEITEN EBEN DOCH ZU WAS GUT.
ACH JA? UND DU SOLLTEST AN DEINER SCHAU-SPIELKUNST FEILEN!
WENN ICH IHN GLEICH FRAGEN WERDE, WO MEIN BRU-DER IST...
... WIRD IHM DIE ANTWORT DURCH DEN KOPF SCHIES-SEN...
STIEHL DIE INFORMATION FÜR MICH UND DANACH ERLEDIGEN WIR IHN!
!!

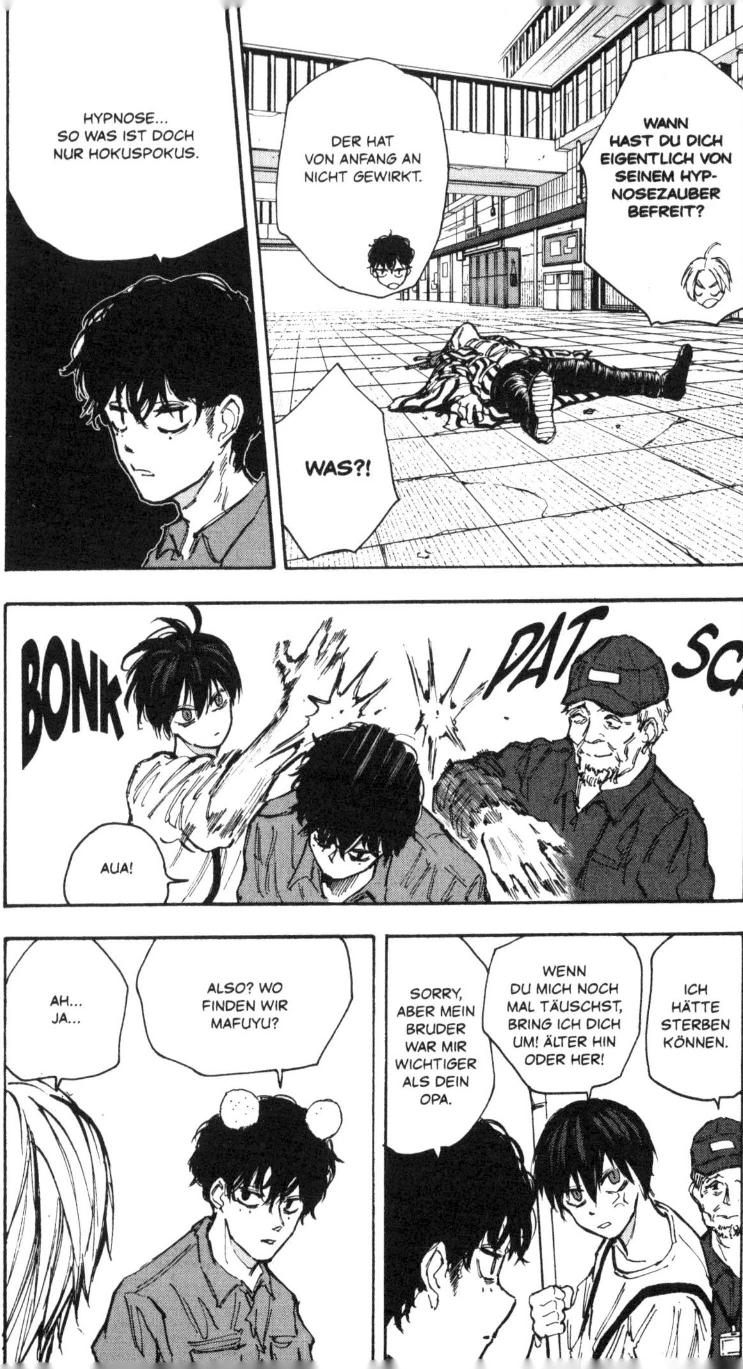
WANN HAST DU DICH EIGENTLICH VON SEINEM HYP-NOSEZAUBER BEFREIT?
DER HAT VON ANFANG AN NICHT GEWIRKT.
WAS?!
HYPNOSE... SO WAS IST DOCH NUR HOKUSPOKUS.
DATSCH
BONK
AUA!
ICH HÄTTE STERBEN KÖNNEN.
WENN DU MICH NOCH MAL TÄUSCHST, BRING ICH DICH UM! ÄLTER HIN ODER HER!
SORRY, ABER MEIN BRUDER WAR MIR WICHTIGER ALS DEIN OPA.
ALSO? WO FINDEN WIR MAFUYU?
AH... JA...

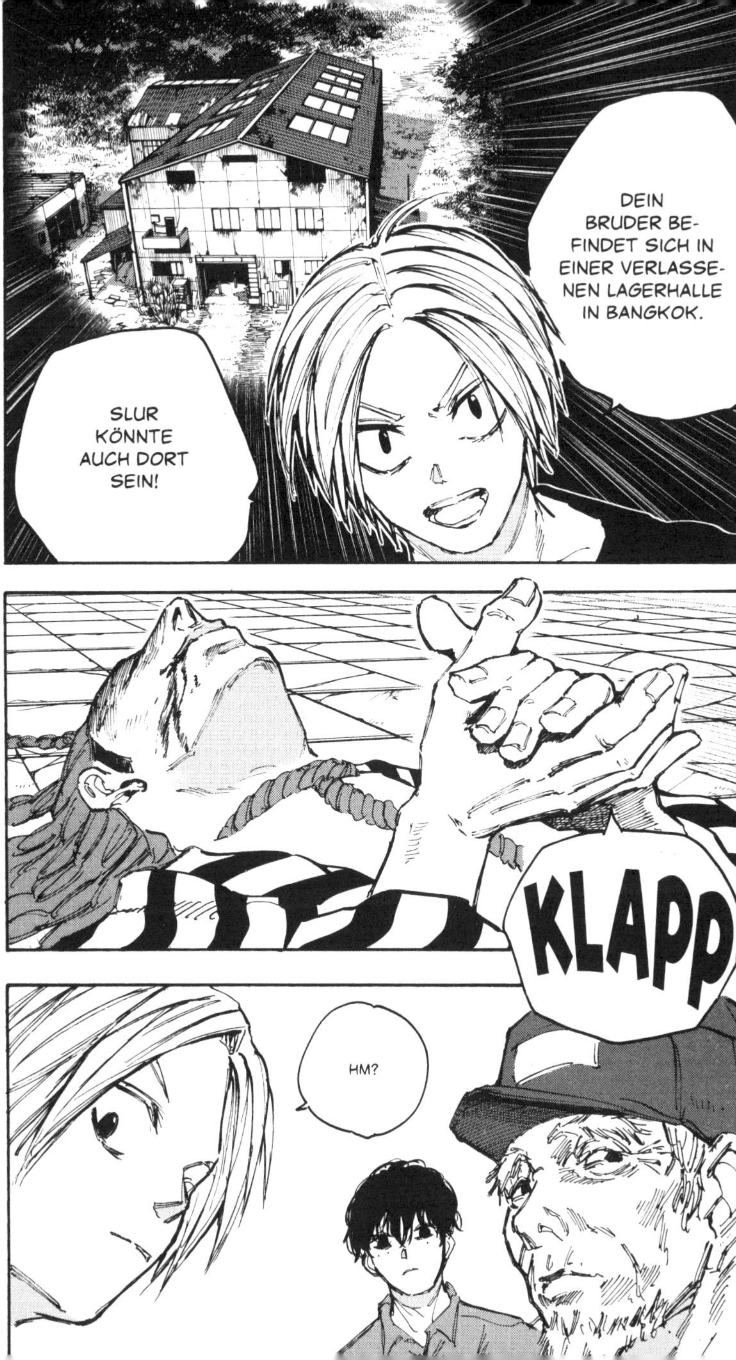
DEIN BRUDER BEFINDET SICH IN EINER VERLASSENEN LAGERHALLE IN BANGKOK.
SLUR KÖNNTE AUCH DORT SEIN!
KLAPP
HM?

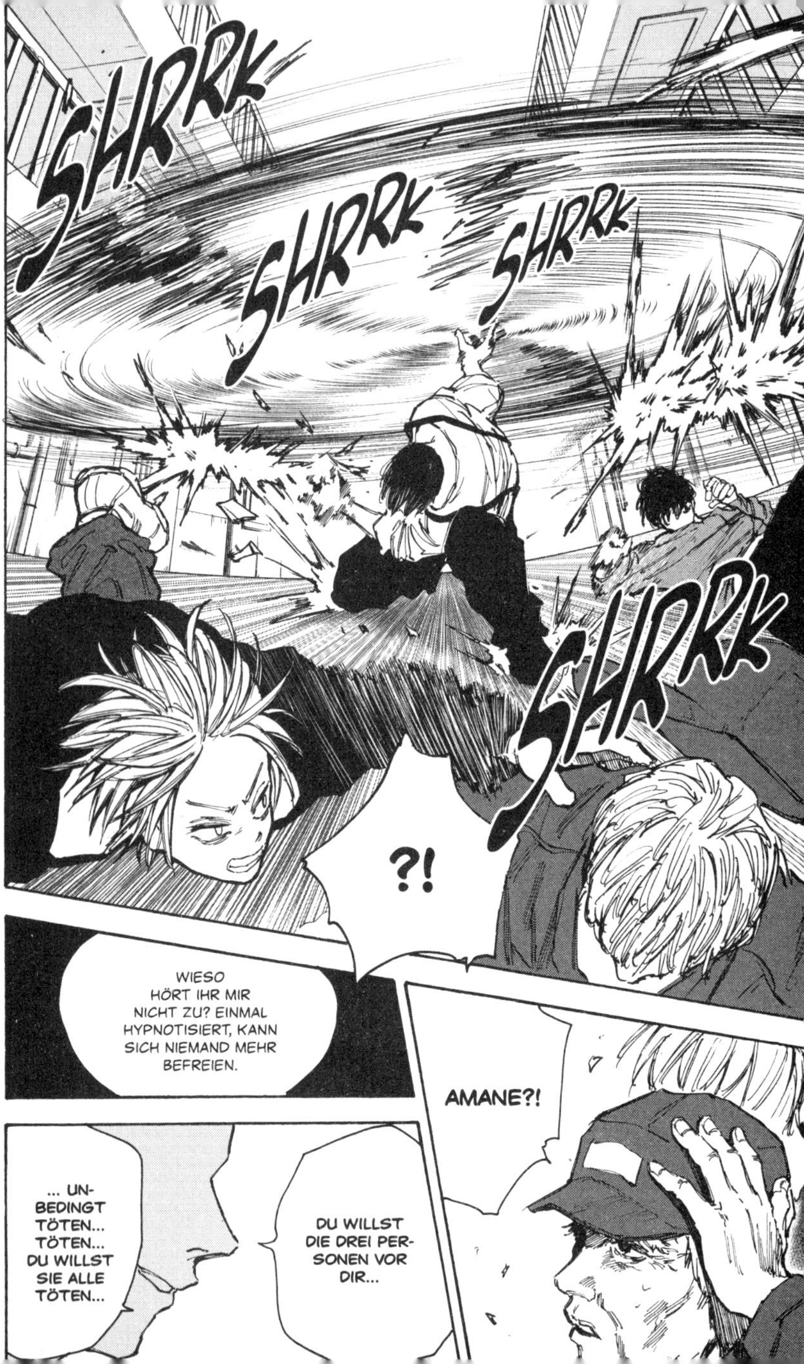
SHRRK
SHRRK
SHRRK
SHRRK
?!
AMANE?!
WIESO HÖRT IHR MIR NICHT ZU? EINMAL HYPNOTISIERT, KANN SICH NIEMAND MEHR BEFREIEN.
DU WILLST DIE DREI PERSONEN VOR DIR...
... UN-BEDINGT TÖTEN... TÖTEN... DU WILLST SIE ALLE TÖTEN...

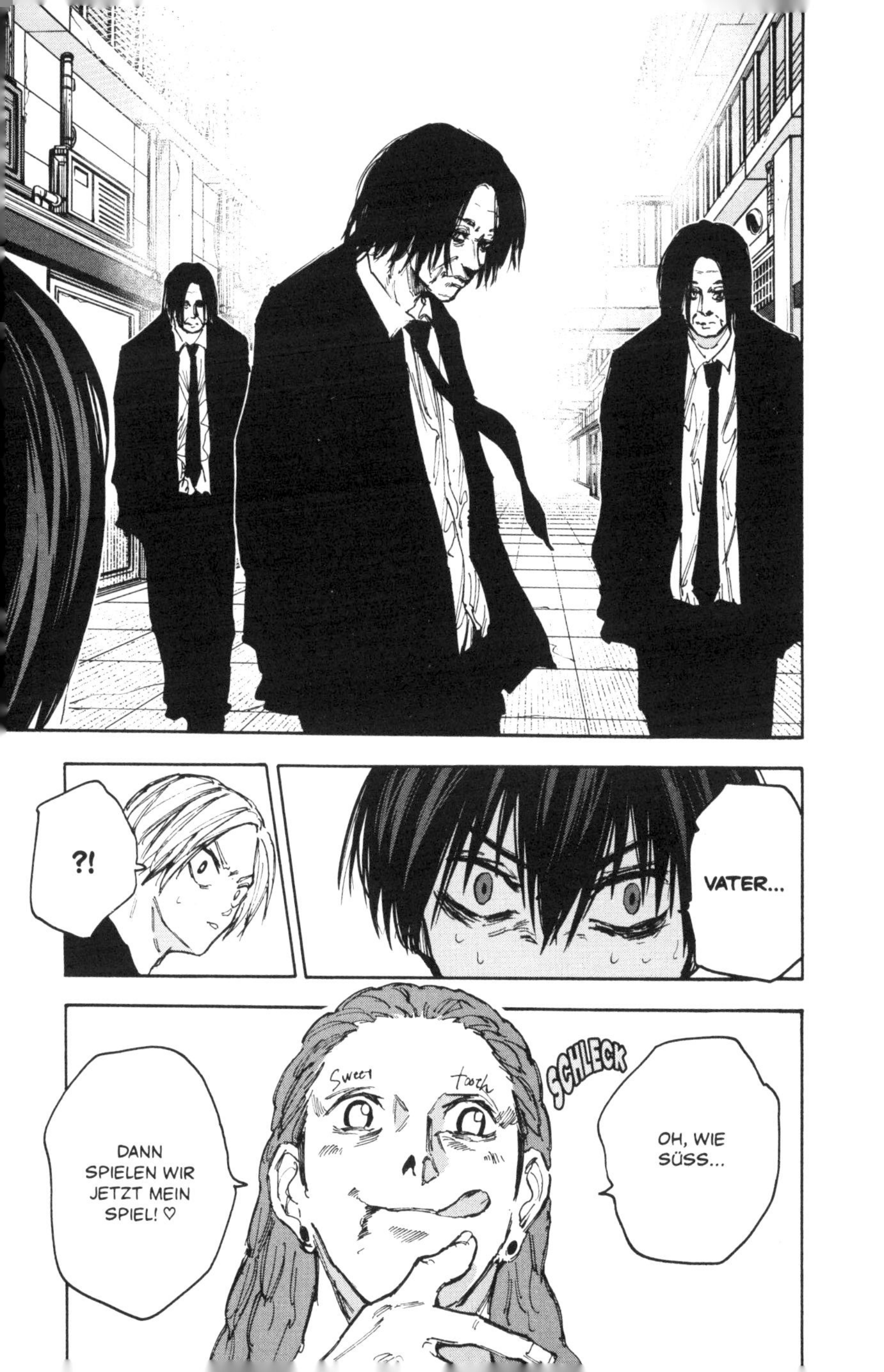
VATER...
?!
OH, WIE SÜSS...
SCHLECK
Sweet tooth
DANN SPIELEN WIR JETZT MEIN SPIEL! ♡

HINTER DEN KULISSEN DER KULISSEN

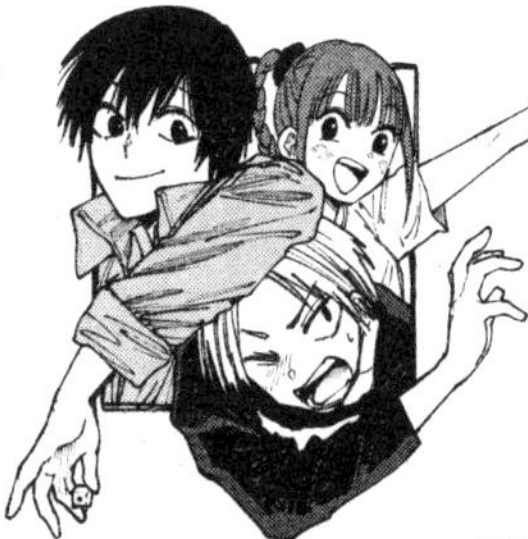

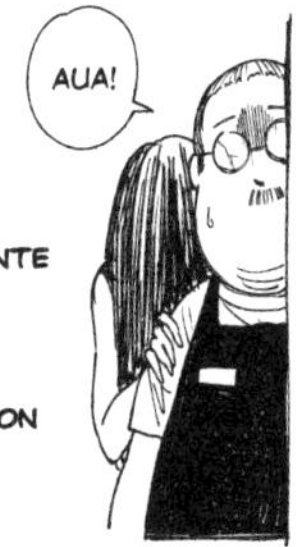

YUTO SAEZU

TEAM SAKAMOTO: SEIT EINEM JAHR
STÄRKEN: NATUR UND LANDSCHAFT, BEKANNTE DENKMÄLER, GEBILDE, STATUEN
HOBBYS: HORRORFILME UND ALLES, WAS IM HORRORGENRE ANGESIEDELT IST
SORGEN: OFT VERSPANNTE, SCHWERE SCHULTERN, ALS WÄRE ICH VON EINEM DÄMON BESESSEN

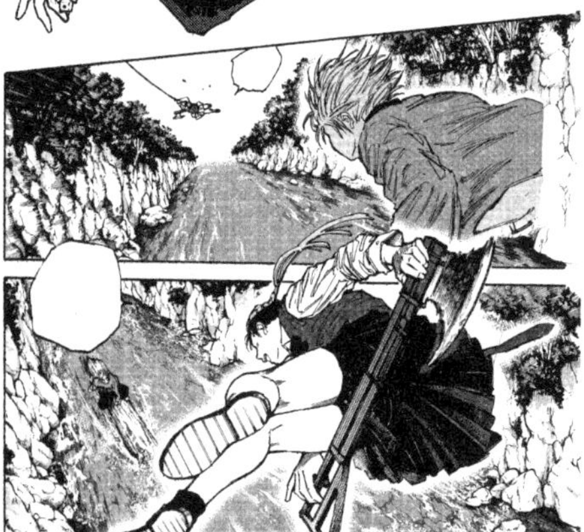

◀ MEIN LIEBSTER HINTERGRUND IST DIE SZENE AM FLUSS AUS BAND 8, KAPITEL 65.

DIESER HINTERGRUND IST MIR IN ERINNERUNG GEBLIEBEN, WEIL ICH IHN DIREKT AM TAG MEINER OFFIZIELLEN AUFNAHME IN DAS TEAM SAKAMOTO ANGEFERTIGT HABE.
DA ICH BIS DATO NOCH NIE EINEN FLUSS GEZEICHNET HATTE, LIEF MIR DER ANGSTSCHWEISS DEN RÜCKEN HINUNTER, ALS SUZUKI-SENSEI DARUM BAT (LACHT).
BEVOR ICH EINEN HINTERGRUND ANFERTIGE, SAMMLE ICH IMMER ERST REFERENZMATERIAL. ICH BENÖTIGE EINE KLARE GEISTIGE VORSTELLUNG VON DER SZENERIE, EHE ICH ÜBERHAUPT LOSLEGEN KANN. DAHER NUTZE ICH AUCH VIEL DAS INTERNET, UM MICH ZU INFORMIEREN UND RECHERCHE ZU BETREIBEN. AUCH EIN GRUND, WESHALB MEIN SCHREIBTISCH IMMER SO VOLLGESTOPFT IST.

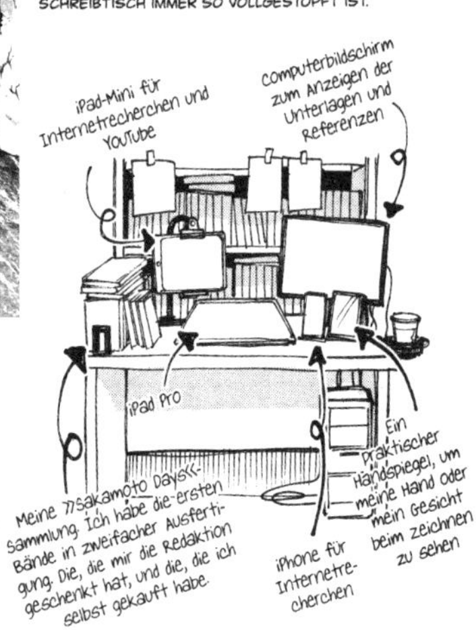

WÄHREND ICH ARBEITE, SCHAUE ICH MIR GERN YOUTUBE-VIDEOS ÜBER GEISTER UND PARANORMALE PHÄNOMENE AN. AUCH ALS ICH DIE OBEN ABGEBILDETE LANDSCHAFT GEZEICHNET HABE, HABE ICH HORRORVIDEOS GEGUCKT (LACHT).

ICH MÖCHTE EUCH NOCH EIN KLEINES GEHEIMNIS ÜBER SUZUKI-SENSEI VERRATEN. AUCH ER HÖRT BEI DER ARBEIT GERNE HORRORGESCHICHTEN. UND OB IHR'S GLAUBT ODER NICHT, ABER EINIGE DIESER GESCHICHTEN SIND SO GRUSELIG UND SCHLIMM, DASS MAN BEIM BLOSSEN ZUHÖREN SCHON VERFLUCHT WERDEN KÖNNTE. ICH MUSS ZUGEBEN, DASS ICH MIR ETWAS SORGEN UM DEN SENSEI MACHE. WAS, WENN ER WÄHREND DER ARBEIT IN OHNMACHT FÄLLT...? OB ER VON EINEM GEIST HEIMGESUCHT WIRD? WIR MÜSSEN EINEN EXORZISTEN RUFEN, SENSEI! (ODER IST ES DOCH NUR DER SCHLAFMANGEL? ACHTEN SIE AUF REICHLICH SCHLAF, SUZUKI-SENSEI!)

DAYS 95 Amane

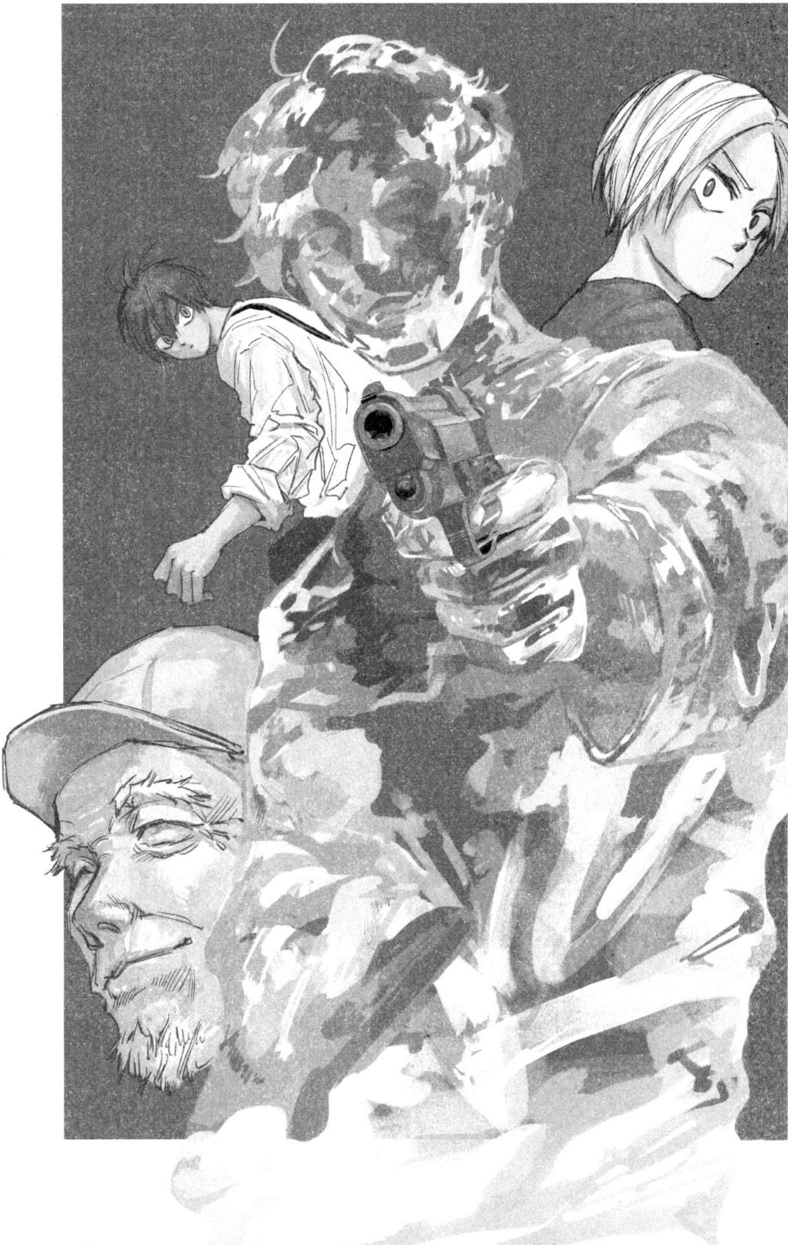

SAKAMOTO DAYS

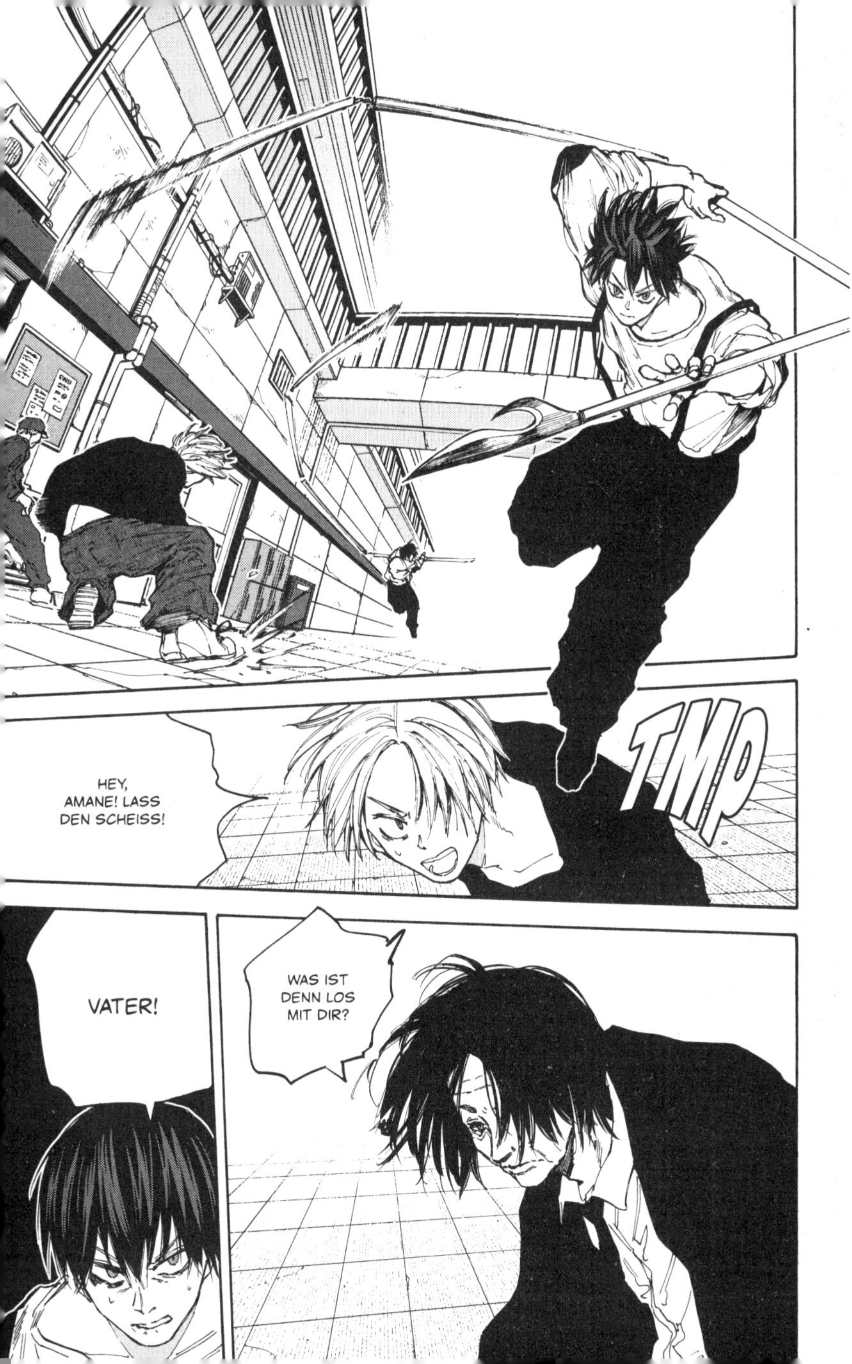
TMP
HEY, AMANE! LASS DEN SCHEISS!
WAS IST DENN LOS MIT DIR?
VATER!

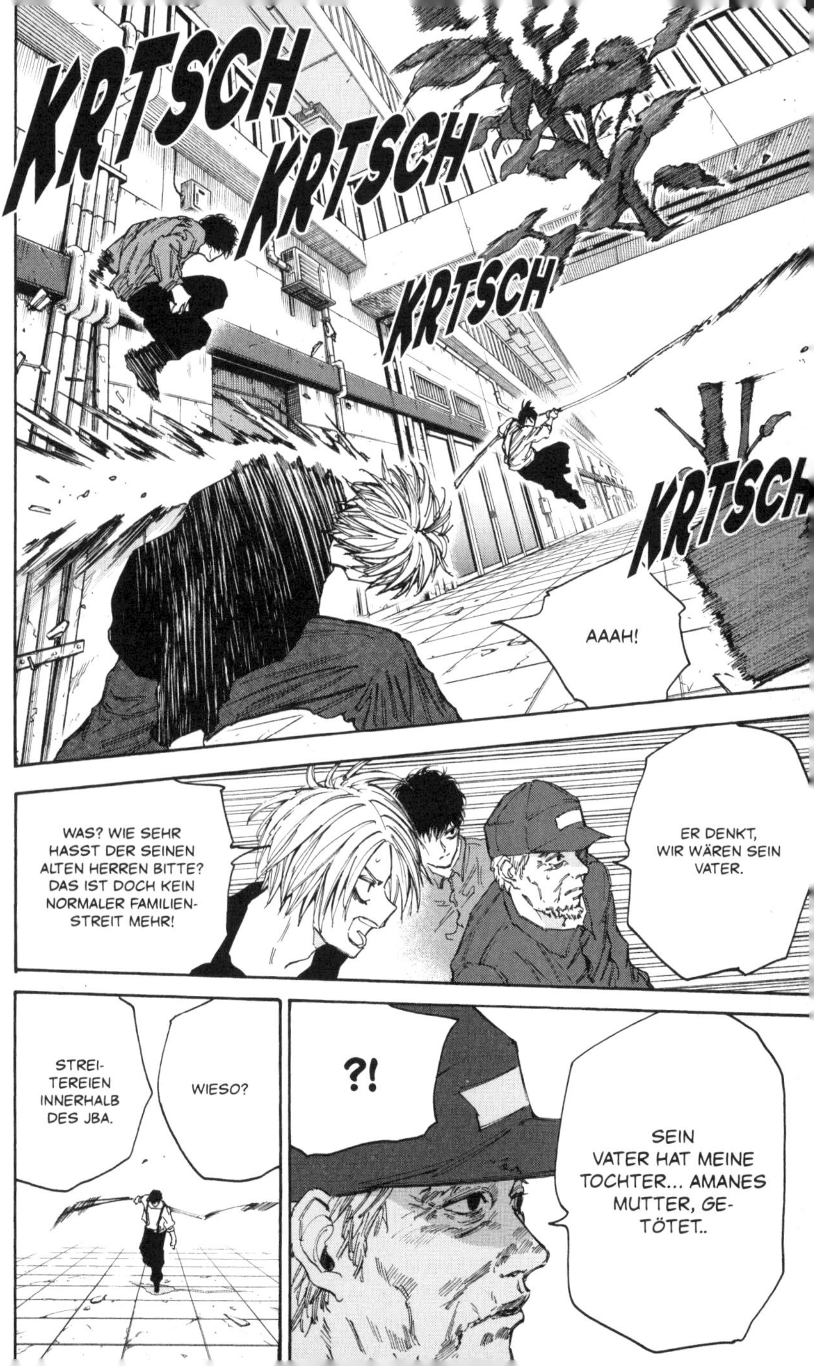
KRTSCH
KRTSCH
KRTSCH
KRTSCH
AAAH!
ER DENKT, WIR WÄREN SEIN VATER.
WAS? WIE SEHR HASST DER SEINEN ALTEN HERREN BITTE? DAS IST DOCH KEIN NORMALER FAMILIEN-STREIT MEHR!
SEIN VATER HAT MEINE TOCHTER... AMANES MUTTER, GE-TÖTET..
?!
WIESO?
STREI-TEREIEN INNERHALB DES JBA.

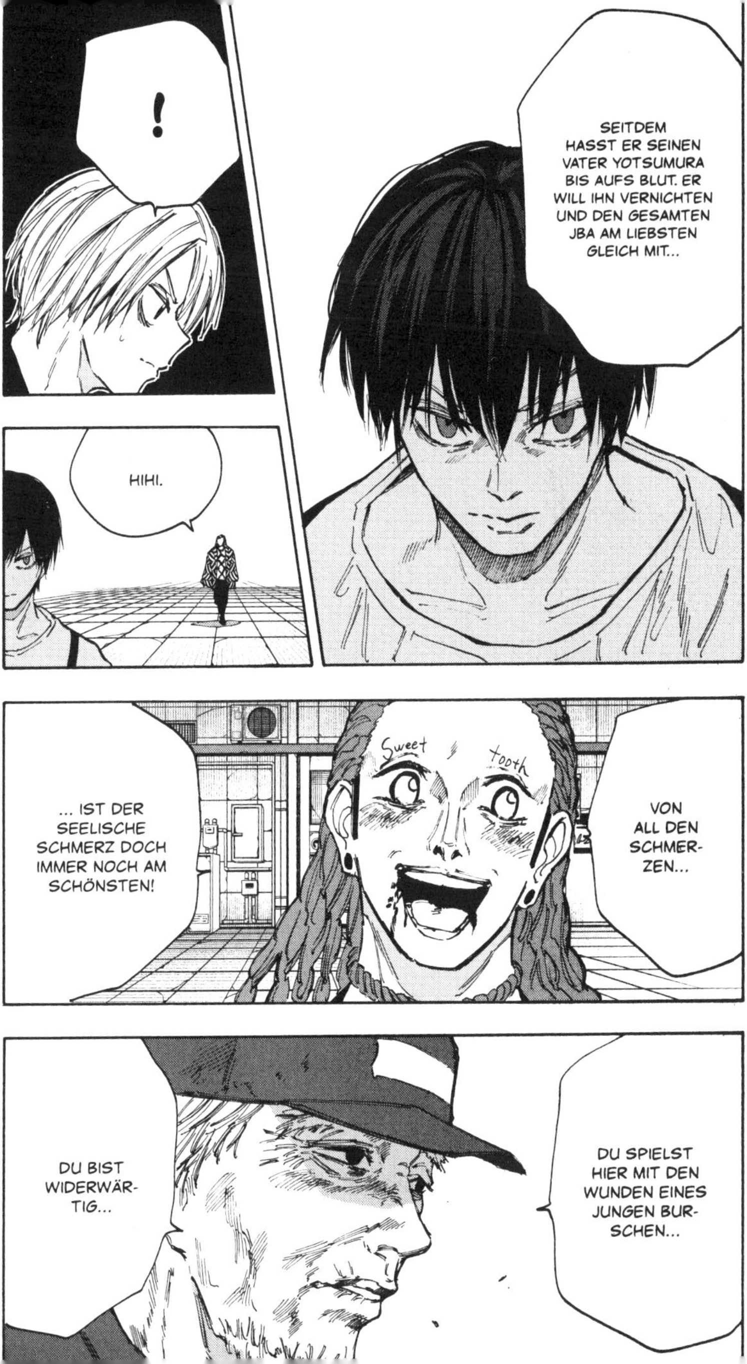
SEITDEM HASST ER SEINEN VATER YOTSUMURA BIS AUFS BLUT. ER WILL IHN VERNICHTEN UND DEN GESAMTEN JBA AM LIEBSTEN GLEICH MIT...
!
HIHI.
Sweet tooth
VON ALL DEN SCHMERZEN...
... IST DER SEELISCHE SCHMERZ DOCH IMMER NOCH AM SCHÖNSTEN!
DU SPIELST HIER MIT DEN WUNDEN EINES JUNGEN BURSCHEN...
DU BIST WIDERWÄRTIG...

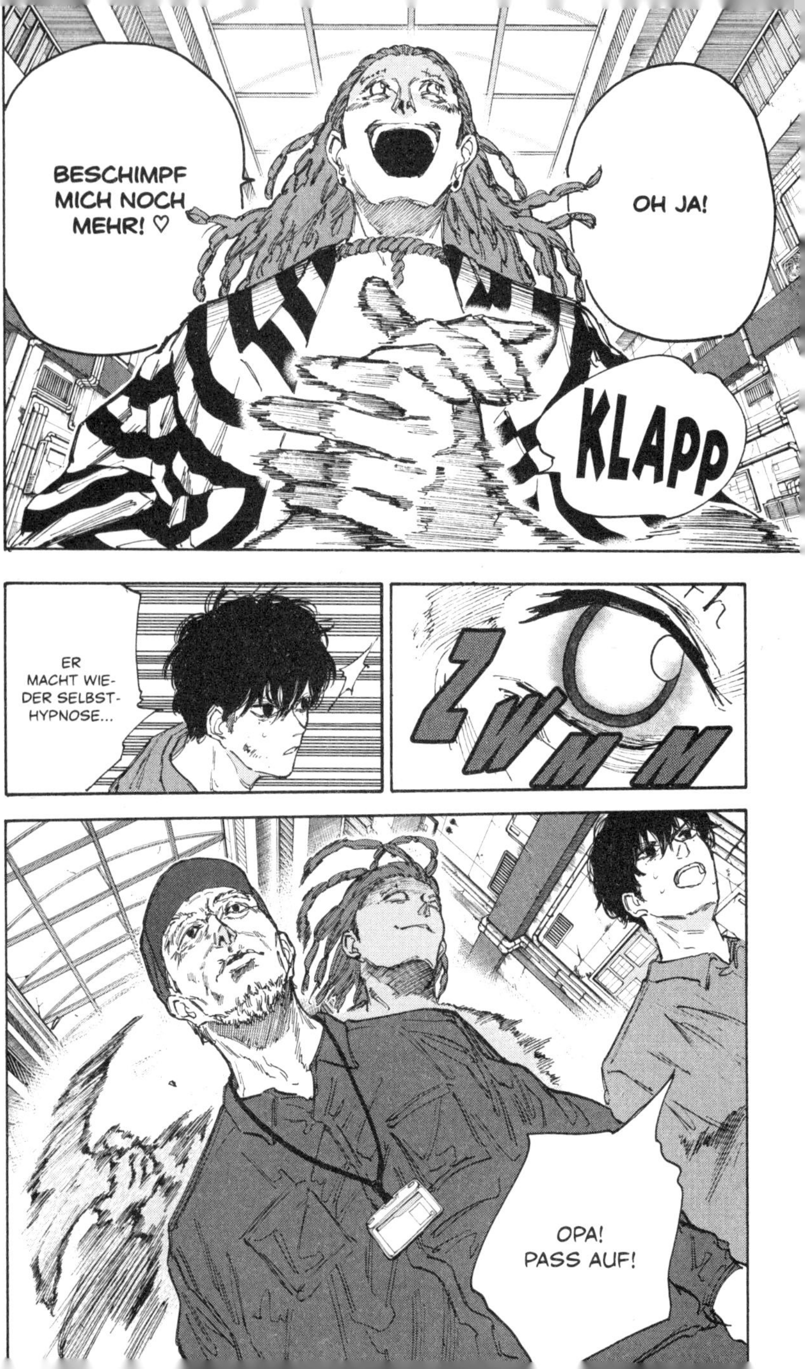
OH JA!
BESCHIMPF MICH NOCH MEHR! ♡
KLAPP
ZWMM
ER MACHT WIE-DER SELBST-HYPNOSE...
OPA! PASS AUF!

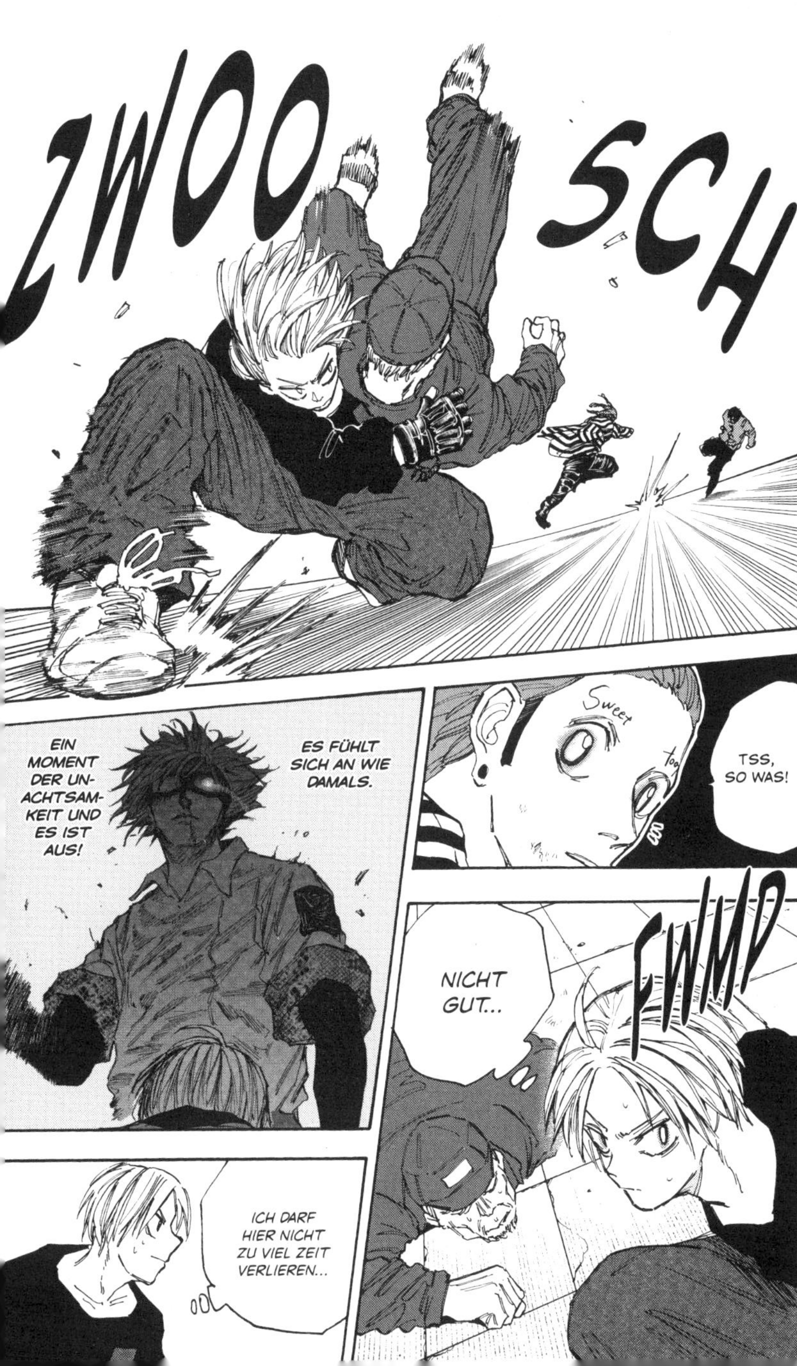
ZWOOSCH
Sweet
TSS, SO WAS!
ES FÜHLT SICH AN WIE DAMALS.
EIN MOMENT DER UN-ACHTSAM-KEIT UND ES IST AUS!
FWMP
NICHT GUT...
ICH DARF HIER NICHT ZU VIEL ZEIT VERLIEREN...

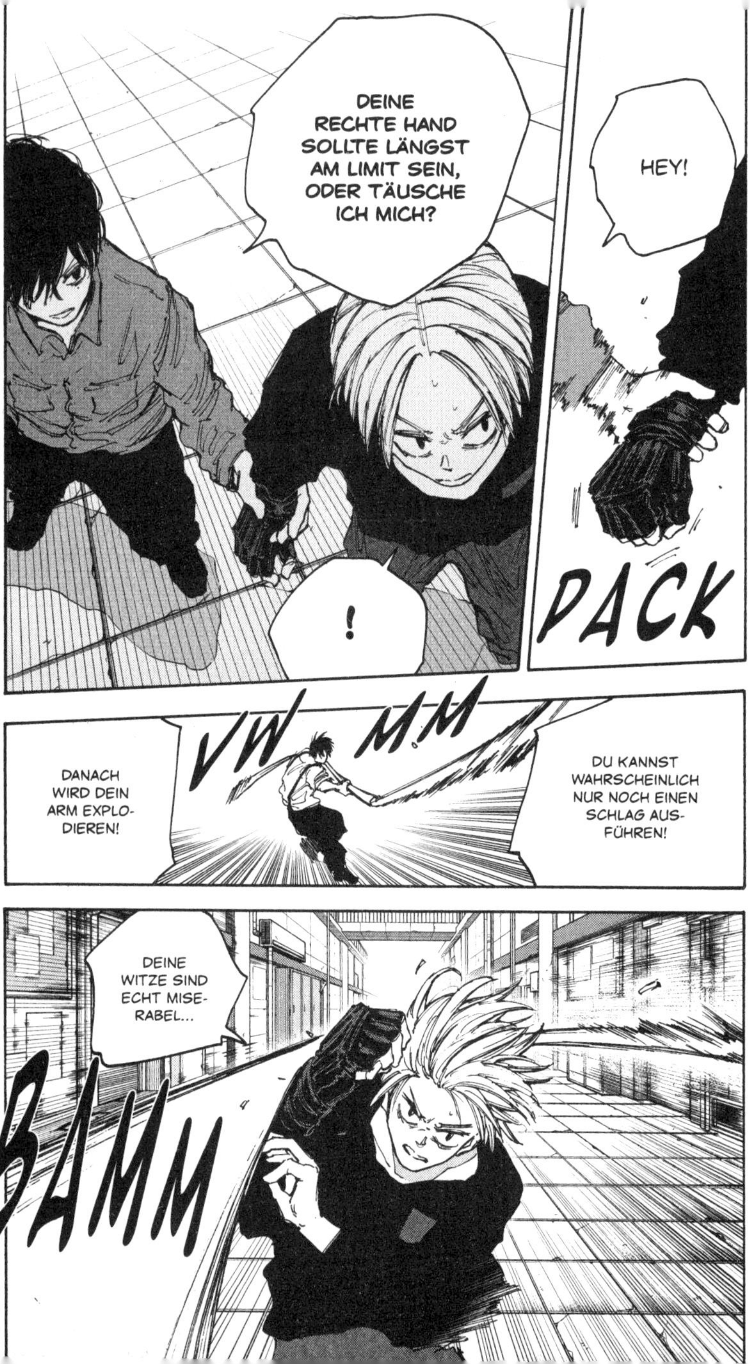
HEY!
PACK
DEINE RECHTE HAND SOLLTE LÄNGST AM LIMIT SEIN, ODER TÄUSCHE ICH MICH?
!
DU KANNST WAHRSCHEINLICH NUR NOCH EINEN SCHLAG AUS-FÜHREN!
VWMM
DANACH WIRD DEIN ARM EXPLO-DIEREN!
DEINE WITZE SIND ECHT MISE-RABEL...
BAMM

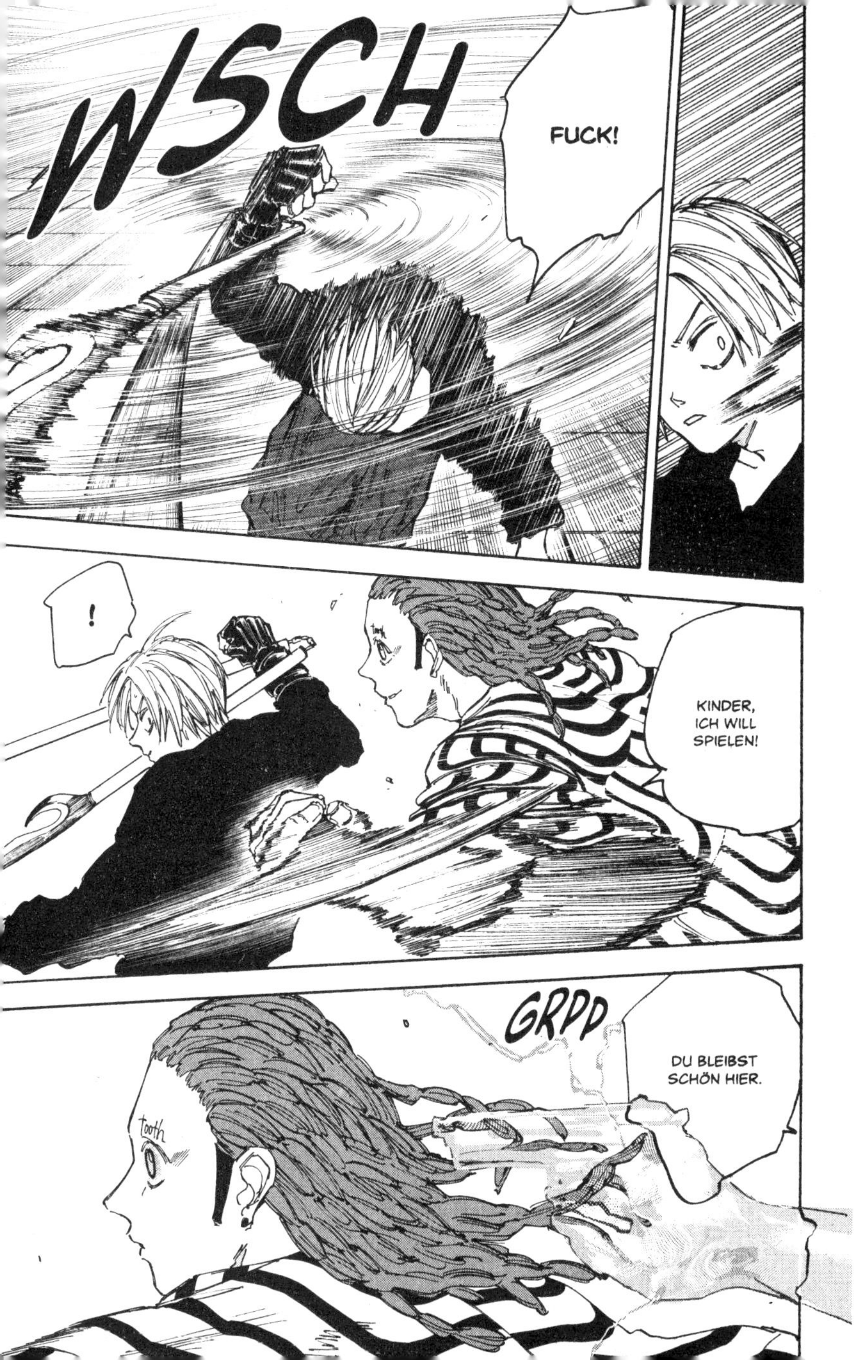
FUCK!
WSCH
KINDER, ICH WILL SPIELEN!
!
DU BLEIBST SCHÖN HIER.
GRPD
tooth

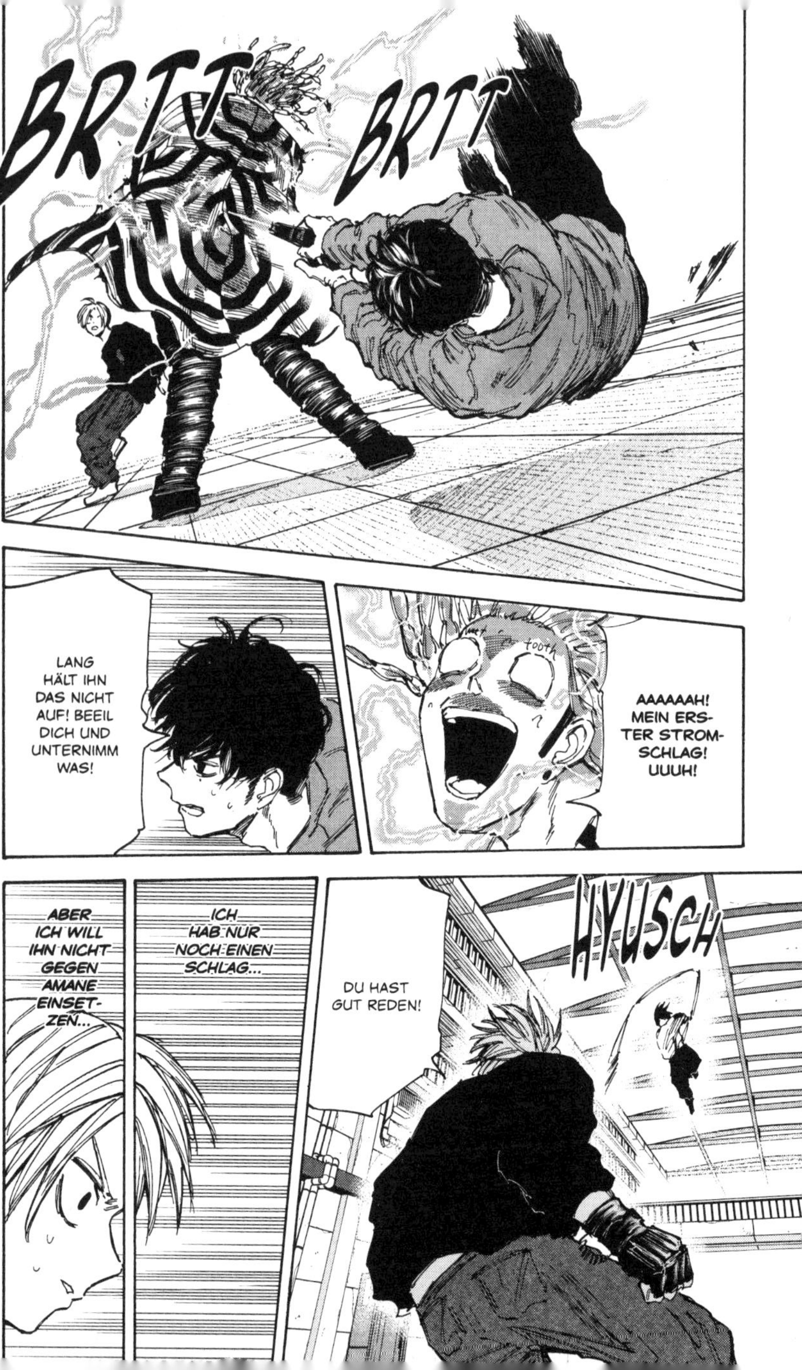
BRTT BRTT
AAAAAAH! MEIN ERSTER STROMSCHLAG! UUUH!
tooth
LANG HÄLT IHN DAS NICHT AUF! BEEIL DICH UND UNTERNIMM WAS!
HYUSCH
DU HAST GUT REDEN!
ICH HAB NUR NOCH EINEN SCHLAG...
ABER ICH WILL IHN NICHT GEGEN AMANE EINSETZEN...

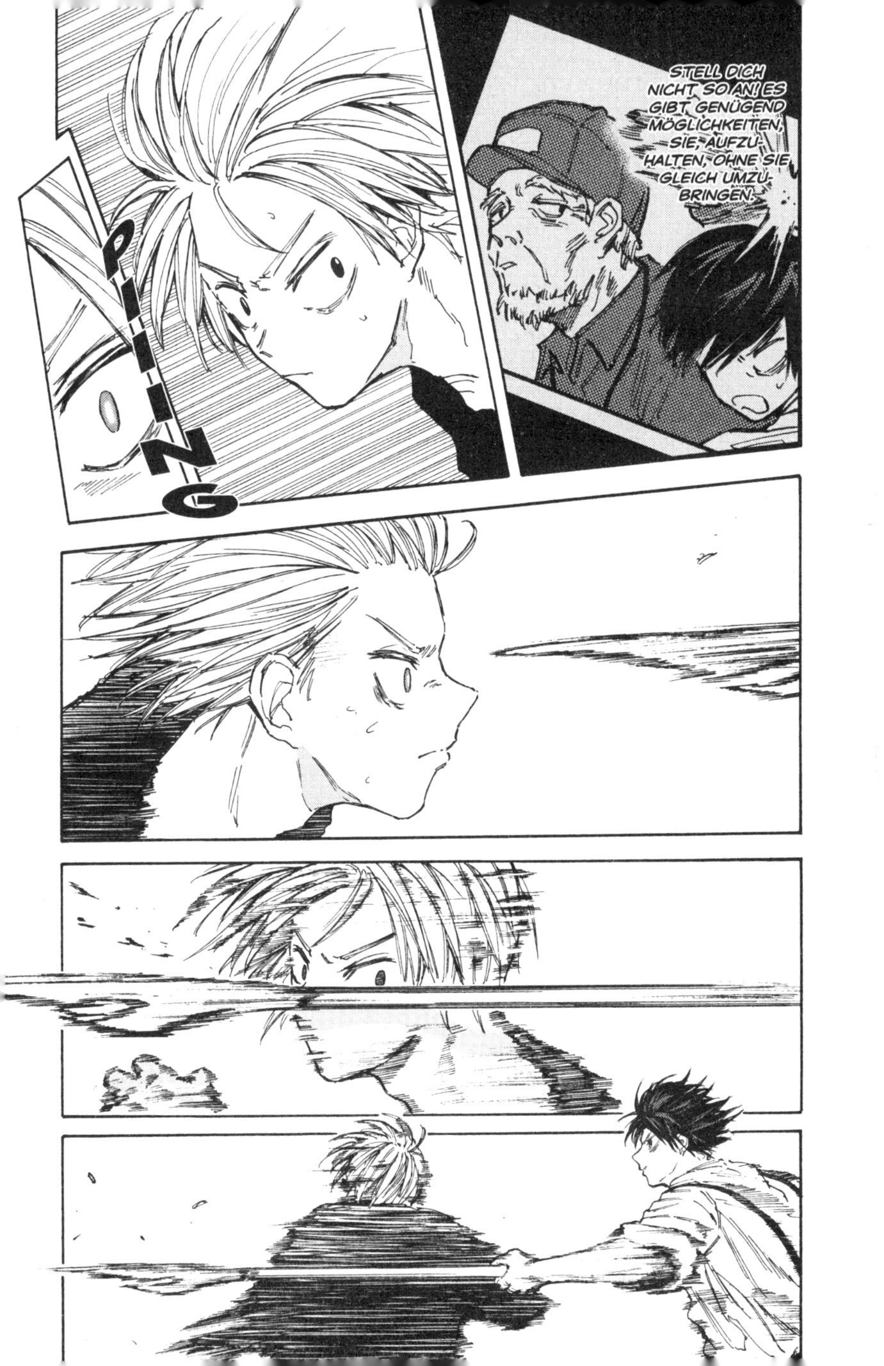
STELL DICH NICHT SO AN! ES GIBT GENÜGEND MÖGLICHKEITEN, SIE AUFZUHALTEN, OHNE SIE GLEICH UMZUBRINGEN.
PIIIING

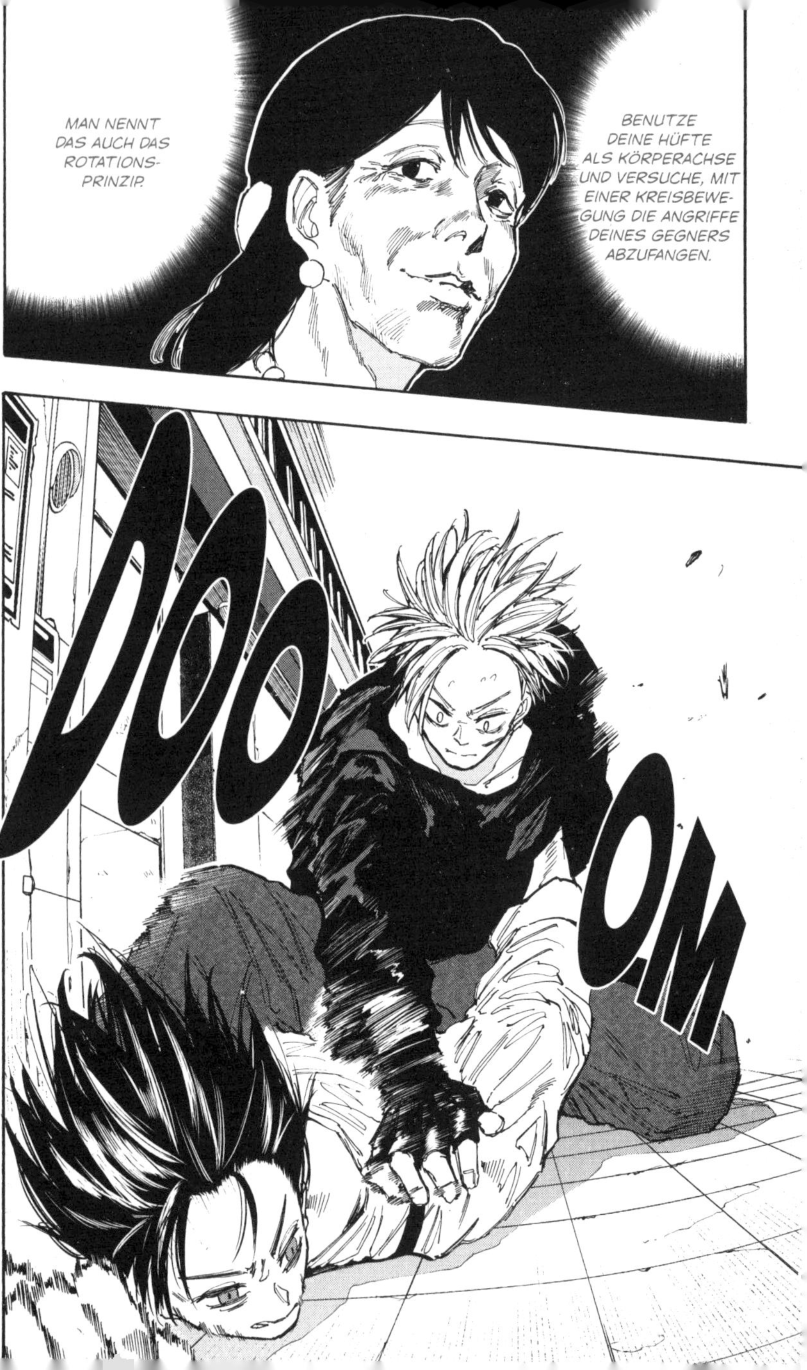
BENUTZE DEINE HÜFTE ALS KÖRPERACHSE UND VERSUCHE, MIT EINER KREISBEWEGUNG DIE ANGRIFFE DEINES GEGNERS ABZUFANGEN.
MAN NENNT DAS AUCH DAS ROTATIONS-PRINZIP.
DOOOOM

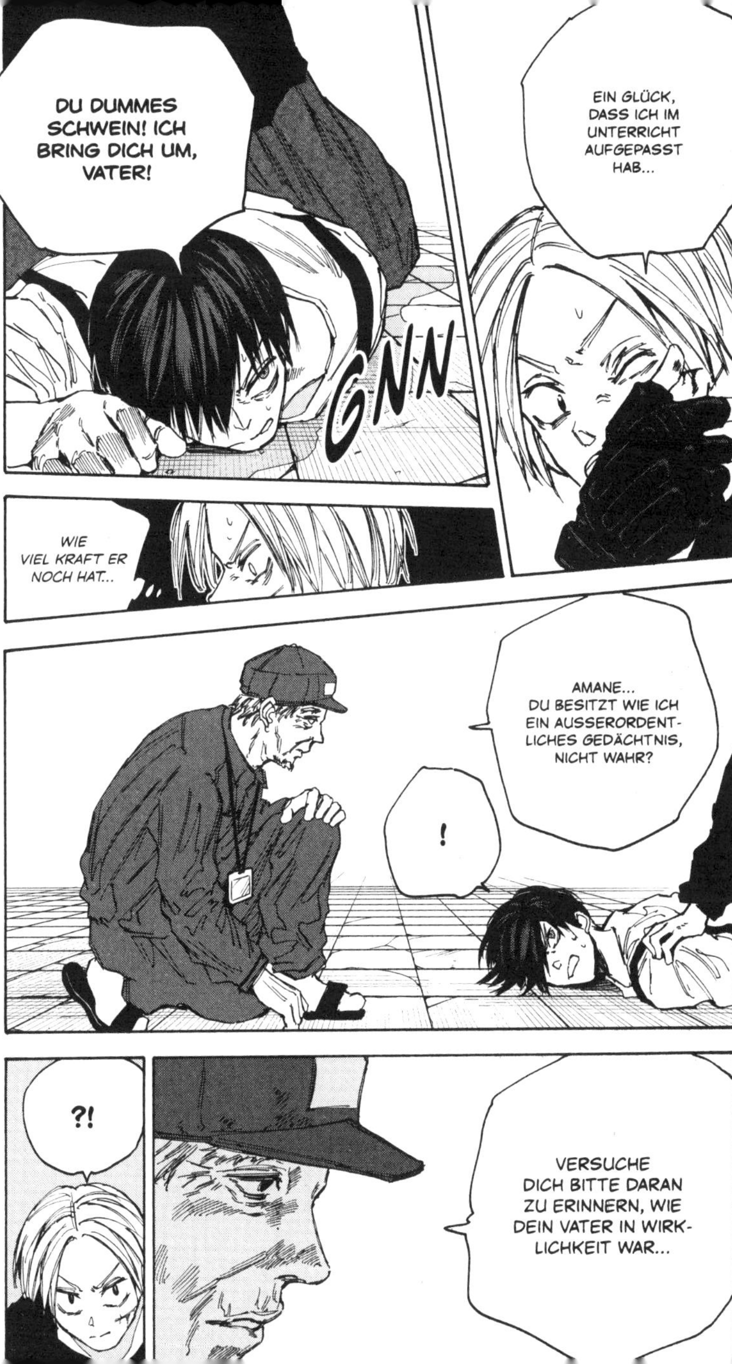
EIN GLÜCK, DASS ICH IM UNTERRICHT AUFGEPASST HAB...
DU DUMMES SCHWEIN! ICH BRING DICH UM, VATER!
GNN
WIE VIEL KRAFT ER NOCH HAT...
AMANE... DU BESITZT WIE ICH EIN AUSSERORDENT-LICHES GEDÄCHTNIS, NICHT WAHR?
!
VERSUCHE DICH BITTE DARAN ZU ERINNERN, WIE DEIN VATER IN WIRK-LICHKEIT WAR...
?!

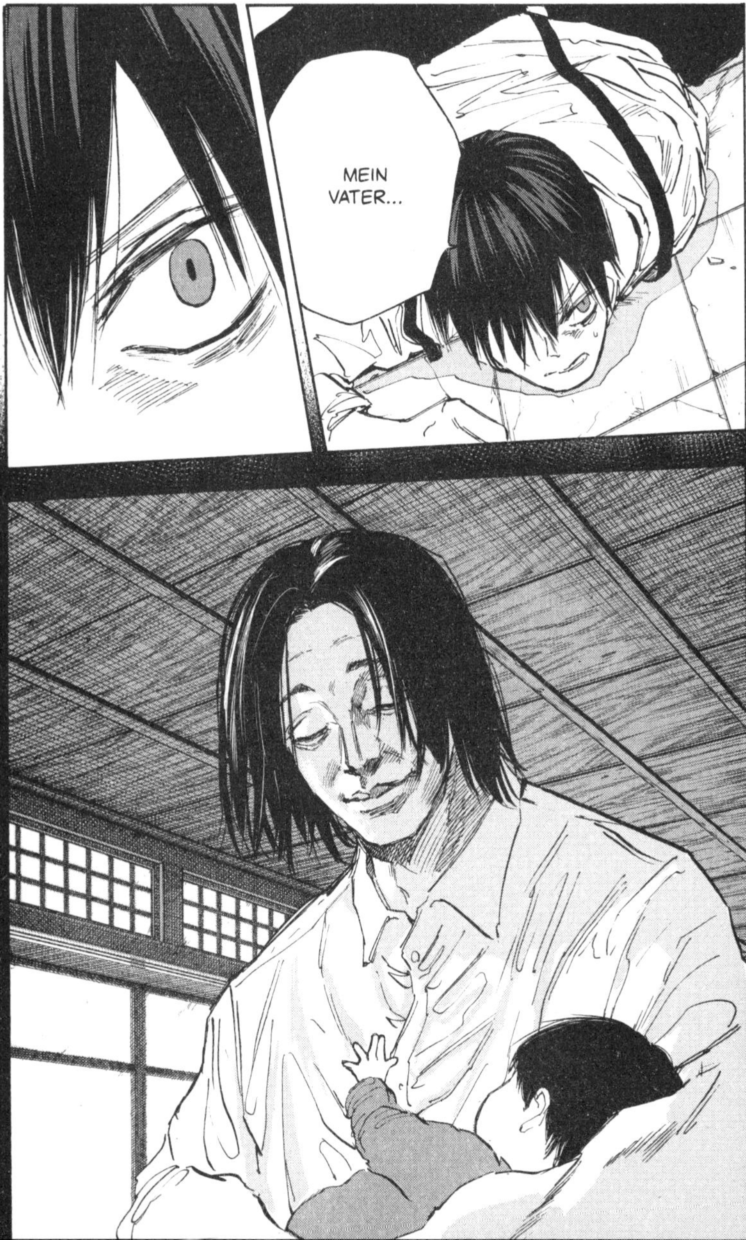
MEIN VATER...

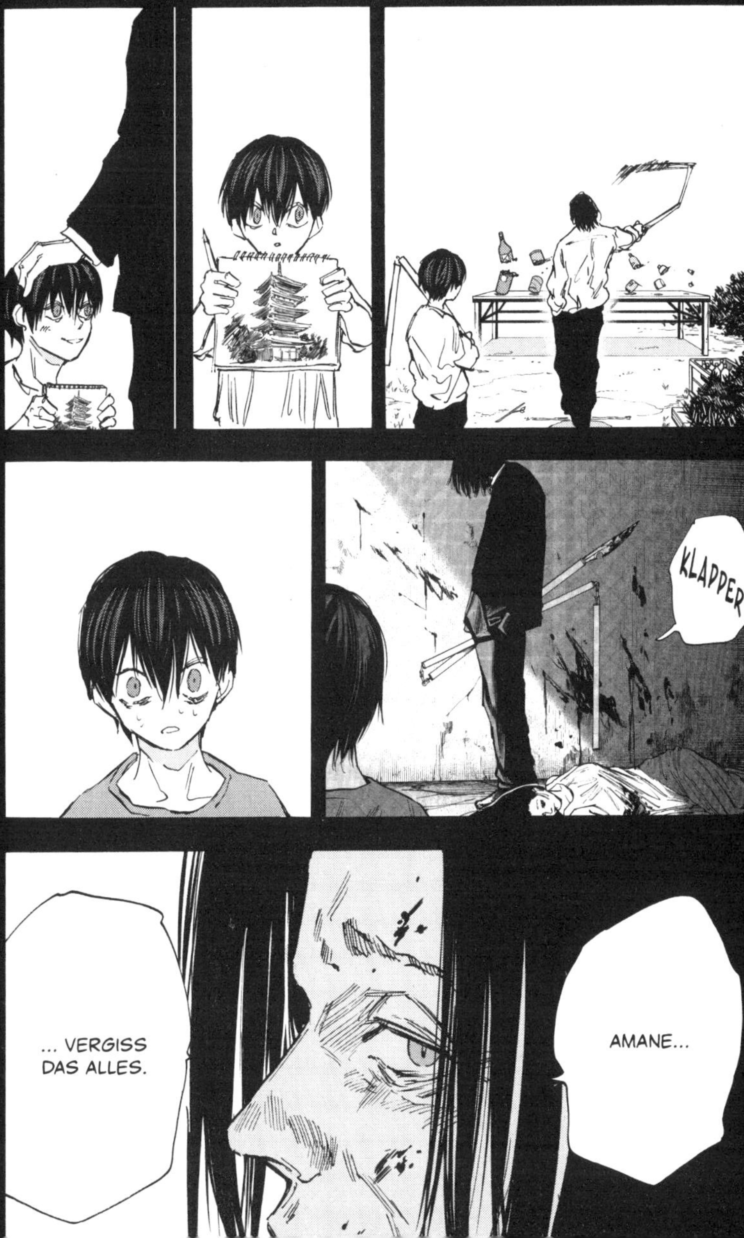
KLAPPER
AMANE...
... VERGISS DAS ALLES.

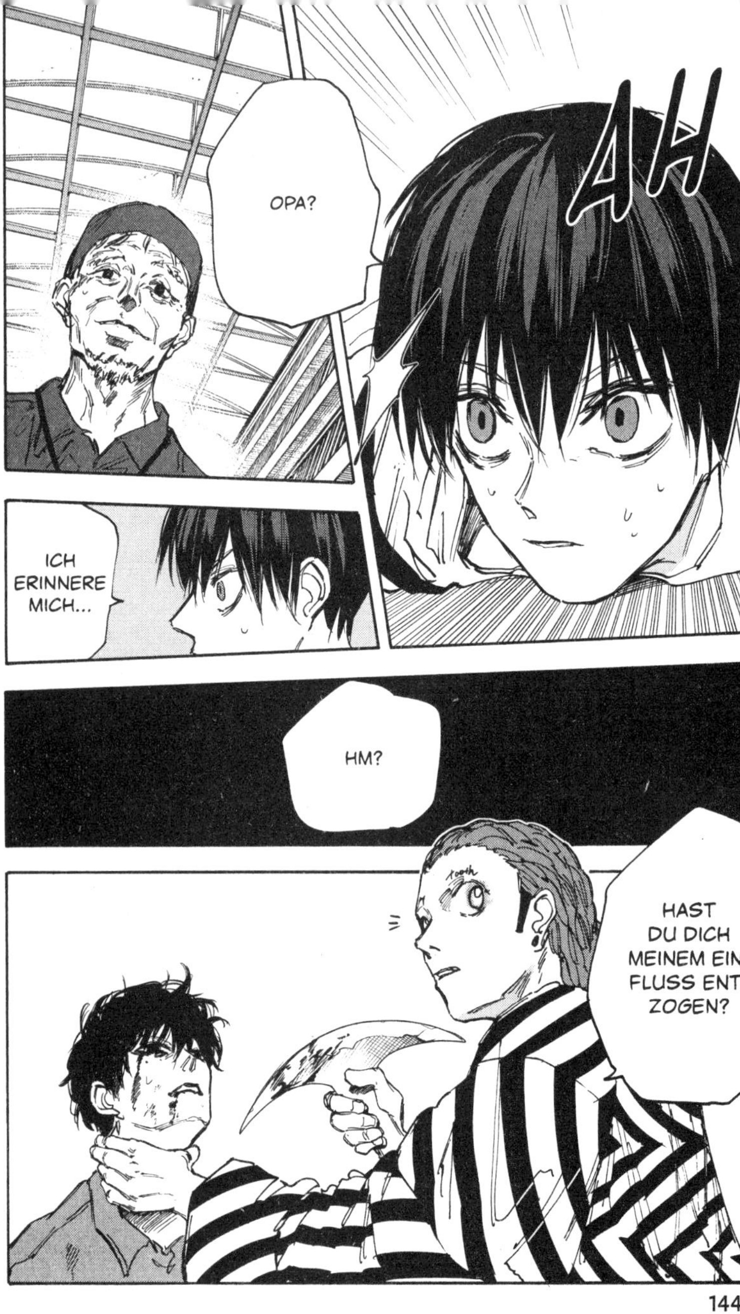
AH
OPA?
ICH ERINNERE MICH...
HM?
HAST DU DICH MEINEM EIN- FLUSS ENT- ZOGEN?
tooth

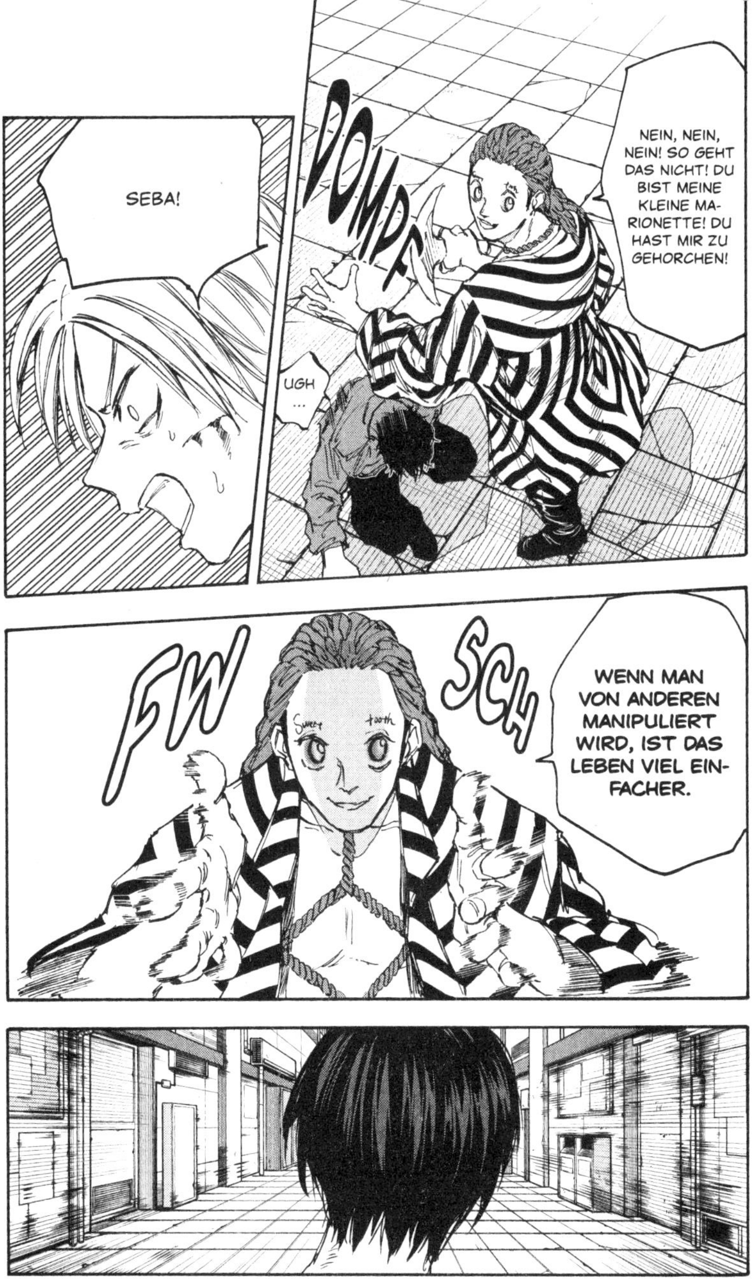
DOMPF
NEIN, NEIN, NEIN! SO GEHT DAS NICHT! DU BIST MEINE KLEINE MARIONETTE! DU HAST MIR ZU GEHORCHEN!
UGH ...
SEBA!
FWSCH
Sweet tooth
WENN MAN VON ANDEREN MANIPULIERT WIRD, IST DAS LEBEN VIEL EINFACHER.

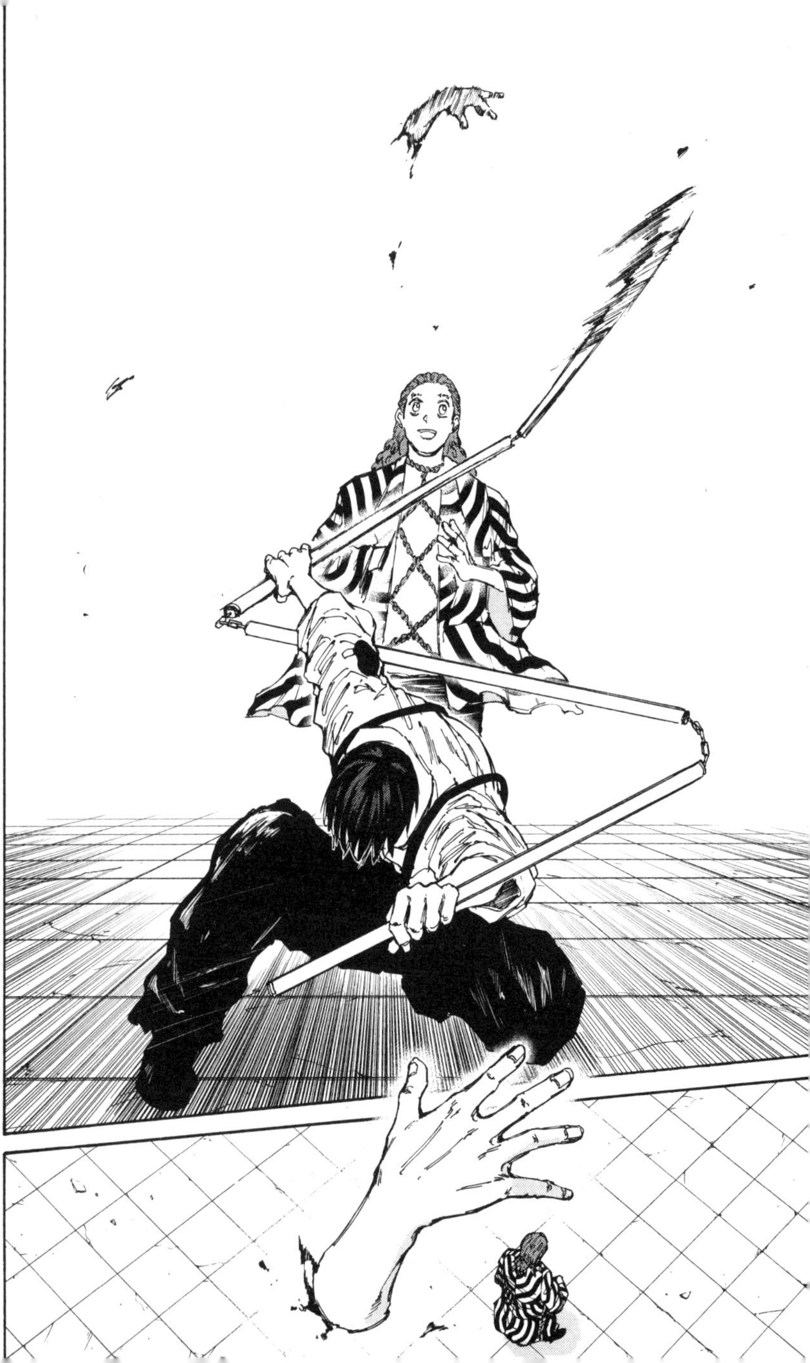

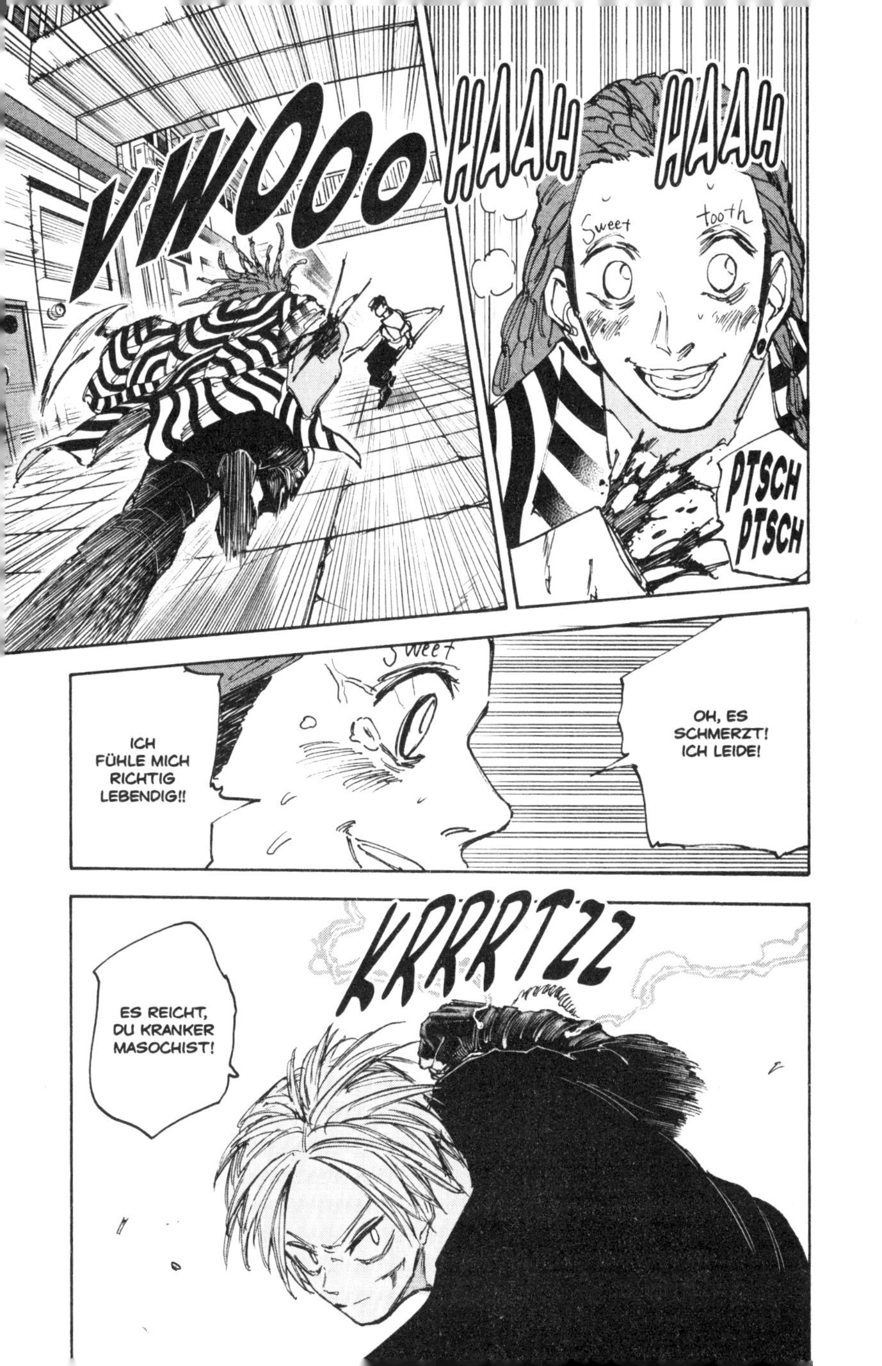
HAAH HAAH
Sweet tooth
PTSCH PTSCH
VWOOO
Sweet
OH, ES SCHMERZT! ICH LEIDE!
ICH FÜHLE MICH RICHTIG LEBENDIG!!
KRRRTZZ
ES REICHT, DU KRANKER MASOCHIST!

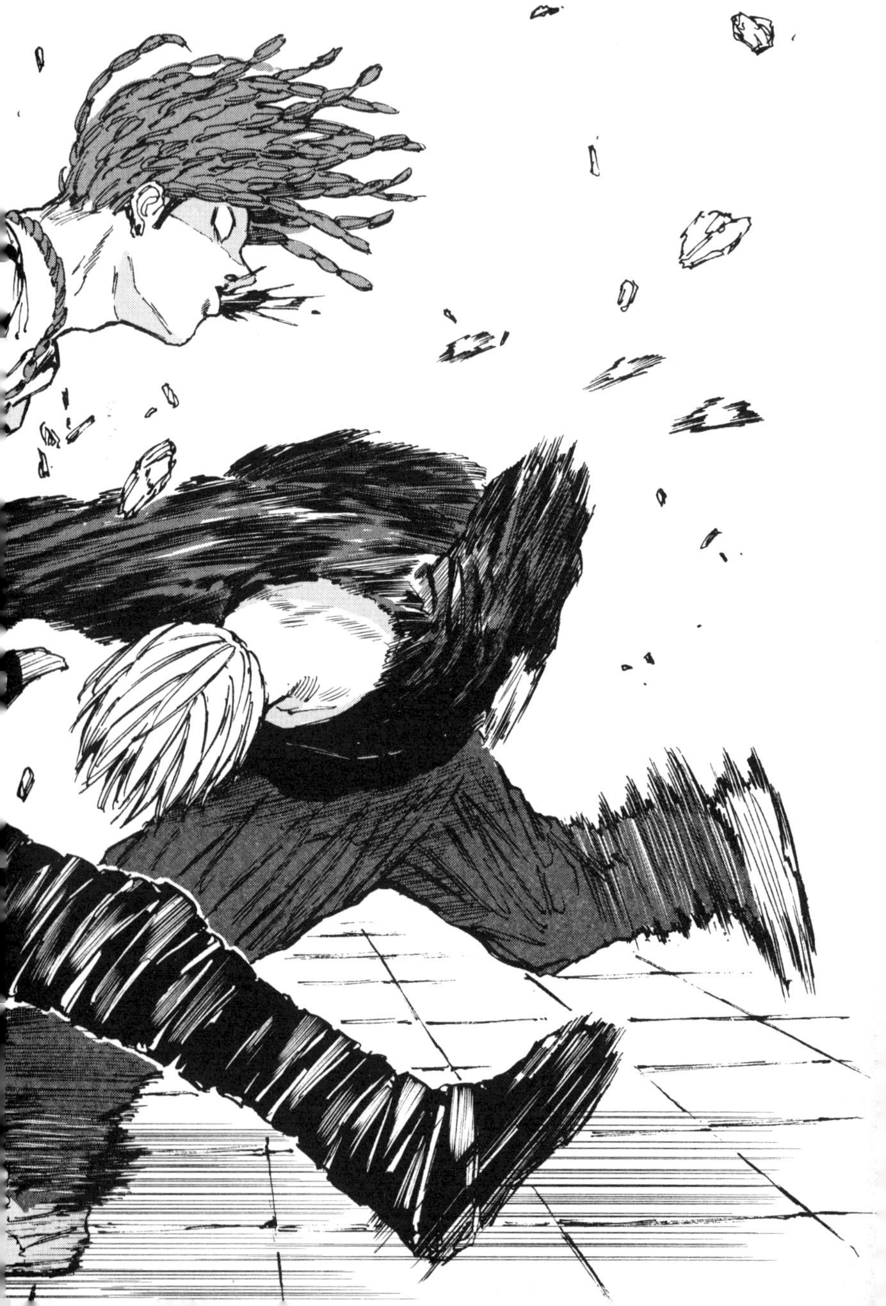

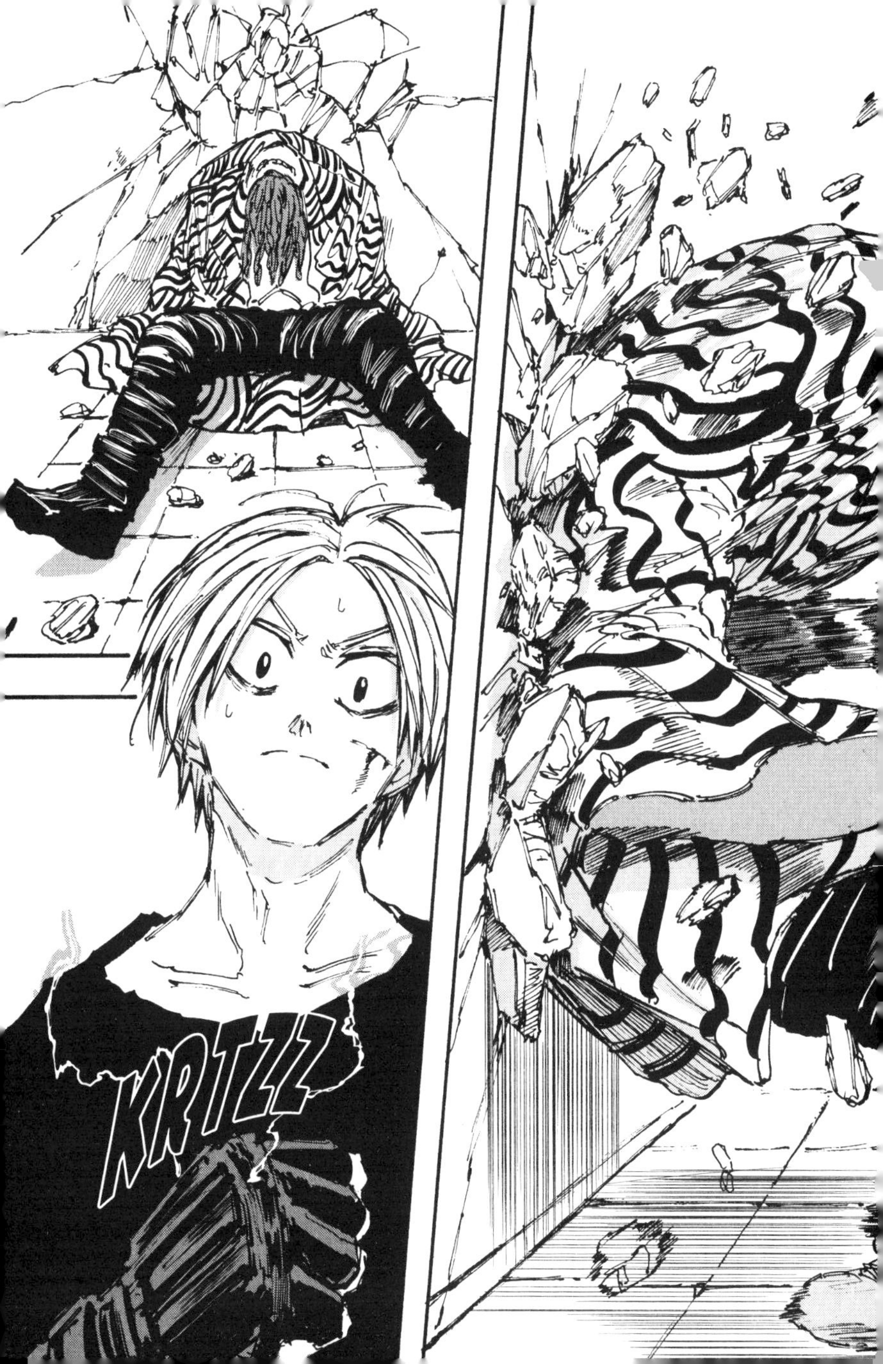
KRTZZ

HINTER DEN KULISSEN DER KULISSEN

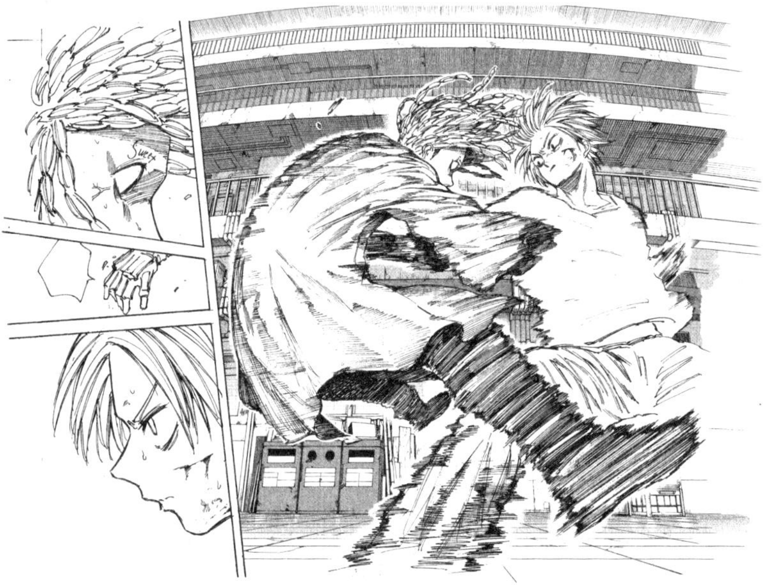

KAPITEL 95: WIE DIESE FINALE DOPPELSEITE KONZIPIERT WURDE

DIES IST DER HINTERGRUND, DEN MEIN ASSISTENT IWAKURA GERADE NOCH RECHTZEITIG ZUR ABGABE DES ENDGÜLTIGEN MANUSKRIPTS FERTIGGESTELLT HAT. WIE IHR VIELLEICHT BEMERKT HABT, HANDELT ES SICH UM EINEN NEUEN HINTERGRUND, DA EINE ANDERE DOPPELSEITE DAS KAPITEL 95 ABSCHLIESST. WARUM, WERDET IHR FRAGEN? GANZ EINFACH: CLUB JAM IST IM VERGLEICH ZU SHIN ZU KLEIN. ICH HABE DAS LEIDER ERST ZU SPÄT BEMERKT, ALS DIE ARBEIT AN DEM HINTERGRUND SCHON SEHR WEIT FORTGESCHRITTEN WAR. DIESER FEHLER HAT MIR DEN DYNAMISCHEN HINTERGRUND, DEN IWAKURA GESCHAFFEN HAT, VERDORBEN. ES HAT MIR DAS HERZ ZERRISSEN. DESHALB HABE ICH DIE RUBRIK »DER FRIEDHOF DER HINTERGRÜNDE« INS LEBEN GERUFEN, UM SOLCHE ARBEITEN NOCH EINMAL GESONDERT HERVORZUHEBEN.

ES TUT MIR AUFRICHTIG LEID FÜR IWAKURA, DER SICH NIE BESCHWERT HAT, WENN SEINE ARBEIT NICHT IM FINALEN BAND ERSCHIEN. ICH ENTSCHULDIGE MICH AUCH BEI MEINEM REDAKTIONSLEITER, HERRN ISHIKAWA, DER MIR EINE LETZTE ABGABEFRIST EINGERÄUMT HATTE, BEVOR WIR DAS MANUSKRIPT FINAL AN DIE DRUCKEREI GESCHICKT HABEN. UND SCHLIESSLICH: SORRY, CLUB JAM! WEGEN MIR WURDEST DU ZWEIMAL GESCHLAGEN! ICH HOFFE, IHR DREI KÖNNT MIR VERZEIHEN!

YUTO SUZUKI

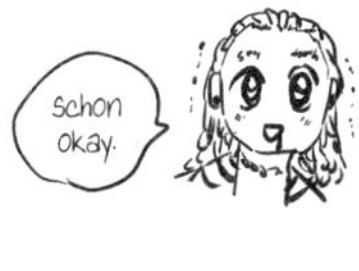

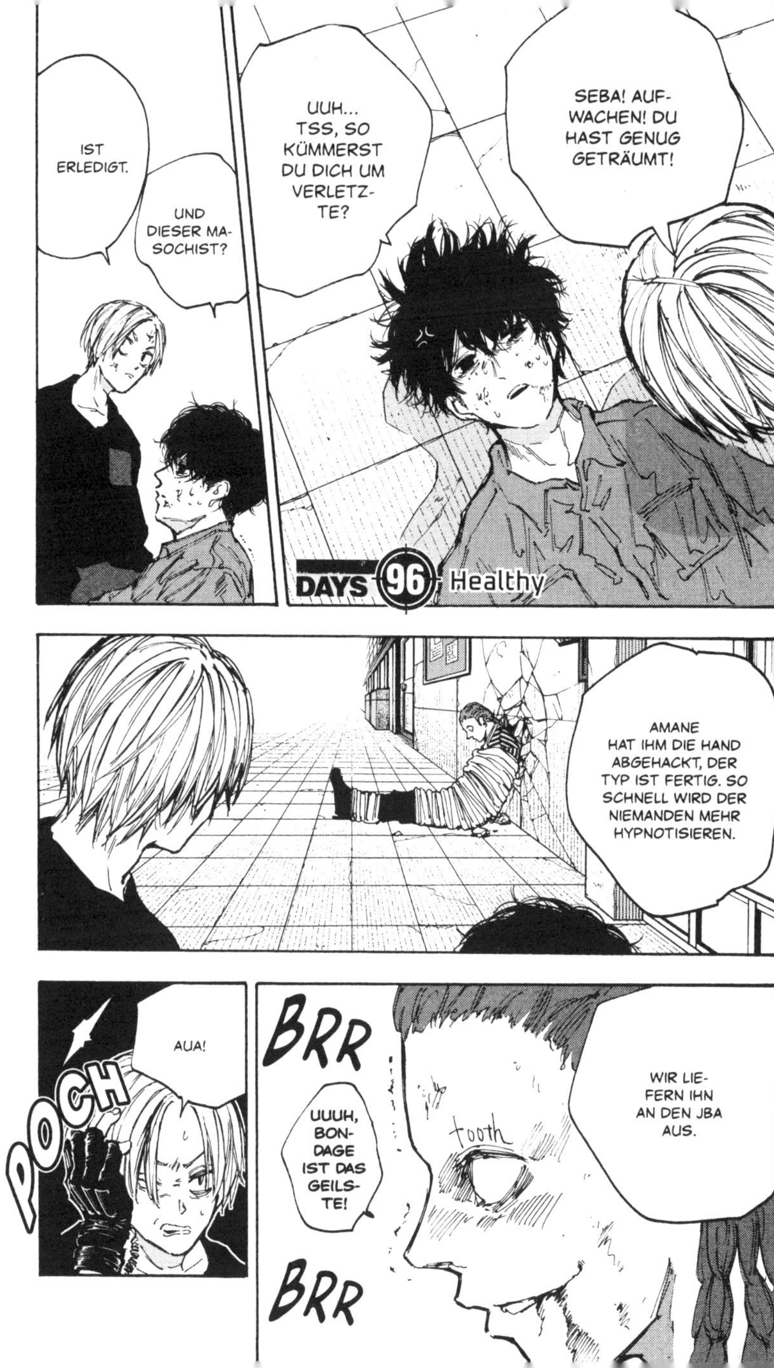
SEBA! AUF-WACHEN! DU HAST GENUG GETRÄUMT!
UUH... TSS, SO KÜMMERST DU DICH UM VERLETZTE?
DAYS 96 Healthy
IST ERLEDIGT.
UND DIESER MASOCHIST?
AMANE HAT IHM DIE HAND ABGEHACKT, DER TYP IST FERTIG. SO SCHNELL WIRD DER NIEMANDEN MEHR HYPNOTISIEREN.
WIR LIEFERN IHN AN DEN JBA AUS.
BRR
tooth
UUUH, BONDAGE IST DAS GEILSTE!
BRR
AUA!
POCH

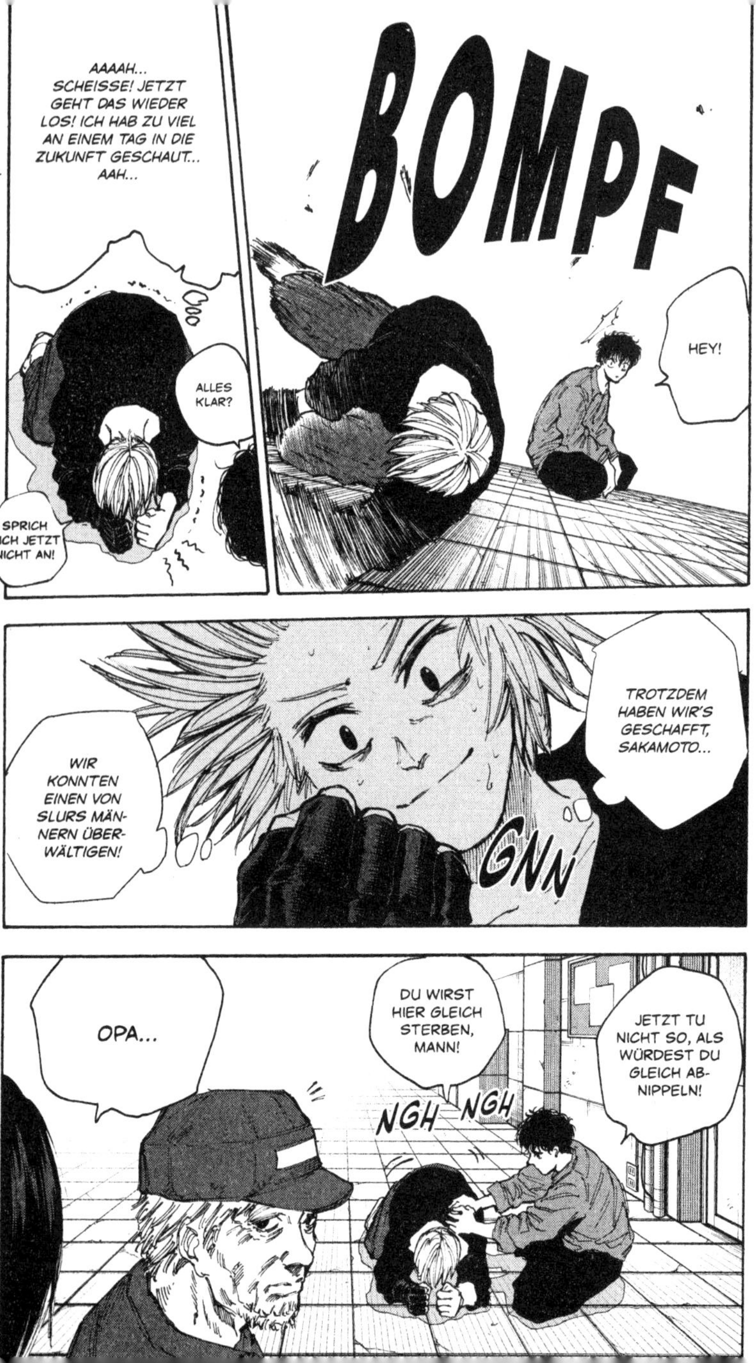
BOMPF
HEY!
ALLES KLAR?
AAAAH... SCHEISSE! JETZT GEHT DAS WIEDER LOS! ICH HAB ZU VIEL AN EINEM TAG IN DIE ZUKUNFT GESCHAUT... AAH...
SPRICH MICH JETZT NICHT AN!
TROTZDEM HABEN WIR'S GESCHAFFT, SAKAMOTO...
GNN
WIR KONNTEN EINEN VON SLURS MÄNNERN ÜBERWÄLTIGEN!
JETZT TU NICHT SO, ALS WÜRDEST DU GLEICH ABNIPPELN!
NGH NGH
DU WIRST HIER GLEICH STERBEN, MANN!
OPA...

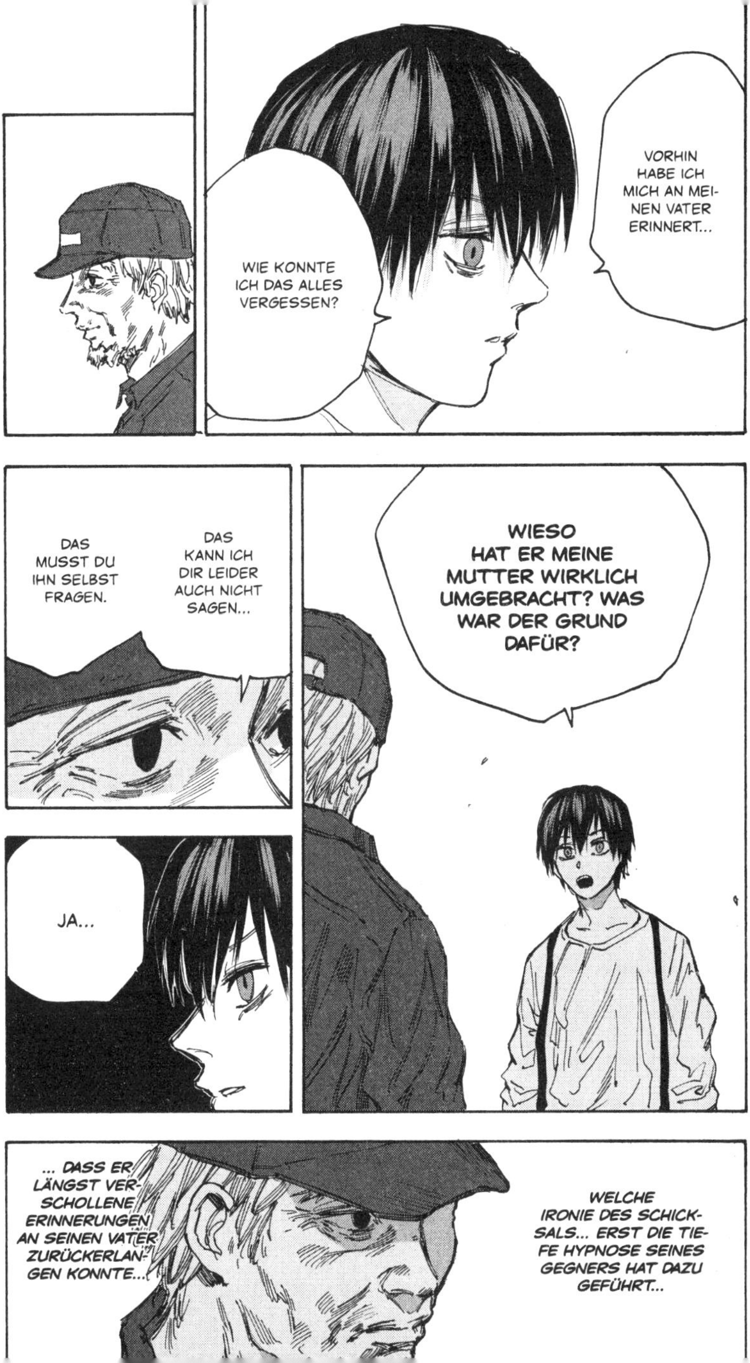
VORHIN HABE ICH MICH AN MEINEN VATER ERINNERT...
WIE KONNTE ICH DAS ALLES VERGESSEN?
WIESO HAT ER MEINE MUTTER WIRKLICH UMGEBRACHT? WAS WAR DER GRUND DAFÜR?
DAS KANN ICH DIR LEIDER AUCH NICHT SAGEN...
DAS MUSST DU IHN SELBST FRAGEN.
JA...
WELCHE IRONIE DES SCHICKSALS... ERST DIE TIEFE HYPNOSE SEINES GEGNERS HAT DAZU GEFÜHRT...
... DASS ER LÄNGST VERSCHOLLENE ERINNERUNGEN AN SEINEN VATER ZURÜCKERLANGEN KONNTE...

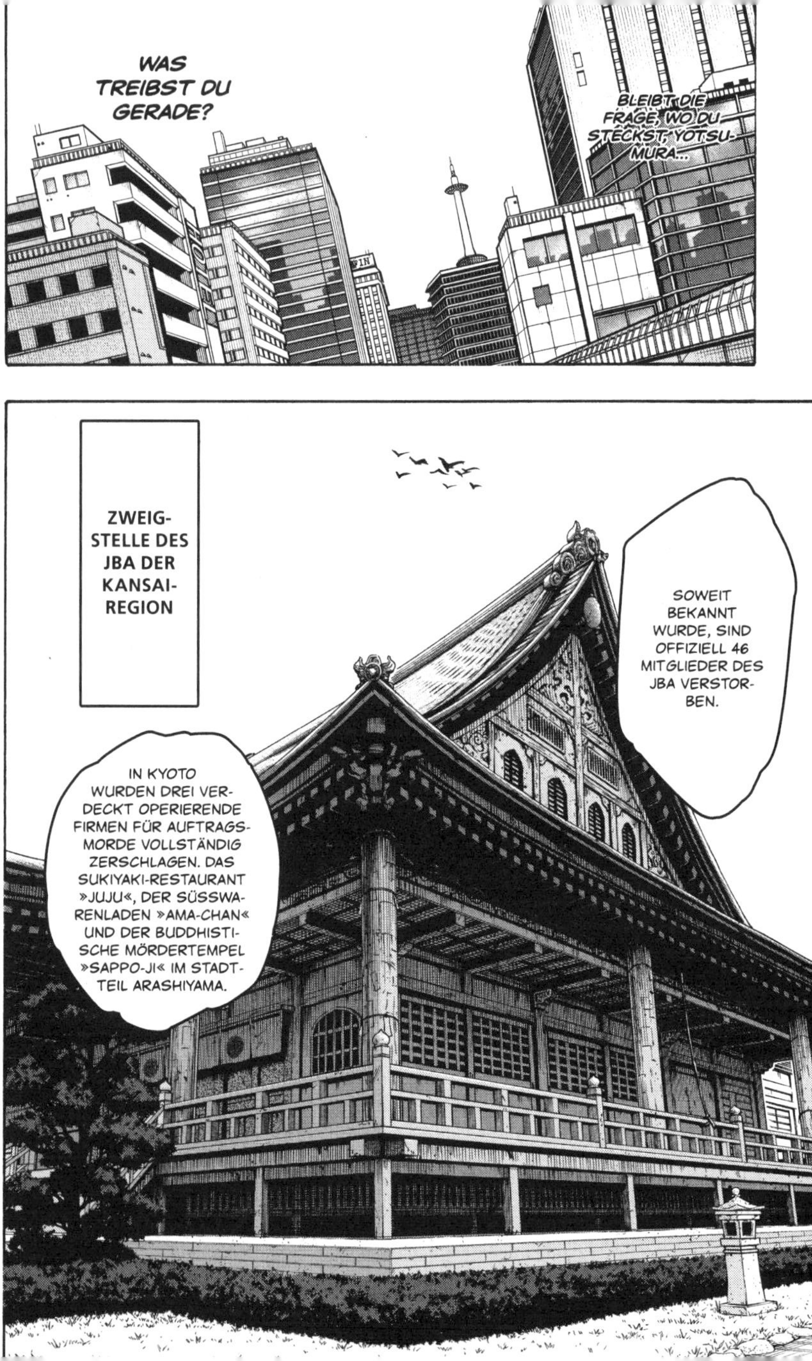
BLEIBT DIE FRAGE, WO DU STECKST, YOTSU-MURA...
WAS TREIBST DU GERADE?
ZWEIG-STELLE DES JBA DER KANSAI-REGION
SOWEIT BEKANNT WURDE, SIND OFFIZIELL 46 MITGLIEDER DES JBA VERSTOR-BEN.
IN KYOTO WURDEN DREI VER-DECKT OPERIERENDE FIRMEN FÜR AUFTRAGS-MORDE VOLLSTÄNDIG ZERSCHLAGEN. DAS SUKIYAKI-RESTAURANT »JUJU«, DER SÜSSWA-RENLADEN »AMA-CHAN« UND DER BUDDHISTI-SCHE MÖRDERTEMPEL »SAPPO-JI« IM STADT-TEIL ARASHIYAMA.

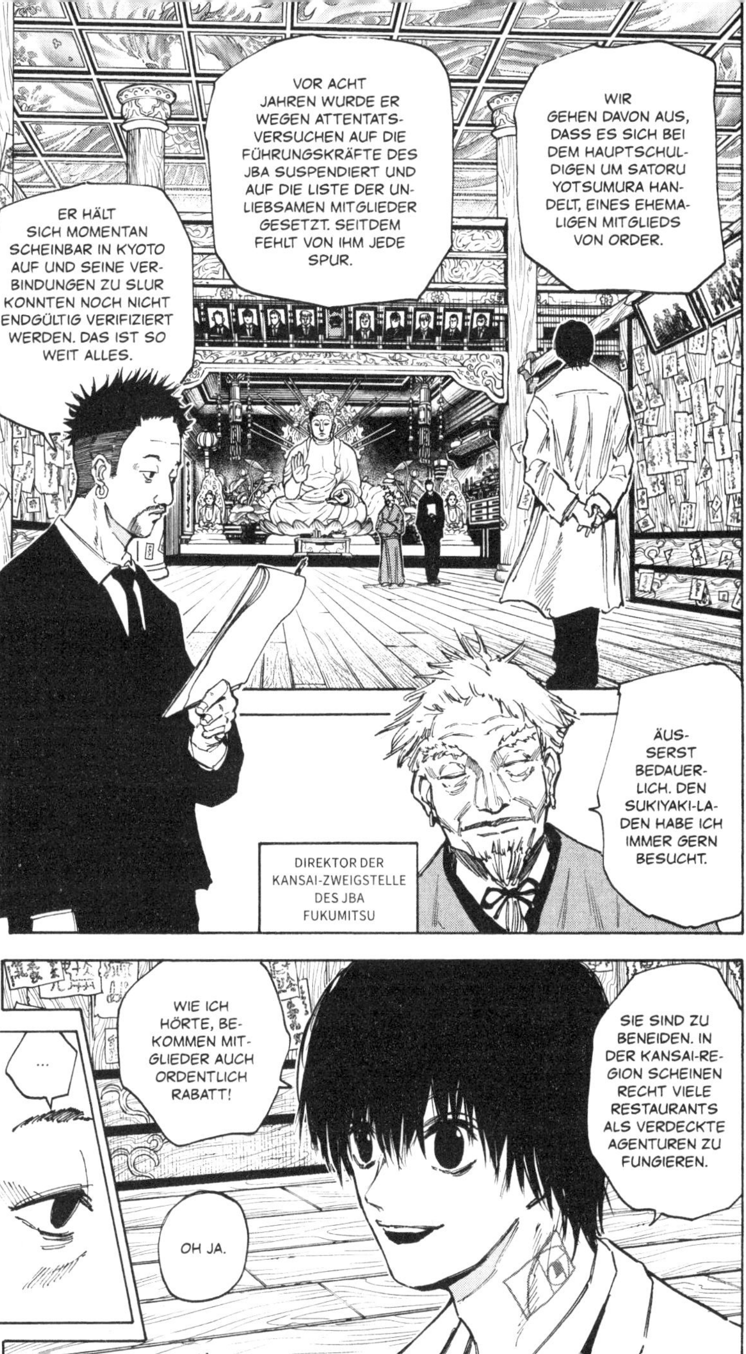
WIR GEHEN DAVON AUS, DASS ES SICH BEI DEM HAUPTSCHULDIGEN UM SATORU YOTSUMURA HANDELT, EINES EHEMALIGEN MITGLIEDS VON ORDER.
VOR ACHT JAHREN WURDE ER WEGEN ATTENTATSVERSUCHEN AUF DIE FÜHRUNGSKRÄFTE DES JBA SUSPENDIERT UND AUF DIE LISTE DER UNLIEBSAMEN MITGLIEDER GESETZT. SEITDEM FEHLT VON IHM JEDE SPUR.
ER HÄLT SICH MOMENTAN SCHEINBAR IN KYOTO AUF UND SEINE VERBINDUNGEN ZU SLUR KONNTEN NOCH NICHT ENDGÜLTIG VERIFIZIERT WERDEN. DAS IST SO WEIT ALLES.
ÄUSSERST BEDAUERLICH. DEN SUKIYAKI-LADEN HABE ICH IMMER GERN BESUCHT.
DIREKTOR DER KANSAI-ZWEIGSTELLE DES JBA FUKUMITSU
SIE SIND ZU BENEIDEN. IN DER KANSAI-REGION SCHEINEN RECHT VIELE RESTAURANTS ALS VERDECKTE AGENTUREN ZU FUNGIEREN.
WIE ICH HÖRTE, BEKOMMEN MITGLIEDER AUCH ORDENTLICH RABATT!
...
OH JA.

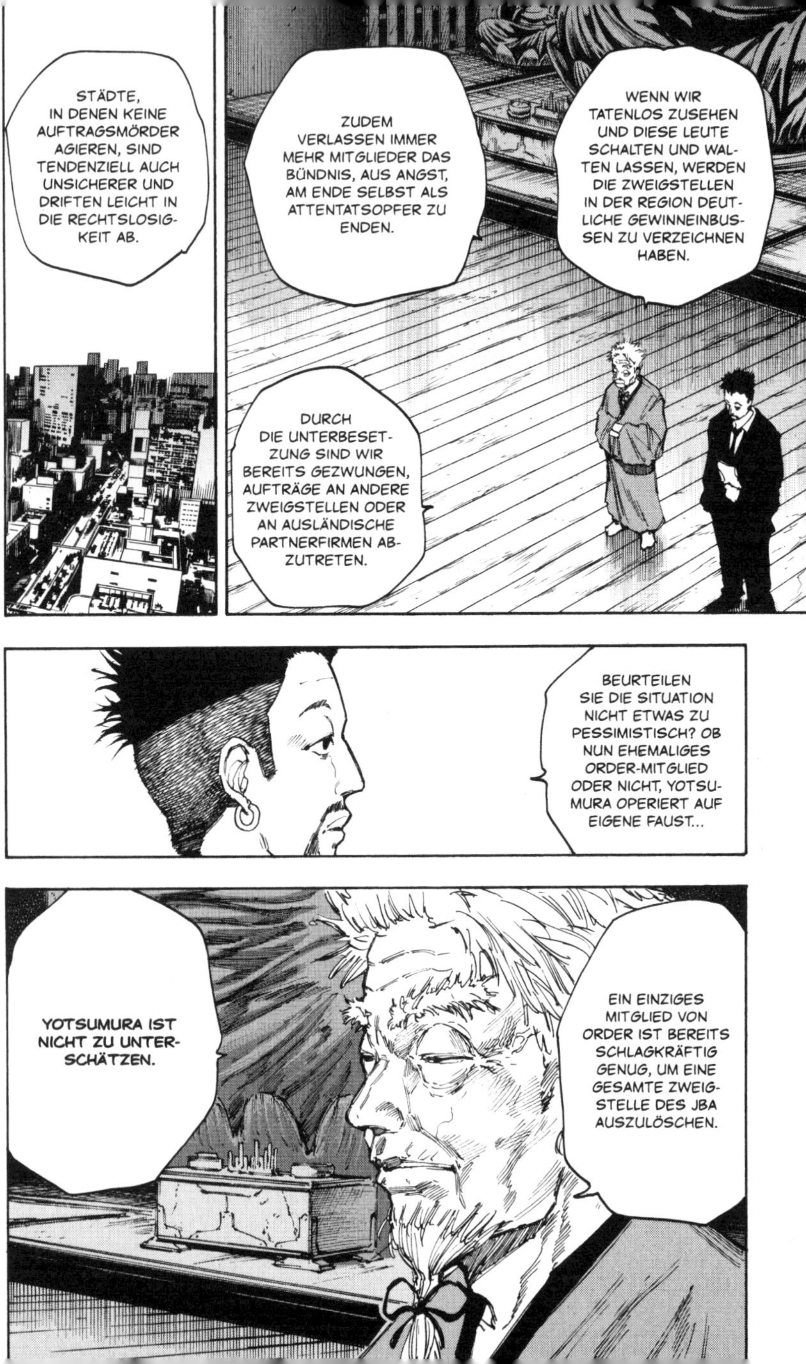
WENN WIR TATENLOS ZUSEHEN UND DIESE LEUTE SCHALTEN UND WALTEN LASSEN, WERDEN DIE ZWEIGSTELLEN IN DER REGION DEUTLICHE GEWINNEINBUSSEN ZU VERZEICHNEN HABEN.
ZUDEM VERLASSEN IMMER MEHR MITGLIEDER DAS BÜNDNIS, AUS ANGST, AM ENDE SELBST ALS ATTENTATSOPFER ZU ENDEN.
DURCH DIE UNTERBESETZUNG SIND WIR BEREITS GEZWUNGEN, AUFTRÄGE AN ANDERE ZWEIGSTELLEN ODER AN AUSLÄNDISCHE PARTNERFIRMEN ABZUTRETEN.
STÄDTE, IN DENEN KEINE AUFTRAGSMÖRDER AGIEREN, SIND TENDENZIELL AUCH UNSICHERER UND DRIFTEN LEICHT IN DIE RECHTSLOSIGKEIT AB.
BEURTEILEN SIE DIE SITUATION NICHT ETWAS ZU PESSIMISTISCH? OB NUN EHEMALIGES ORDER-MITGLIED ODER NICHT, YOTSUMURA OPERIERT AUF EIGENE FAUST...
EIN EINZIGES MITGLIED VON ORDER IST BEREITS SCHLAGKRÄFTIG GENUG, UM EINE GESAMTE ZWEIGSTELLE DES JBA AUSZULÖSCHEN.
YOTSUMURA IST NICHT ZU UNTERSCHÄTZEN.

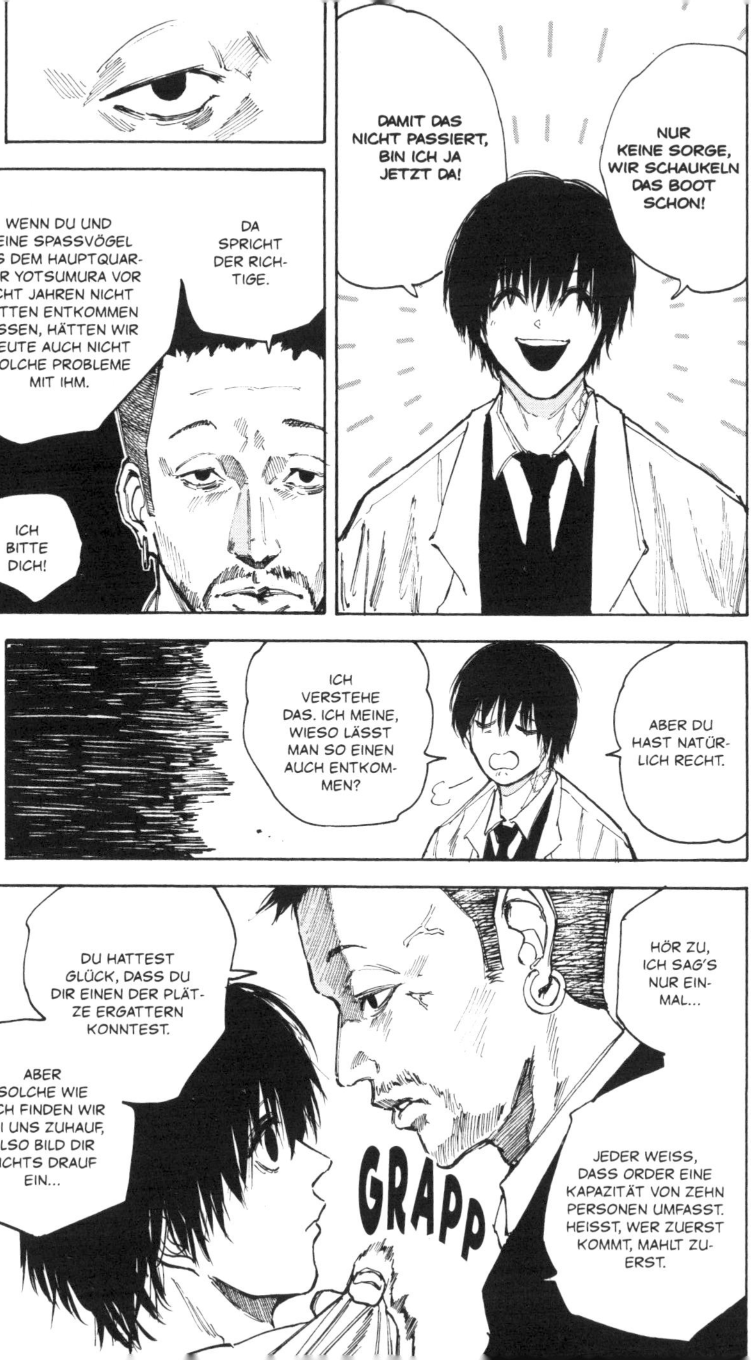
NUR KEINE SORGE, WIR SCHAUKELN DAS BOOT SCHON!
DAMIT DAS NICHT PASSIERT, BIN ICH JA JETZT DA!
DA SPRICHT DER RICHTIGE.
WENN DU UND DEINE SPASSVÖGEL AUS DEM HAUPTQUARTIER YOTSUMURA VOR ACHT JAHREN NICHT HÄTTEN ENTKOMMEN LASSEN, HÄTTEN WIR HEUTE AUCH NICHT SOLCHE PROBLEME MIT IHM.
ICH BITTE DICH!
ABER DU HAST NATÜRLICH RECHT.
ICH VERSTEHE DAS. ICH MEINE, WIESO LÄSST MAN SO EINEN AUCH ENTKOMMEN?
HÖR ZU, ICH SAG'S NUR EINMAL...
JEDER WEISS, DASS ORDER EINE KAPAZITÄT VON ZEHN PERSONEN UMFASST. HEISST, WER ZUERST KOMMT, MAHLT ZUERST.
GRAPP
DU HATTEST GLÜCK, DASS DU DIR EINEN DER PLÄTZE ERGATTERN KONNTEST.
ABER SOLCHE WIE DICH FINDEN WIR BEI UNS ZUHAUF, ALSO BILD DIR NICHTS DRAUF EIN...

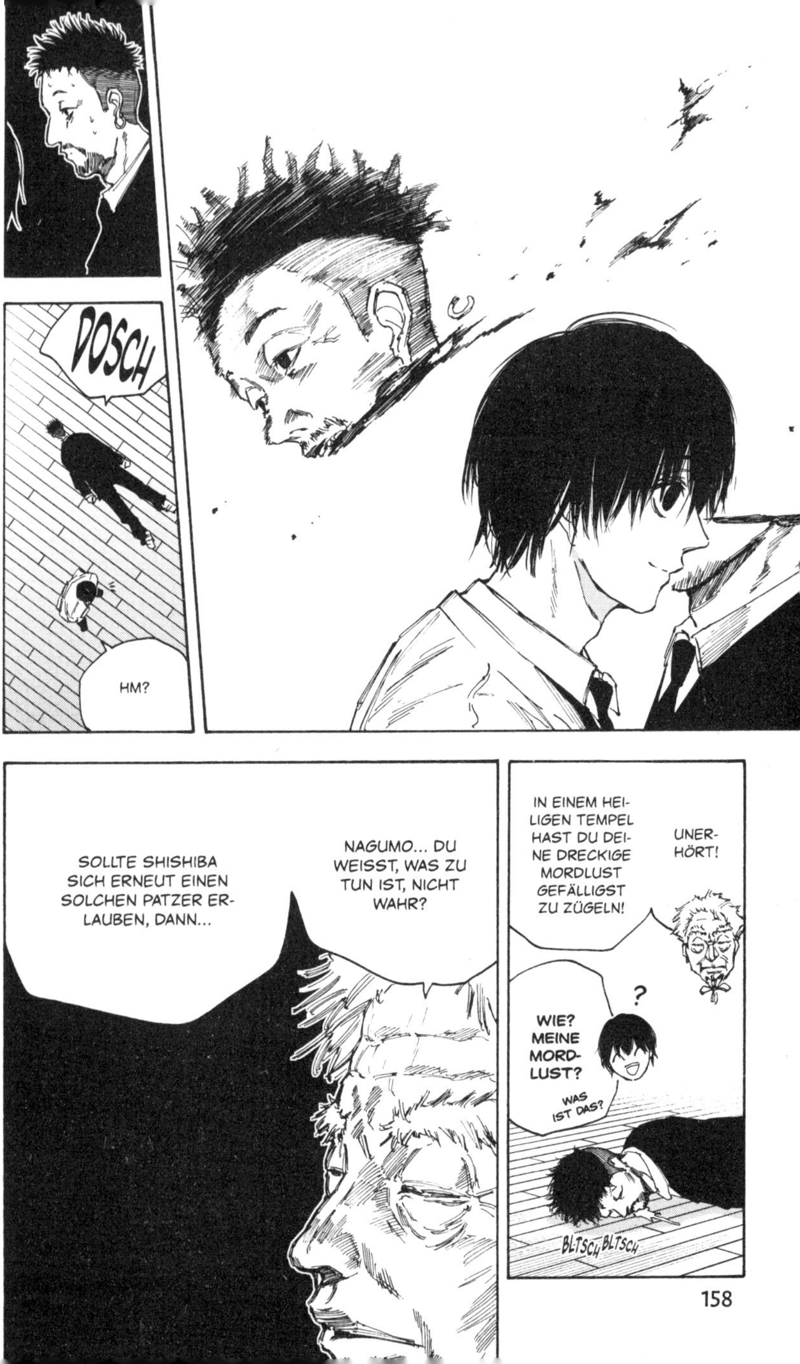
DOSCH
HM?
UNERHÖRT!
IN EINEM HEILIGEN TEMPEL HAST DU DEINE DRECKIGE MORDLUST GEFÄLLIGST ZU ZÜGELN!
WIE? MEINE MORDLUST?
WAS IST DAS?
BLTSCH BLTSCH
NAGUMO… DU WEISST, WAS ZU TUN IST, NICHT WAHR?
SOLLTE SHISHIBA SICH ERNEUT EINEN SOLCHEN PATZER ERLAUBEN, DANN…

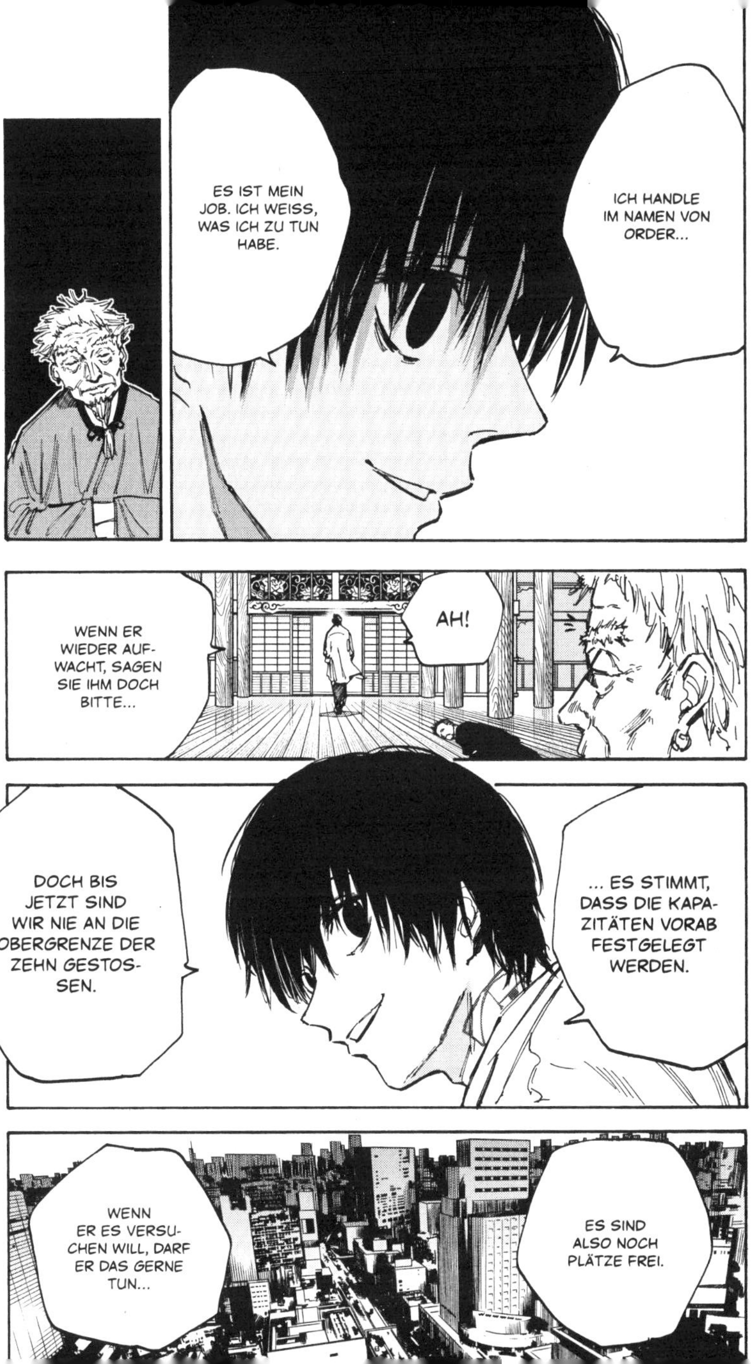
ICH HANDLE IM NAMEN VON ORDER...
ES IST MEIN JOB. ICH WEISS, WAS ICH ZU TUN HABE.
AH!
WENN ER WIEDER AUF-WACHT, SAGEN SIE IHM DOCH BITTE...
... ES STIMMT, DASS DIE KAPA-ZITÄTEN VORAB FESTGELEGT WERDEN.
DOCH BIS JETZT SIND WIR NIE AN DIE OBERGRENZE DER ZEHN GESTOS-SEN.
ES SIND ALSO NOCH PLÄTZE FREI.
WENN ER ES VERSU-CHEN WILL, DARF ER DAS GERNE TUN...

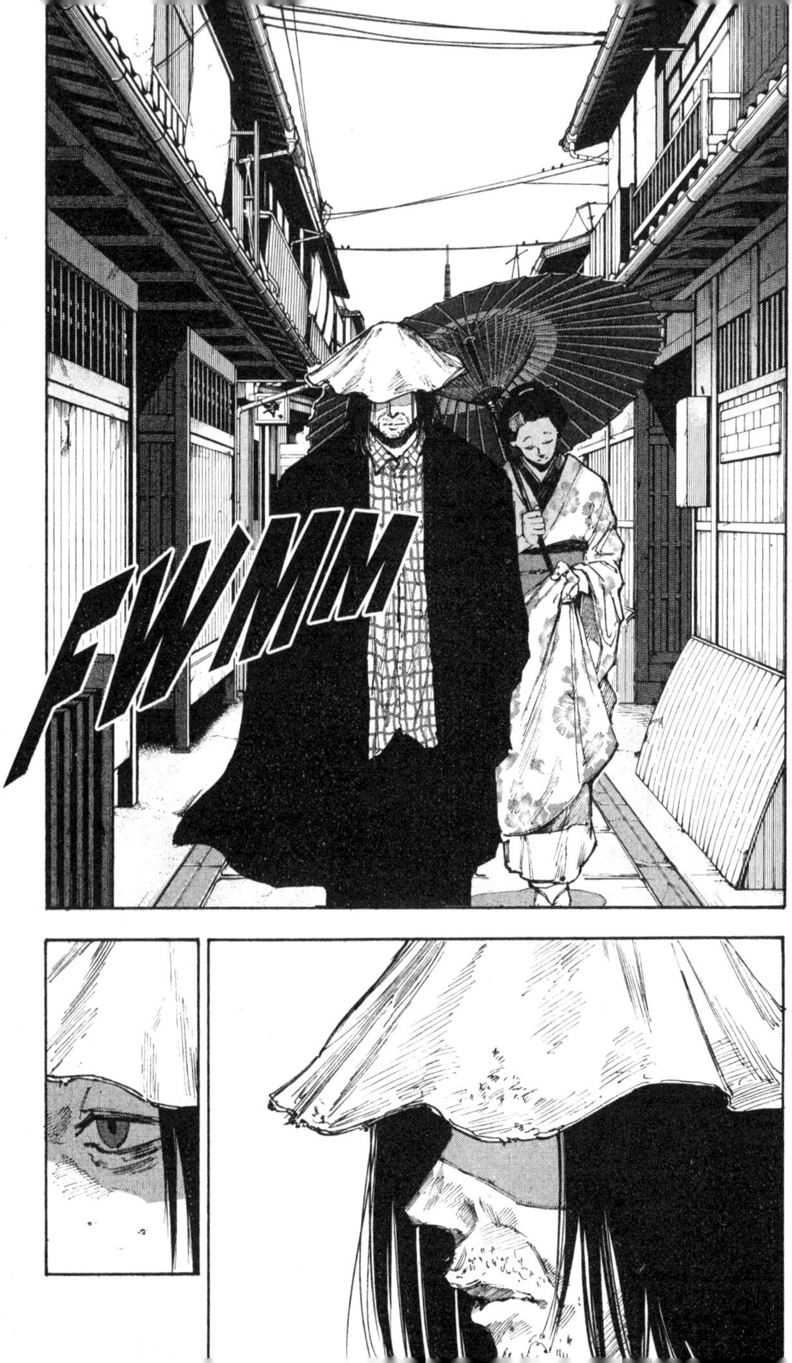
FWMM

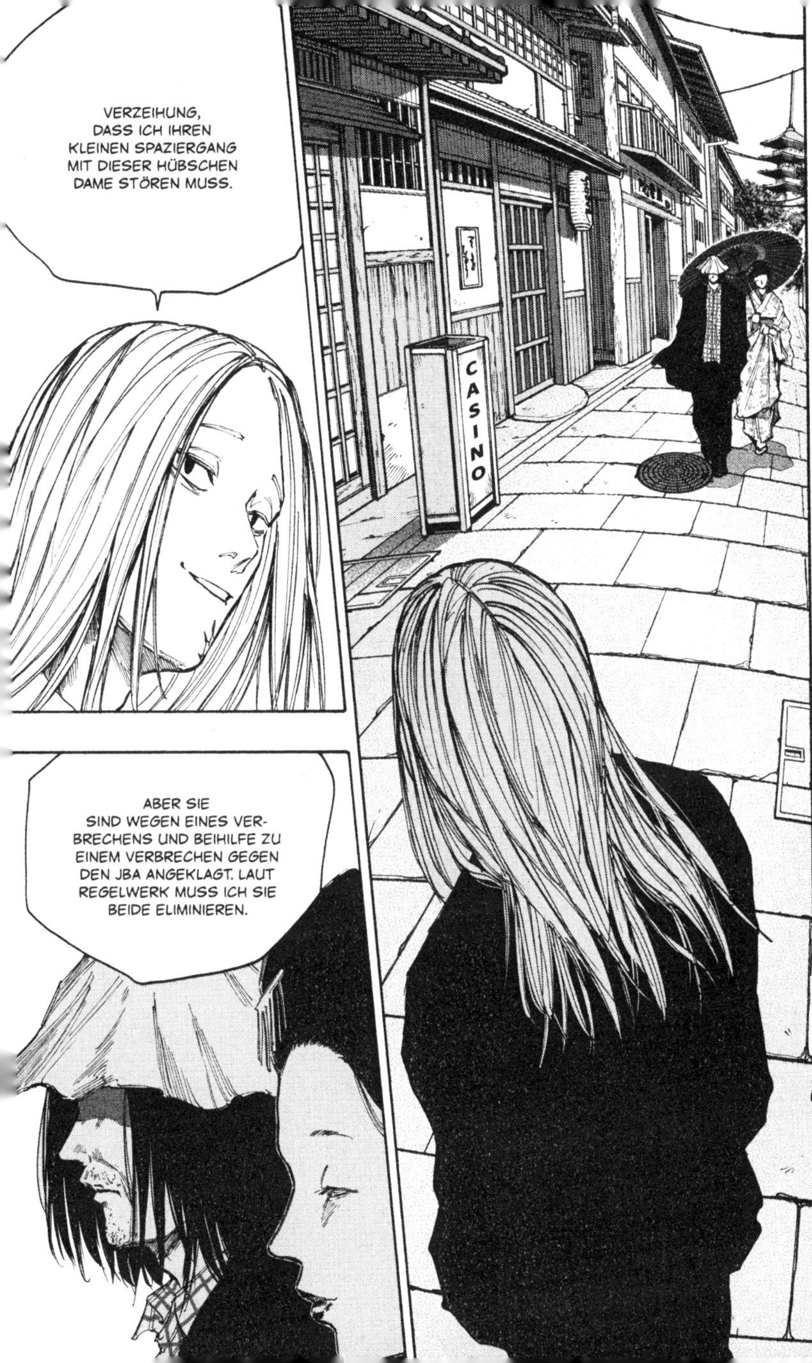
VERZEIHUNG, DASS ICH IHREN KLEINEN SPAZIERGANG MIT DIESER HÜBSCHEN DAME STÖREN MUSS.
CASINO
ABER SIE SIND WEGEN EINES VERBRECHENS UND BEIHILFE ZU EINEM VERBRECHEN GEGEN DEN JBA ANGEKLAGT. LAUT REGELWERK MUSS ICH SIE BEIDE ELIMINIEREN.

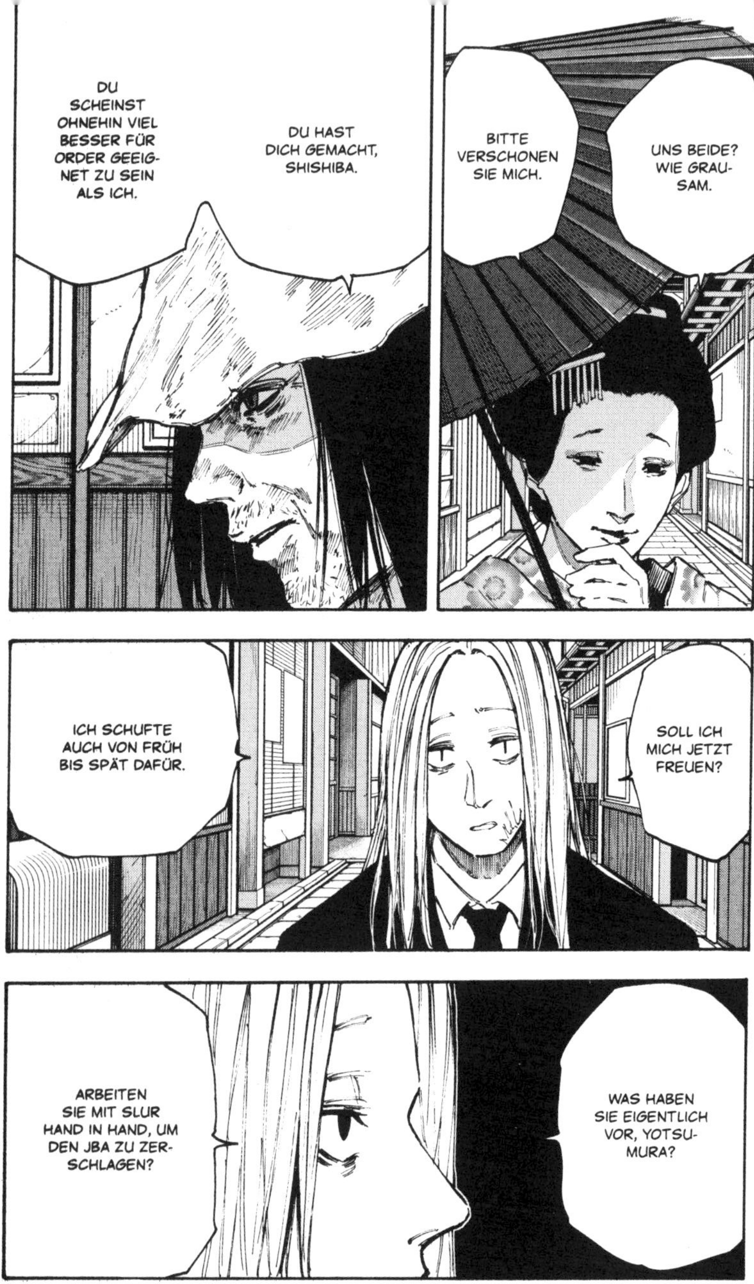
UNS BEIDE? WIE GRAUSAM.
BITTE VERSCHONEN SIE MICH.
DU HAST DICH GEMACHT, SHISHIBA.
DU SCHEINST OHNEHIN VIEL BESSER FÜR ORDER GEEIGNET ZU SEIN ALS ICH.
SOLL ICH MICH JETZT FREUEN?
ICH SCHUFTE AUCH VON FRÜH BIS SPÄT DAFÜR.
WAS HABEN SIE EIGENTLICH VOR, YOTSUMURA?
ARBEITEN SIE MIT SLUR HAND IN HAND, UM DEN JBA ZU ZERSCHLAGEN?

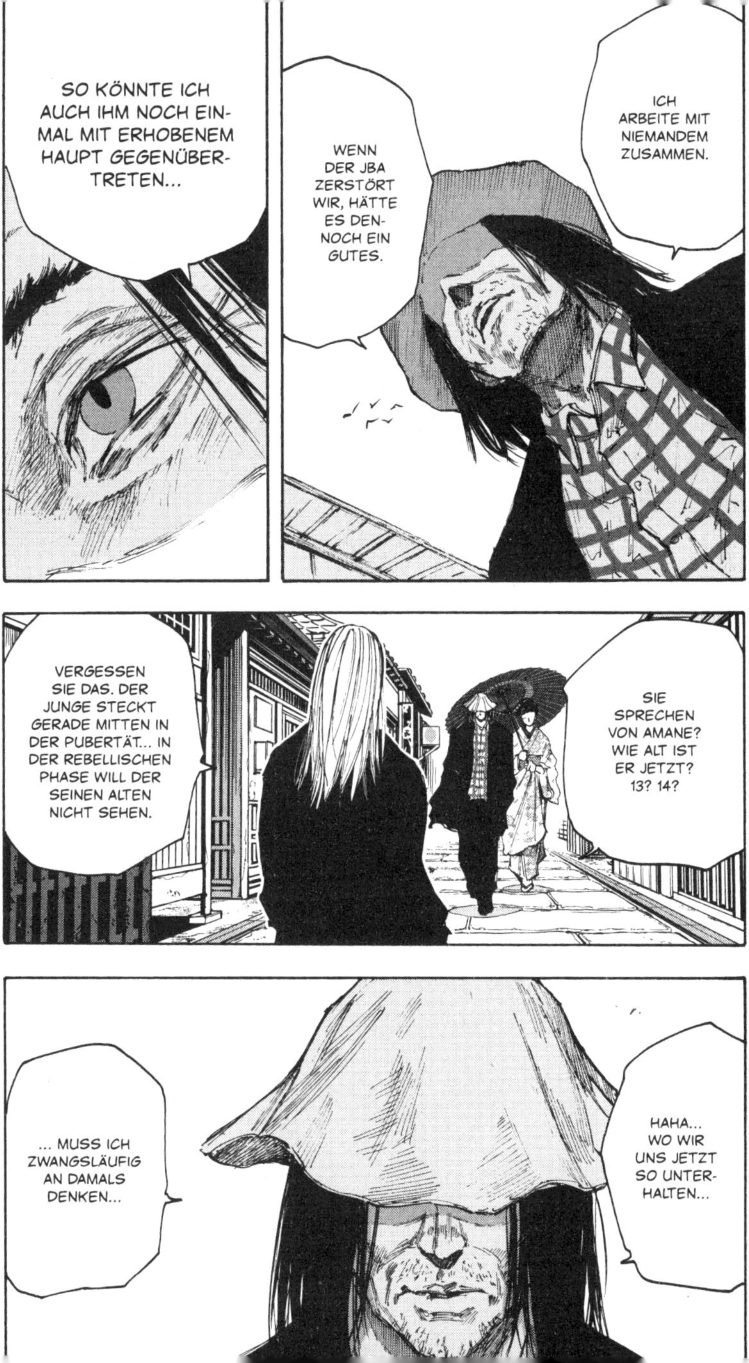
ICH ARBEITE MIT NIEMANDEM ZUSAMMEN.
WENN DER JBA ZERSTÖRT WIR, HÄTTE ES DENNOCH EIN GUTES.
SO KÖNNTE ICH AUCH IHM NOCH EINMAL MIT ERHOBENEM HAUPT GEGENÜBERTRETEN...
SIE SPRECHEN VON AMANE? WIE ALT IST ER JETZT? 13? 14?
VERGESSEN SIE DAS. DER JUNGE STECKT GERADE MITTEN IN DER PUBERTÄT... IN DER REBELLISCHEN PHASE WILL DER SEINEN ALTEN NICHT SEHEN.
HAHA... WO WIR UNS JETZT SO UNTERHALTEN...
... MUSS ICH ZWANGSLÄUFIG AN DAMALS DENKEN...

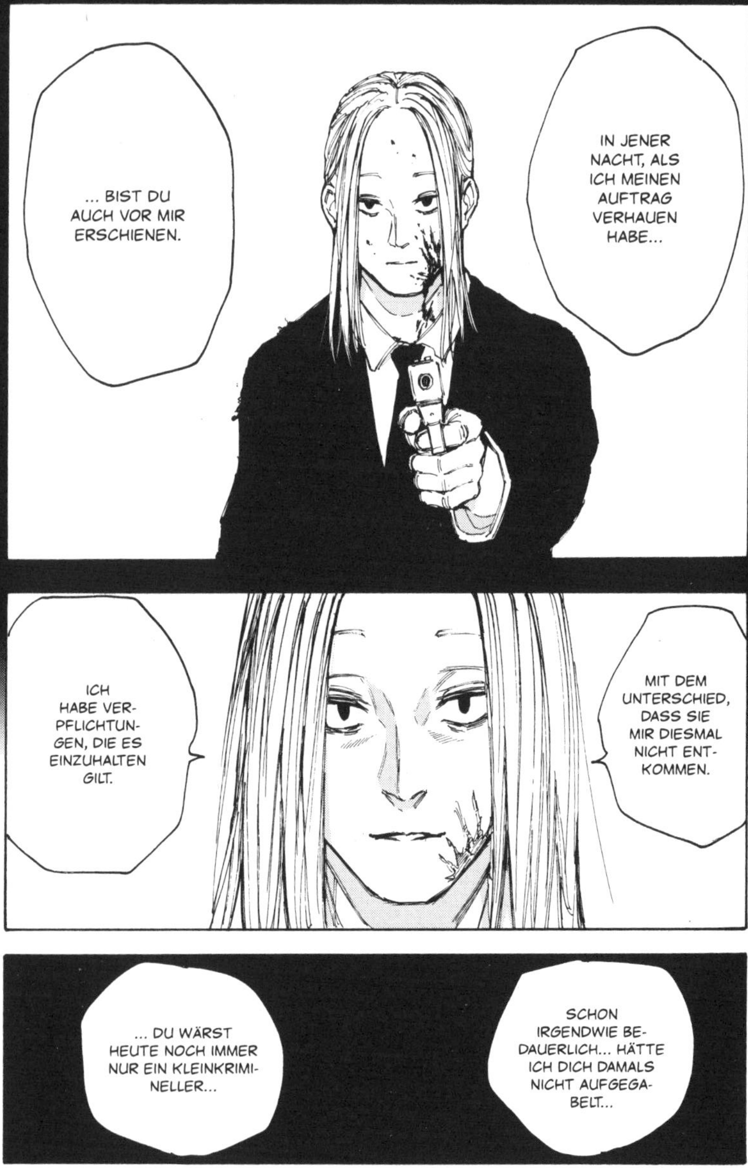
IN JENER NACHT, ALS ICH MEINEN AUFTRAG VERHAUEN HABE...
... BIST DU AUCH VOR MIR ERSCHIENEN.
MIT DEM UNTERSCHIED, DASS SIE MIR DIESMAL NICHT ENT-KOMMEN.
ICH HABE VER-PFLICHTUN-GEN, DIE ES EINZUHALTEN GILT.
SCHON IRGENDWIE BE-DAUERLICH... HÄTTE ICH DICH DAMALS NICHT AUFGEGA-BELT...
... DU WÄRST HEUTE NOCH IMMER NUR EIN KLEINKRIMI-NELLER...

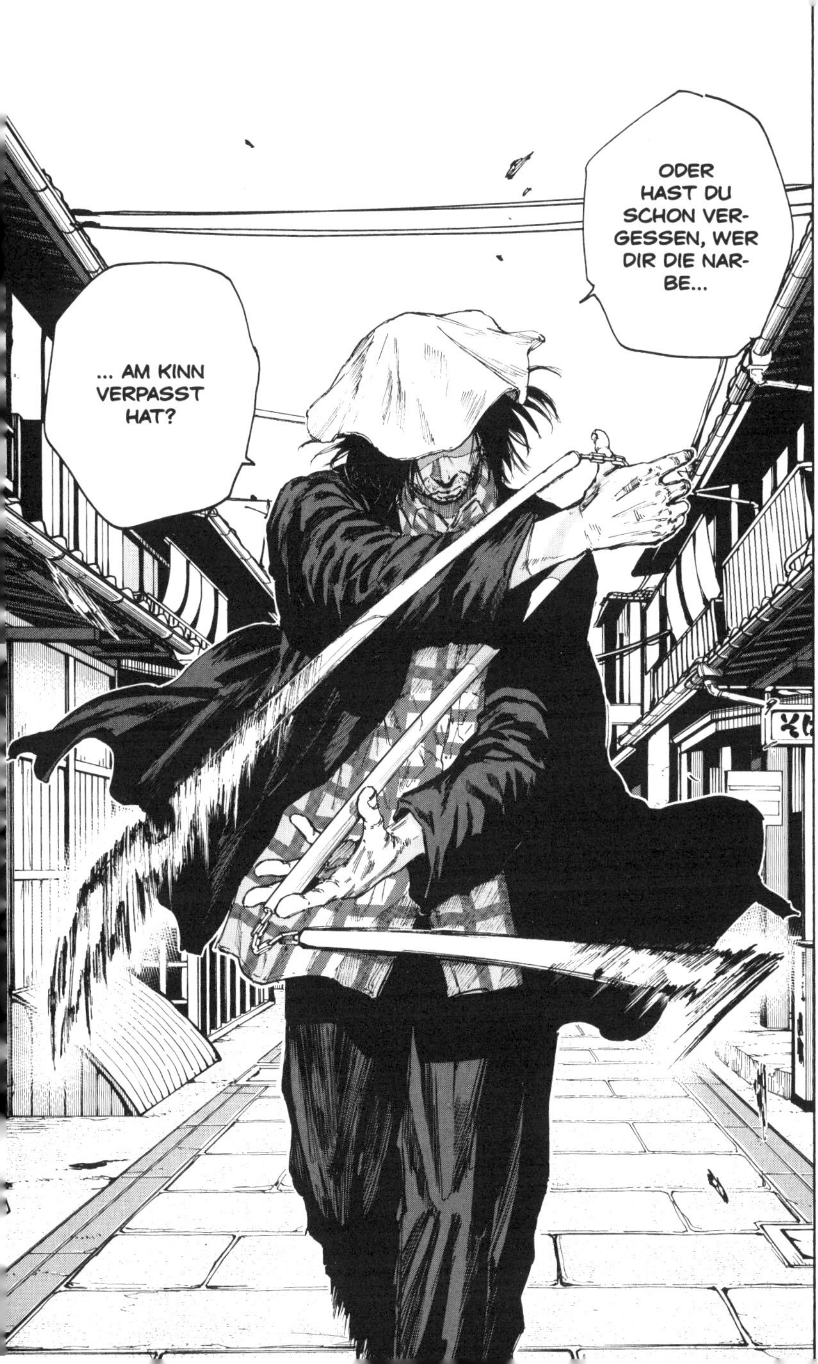
ODER HAST DU SCHON VERGESSEN, WER DIR DIE NARBE...
... AM KINN VERPASST HAT?

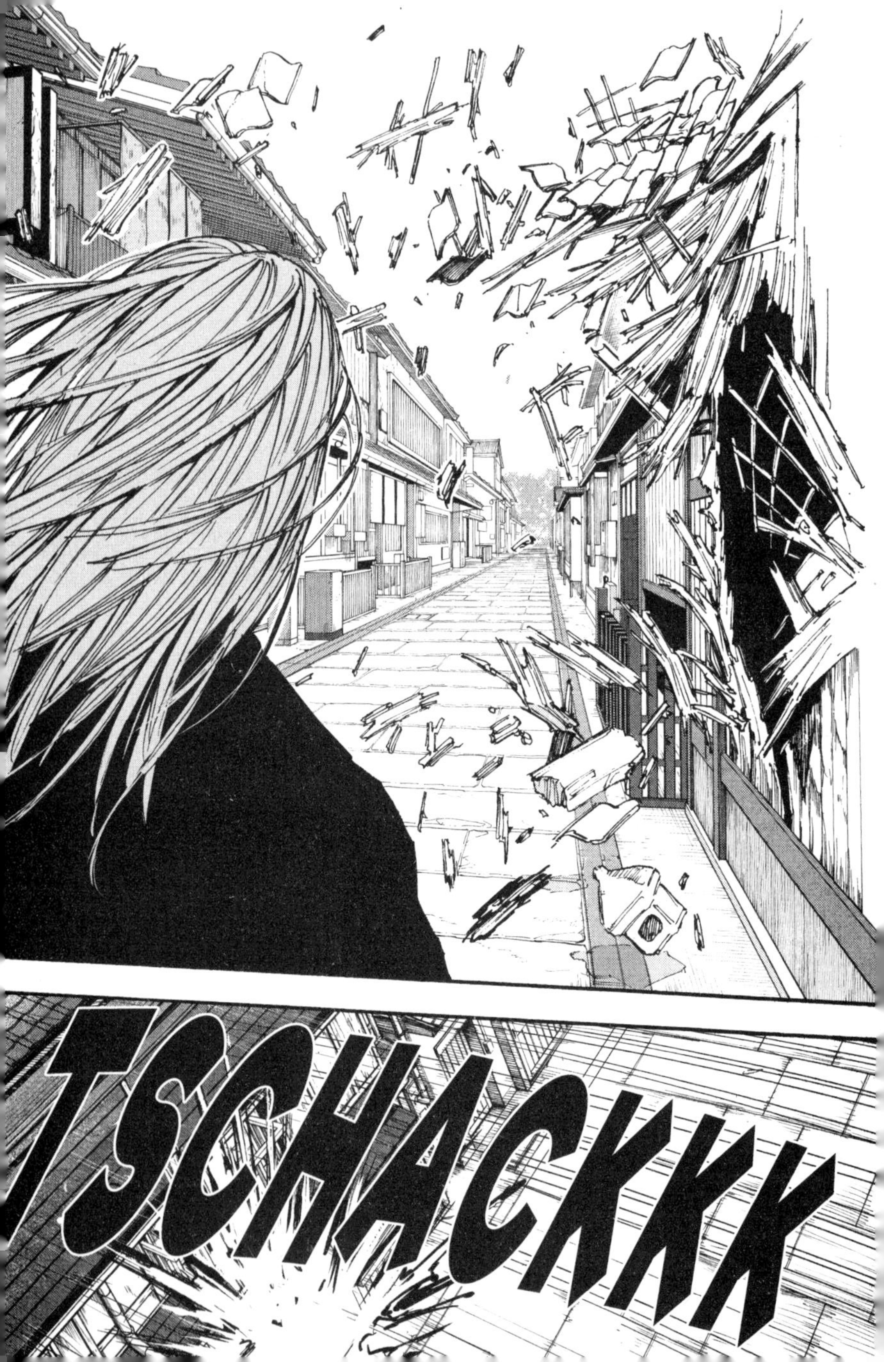
TSCHACKKK

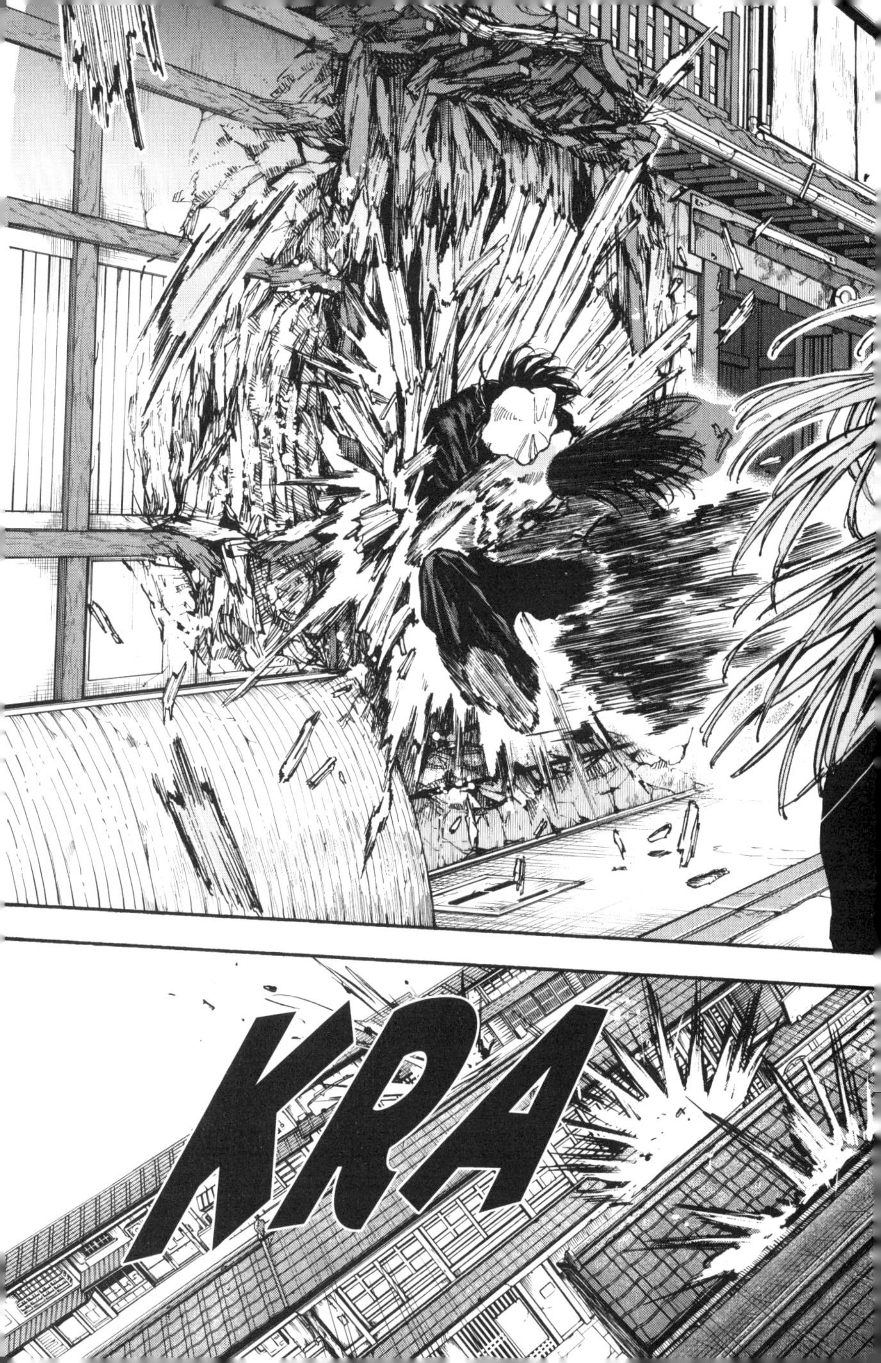
KRA

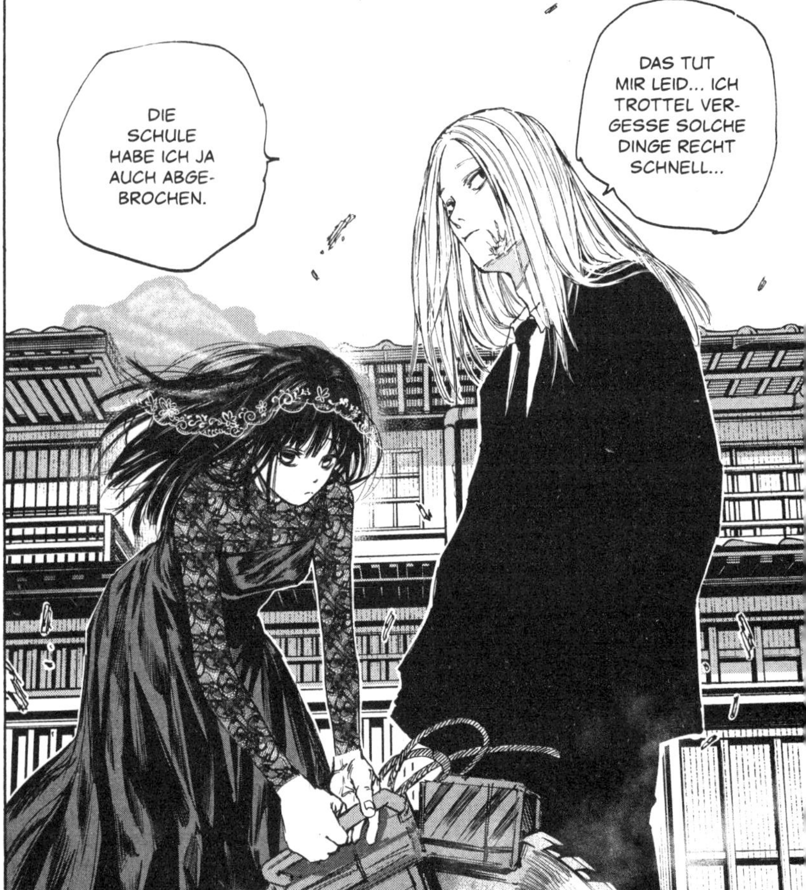
DAS TUT MIR LEID... ICH TROTTEL VERGESSE SOLCHE DINGE RECHT SCHNELL...
DIE SCHULE HABE ICH JA AUCH ABGEBROCHEN.

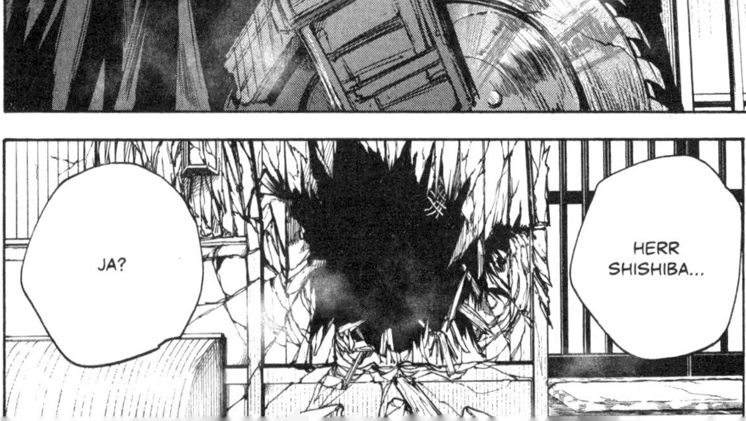
HERR SHISHIBA...
JA?

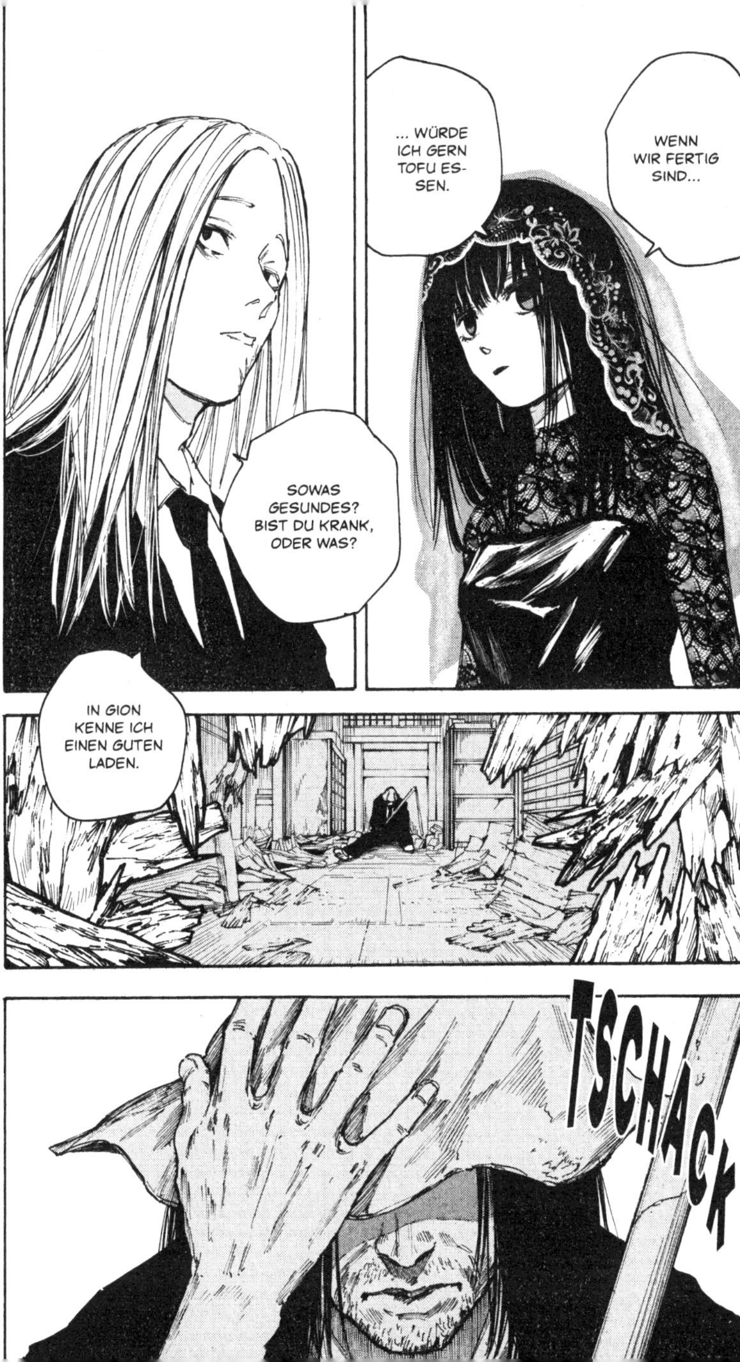
WENN WIR FERTIG SIND...
... WÜRDE ICH GERN TOFU ES-SEN.
SOWAS GESUNDES? BIST DU KRANK, ODER WAS?
IN GION KENNE ICH EINEN GUTEN LADEN.
TSCHACK

HINTER DEN KULISSEN DER KULISSEN

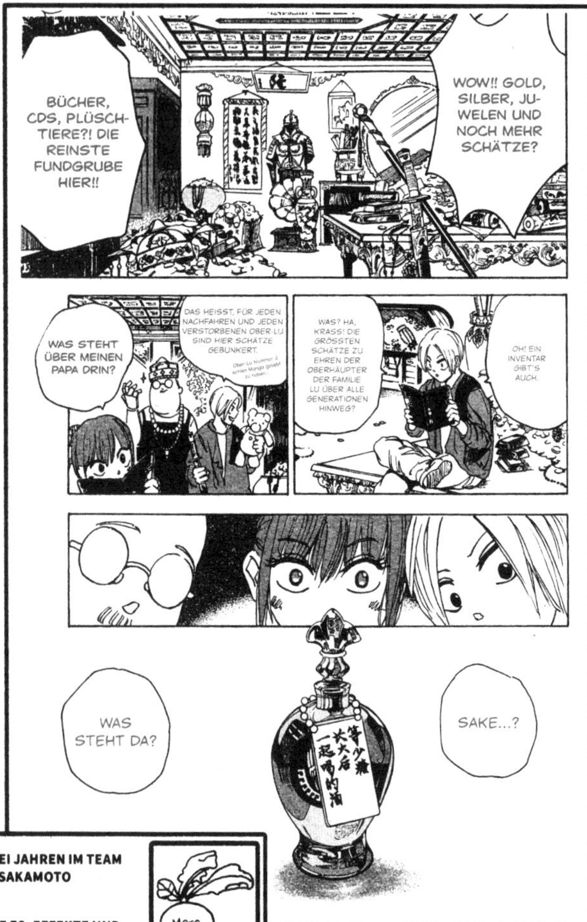

BAND 1, KAPITEL 5

SEIT ZWEI JAHREN IM TEAM SAKAMOTO

ICH LIEBE ES, EFFEKTE UND REFLEXIONEN ZU ZEICHNEN.

Moro

ES WAR EIN RIESENSPASS, DIESE SEITE VOLLER FUNKELNDER OBJEKTE ZU ZEICHNEN. UM DAS WORT AUF DER SCHNAPSFLASCHE ZU ÜBERSETZEN, BAT ICH EINEN CHINESISCHEN FREUND, DER IN JAPAN STUDIERTE, UM HILFE.

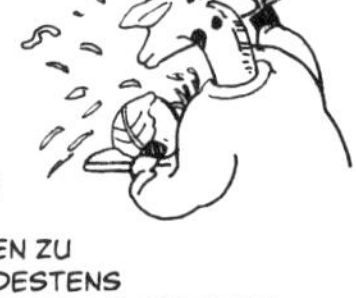

ANEKDOTE: IM SAKAMOTO-ATELIER ARBEITEN ALLE SO SCHNELL UND SO GUT, DASS WIR TROTZ MEINER ÜBLICHEN LANGSAMKEIT EINEN REKORD GEBROCHEN HABEN, INDEM WIR IN NUR SECHSUNDDREISSIG STUNDEN EIN KOMPLETTES KAPITEL FERTIG HATTEN! WENN DU ERST MAL ANFÄNGST, DIE BEWEGUNGSLINIEN ZU ZEICHNEN, IST DER RHYTHMUS DER FEDER, DIE ÜBER DAS PAPIER KRATZT, MINDESTENS FÜNFMAL SO SCHNELL WIE DAS MESSER EINES PROFIS IM SCHNEIDEN VON KOHL! DAS MACHT DANN »TSCHACK, TSCHACK, TSCHACK, TSCHACK«!

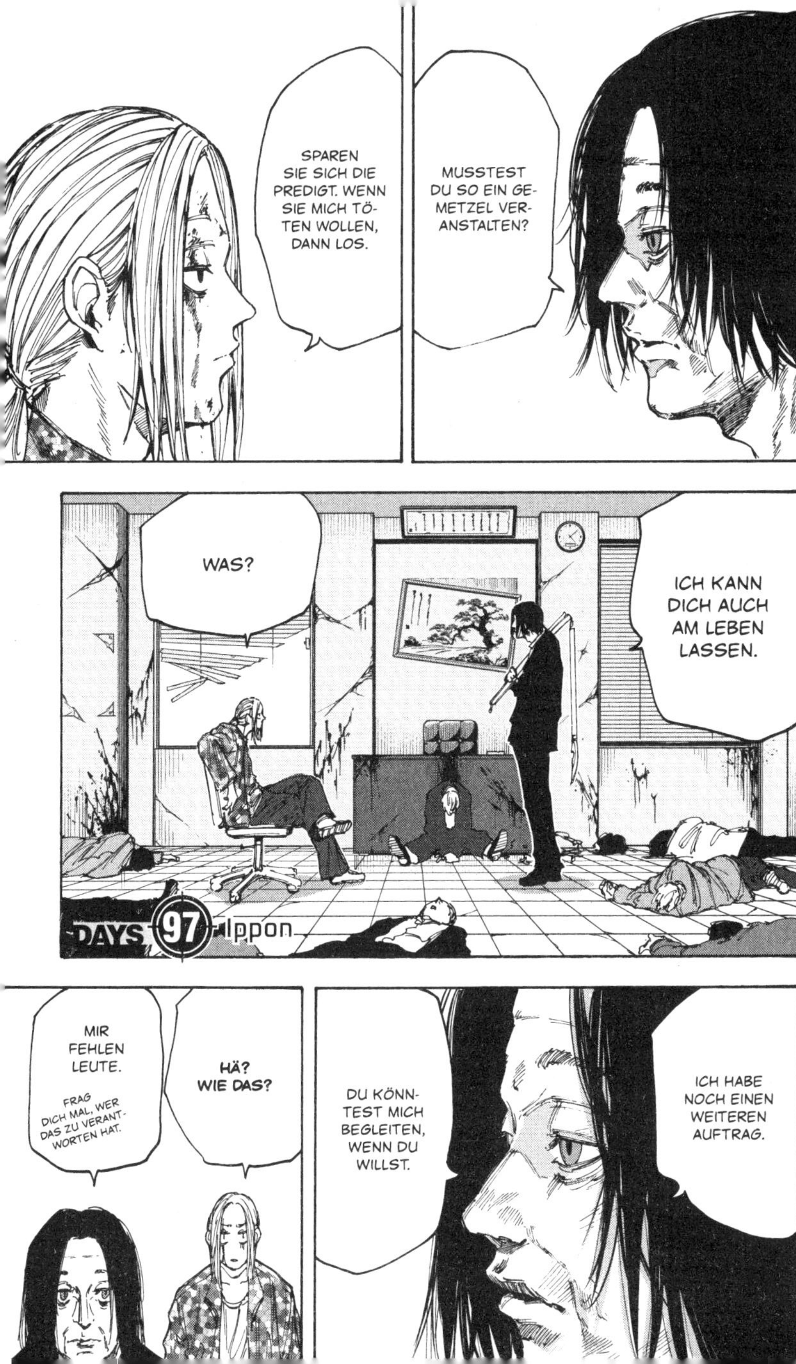
MUSSTEST DU SO EIN GEMETZEL VERANSTALTEN?
SPAREN SIE SICH DIE PREDIGT. WENN SIE MICH TÖTEN WOLLEN, DANN LOS.
ICH KANN DICH AUCH AM LEBEN LASSEN.
WAS?
DAYS 97 Ippon
ICH HABE NOCH EINEN WEITEREN AUFTRAG.
DU KÖNNTEST MICH BEGLEITEN, WENN DU WILLST.
HÄ? WIE DAS?
MIR FEHLEN LEUTE.
FRAG DICH MAL, WER DAS ZU VERANTWORTEN HAT.

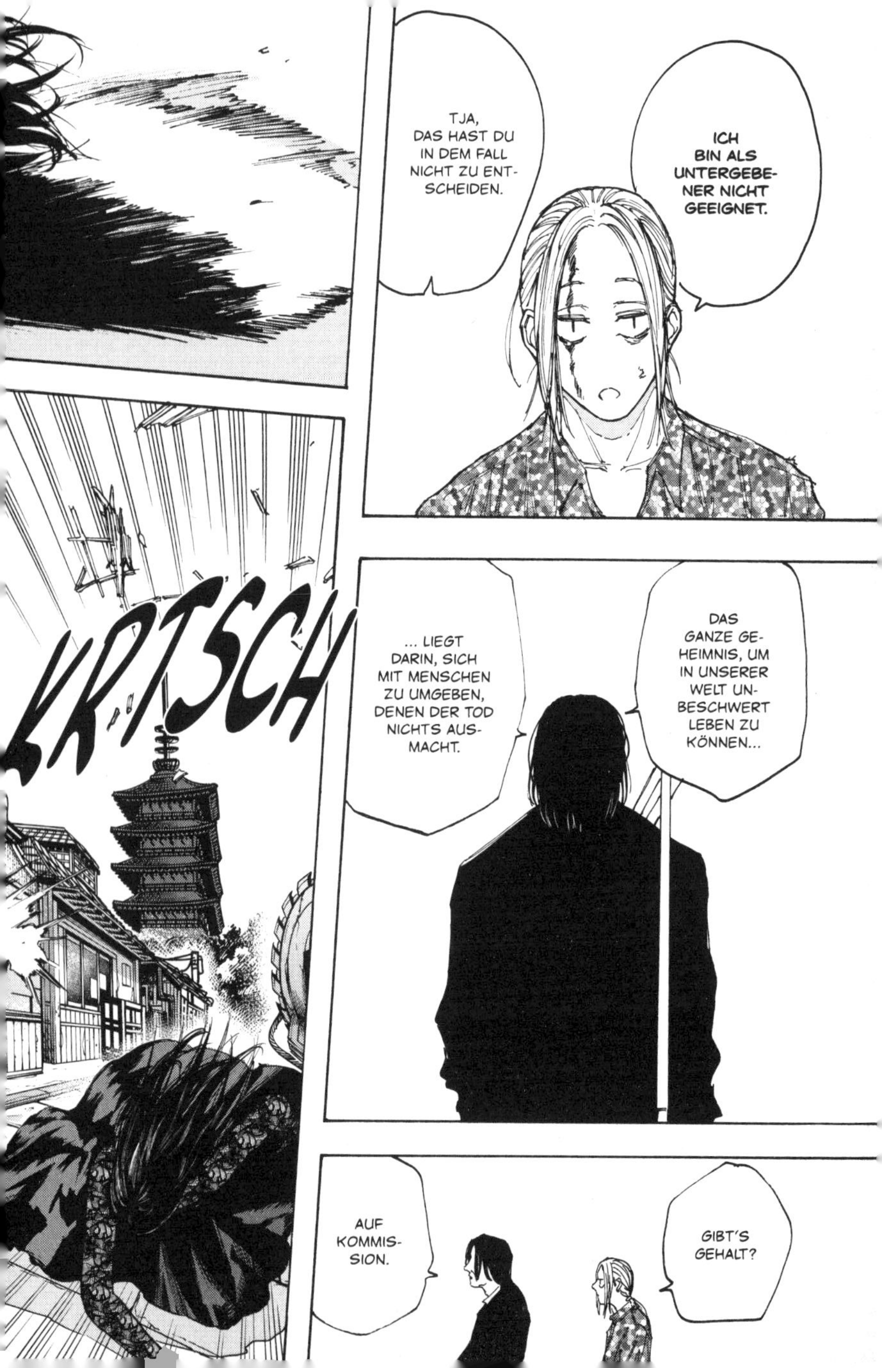

ICH BIN ALS UNTERGEBENER NICHT GEEIGNET.
TJA, DAS HAST DU IN DEM FALL NICHT ZU ENTSCHEIDEN.
KRITSCH
DAS GANZE GEHEIMNIS, UM IN UNSERER WELT UNBESCHWERT LEBEN ZU KÖNNEN...
... LIEGT DARIN, SICH MIT MENSCHEN ZU UMGEBEN, DENEN DER TOD NICHTS AUSMACHT.
GIBT'S GEHALT?
AUF KOMMISSION.

DAYS 97 Ippon

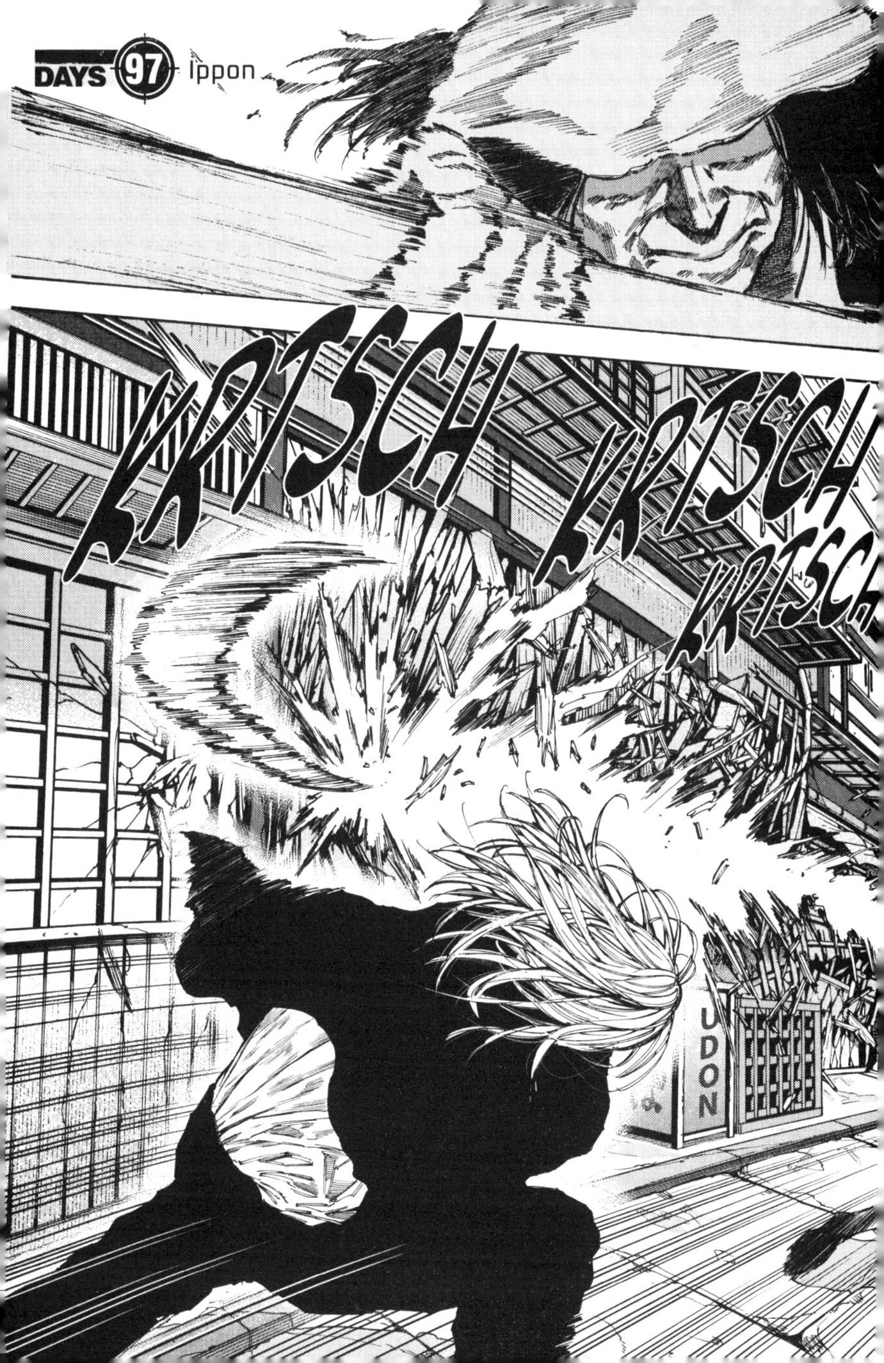

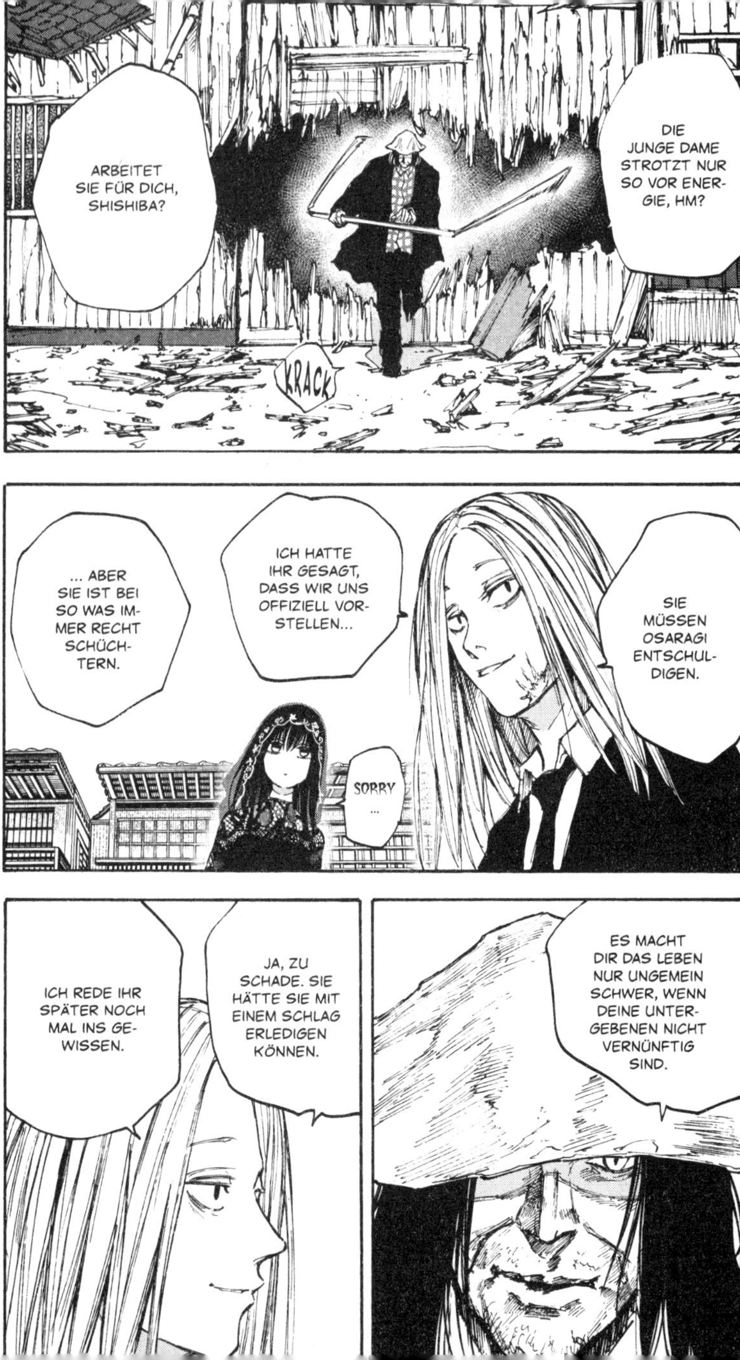
DIE JUNGE DAME STROTZT NUR SO VOR ENERGIE, HM?
ARBEITET SIE FÜR DICH, SHISHIBA?
KRACK
SIE MÜSSEN OSARAGI ENTSCHULDIGEN.
ICH HATTE IHR GESAGT, DASS WIR UNS OFFIZIELL VORSTELLEN...
... ABER SIE IST BEI SO WAS IMMER RECHT SCHÜCHTERN.
SORRY ...
ES MACHT DIR DAS LEBEN NUR UNGEMEIN SCHWER, WENN DEINE UNTERGEBENEN NICHT VERNÜNFTIG SIND.
JA, ZU SCHADE. SIE HÄTTE SIE MIT EINEM SCHLAG ERLEDIGEN KÖNNEN.
ICH REDE IHR SPÄTER NOCH MAL INS GEWISSEN.

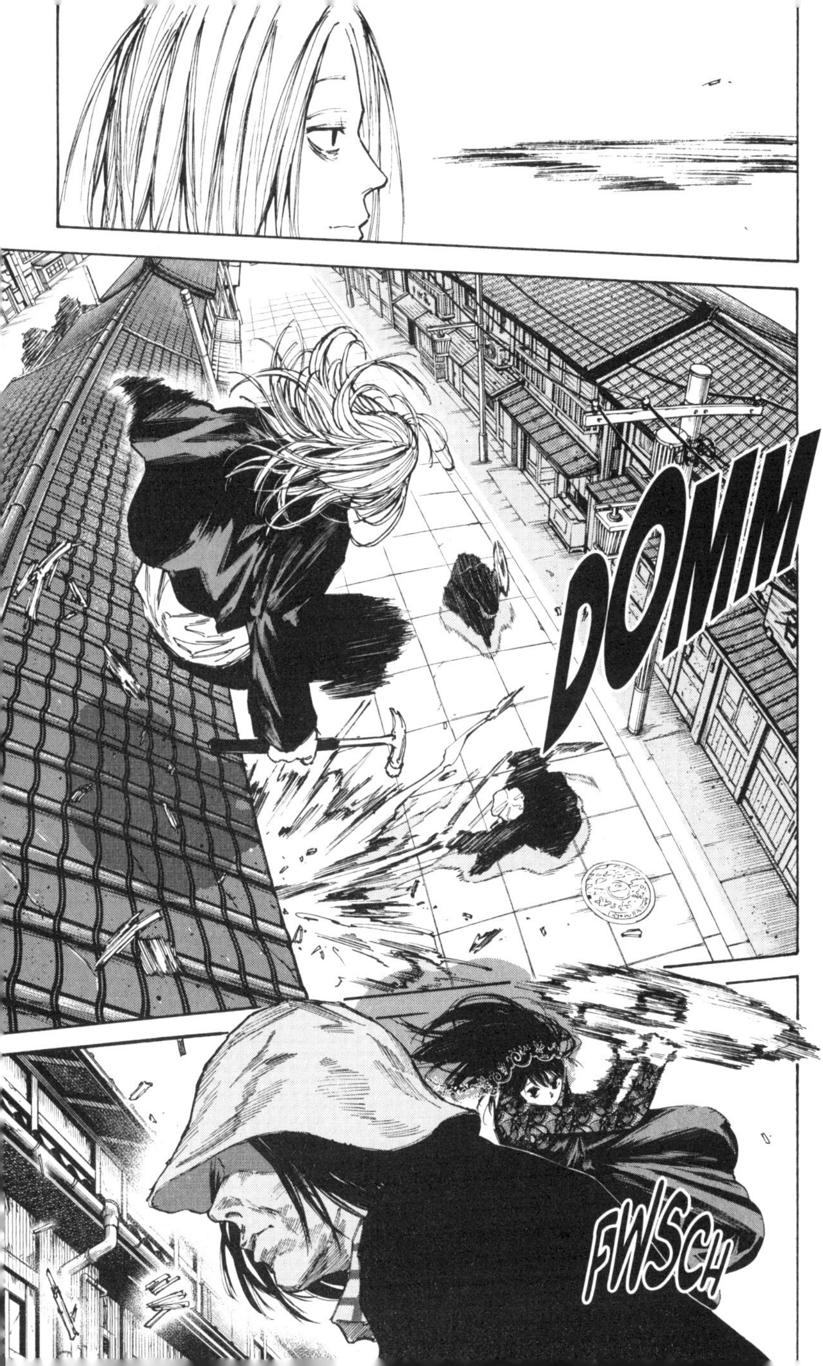
DOMM
FWSCH

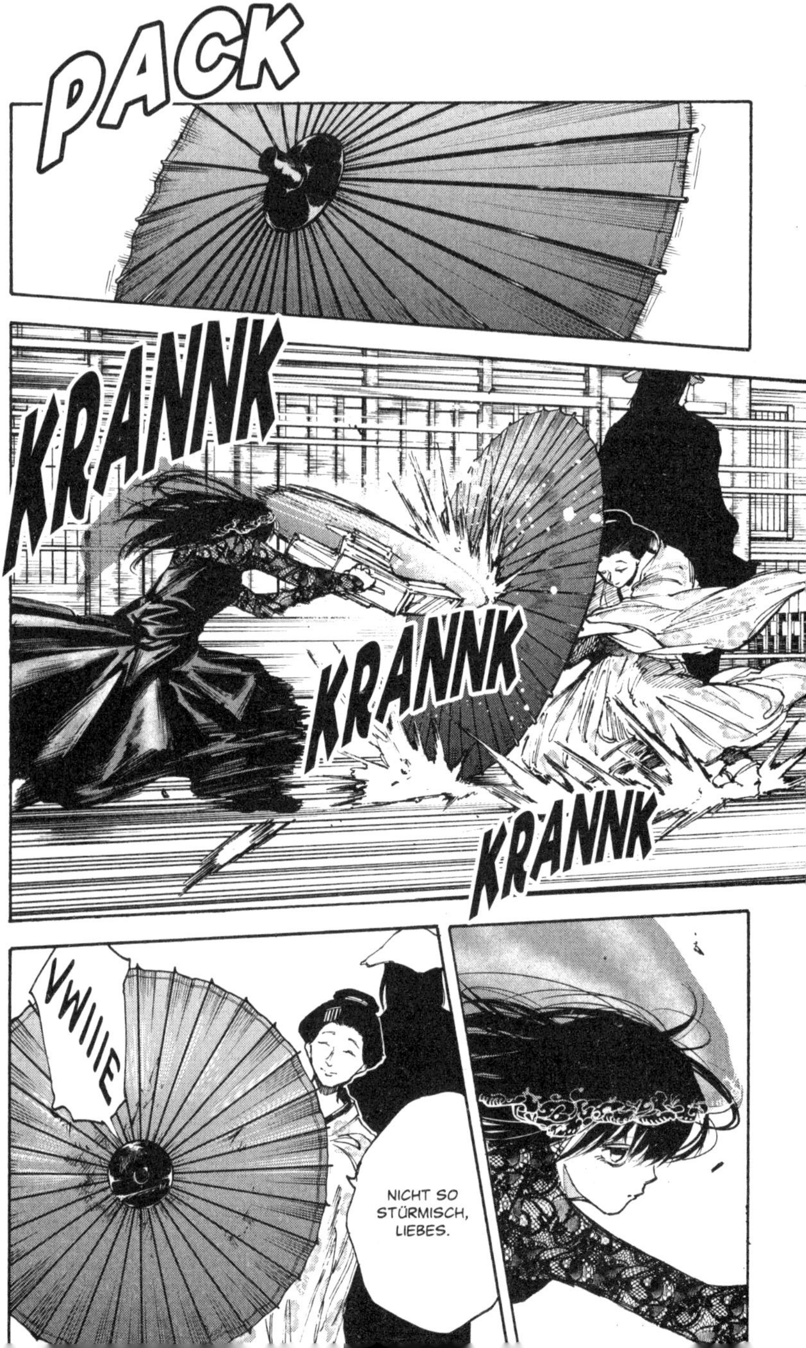
PACK
KRANNK
KRANNK
KRANNK
VWIIIE
NICHT SO
STÜRMISCH,
LIEBES.

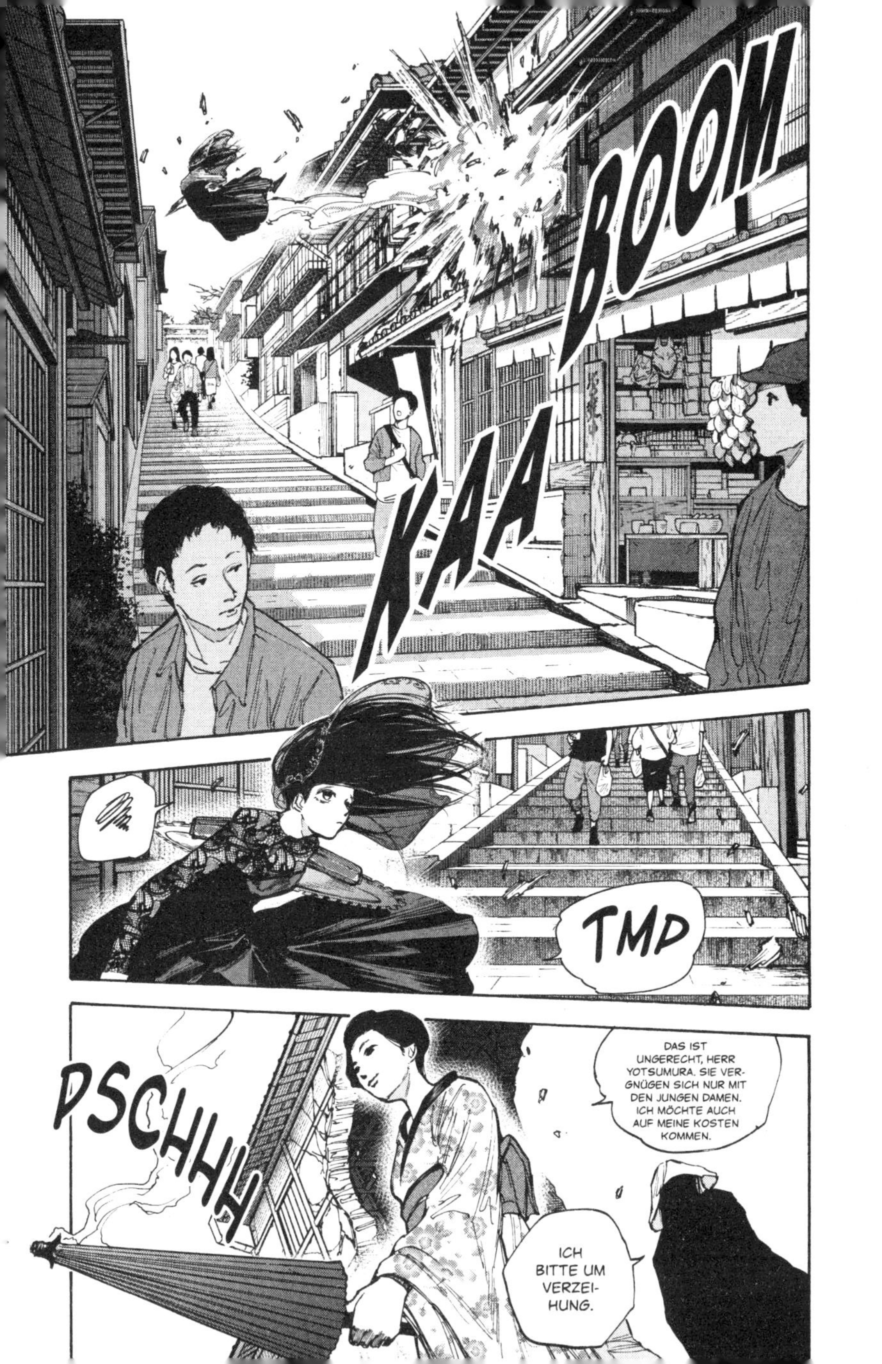
KAA
BOOM
TMD
DSCHHH
DAS IST UNGERECHT, HERR YOTSUMURA. SIE VERGNÜGEN SICH NUR MIT DEN JUNGEN DAMEN. ICH MÖCHTE AUCH AUF MEINE KOSTEN KOMMEN.
ICH BITTE UM VERZEIHUNG.

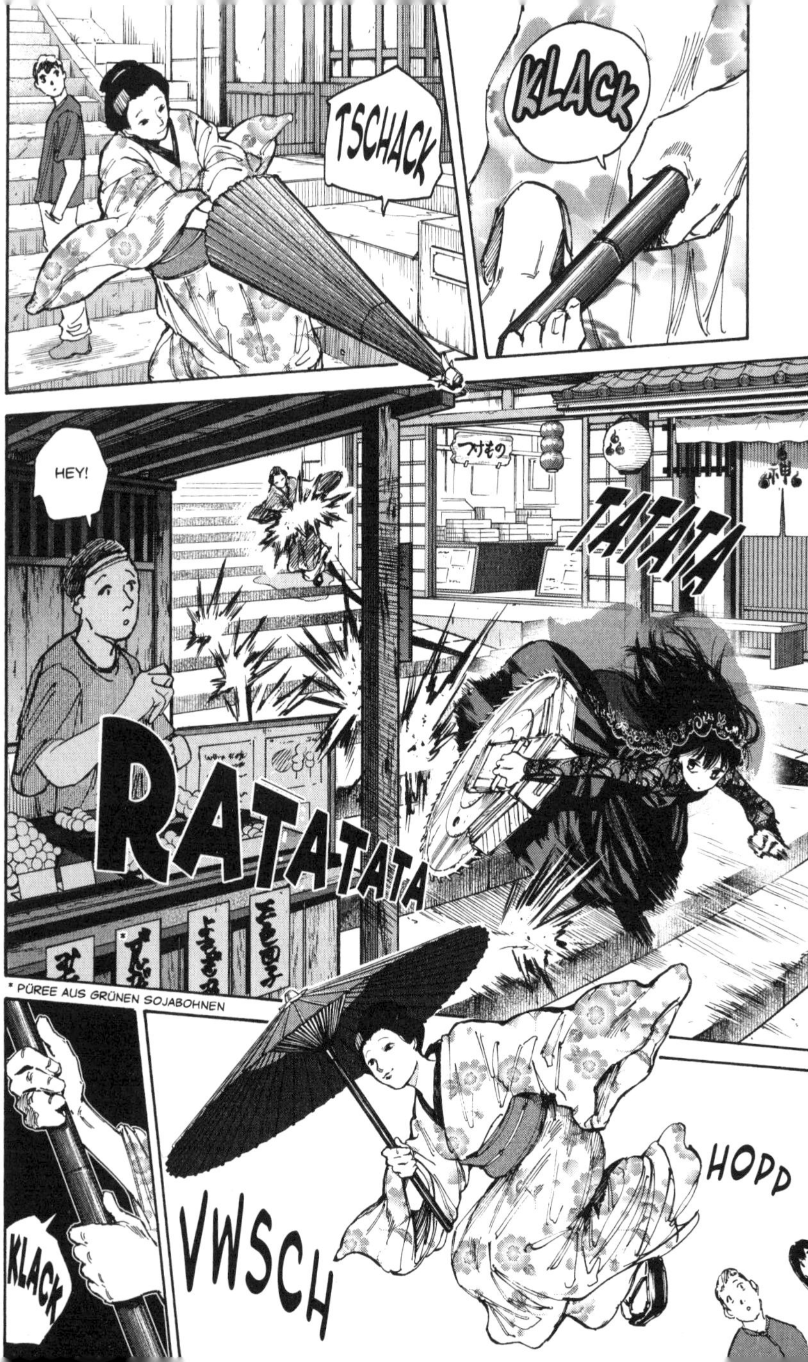
KLACK
TSCHACK
HEY!
TATATA
RATATATA
つけもの
* PÜREE AUS GRÜNEN SOJABOHNEN
HOPP
VWSCH
KLACK

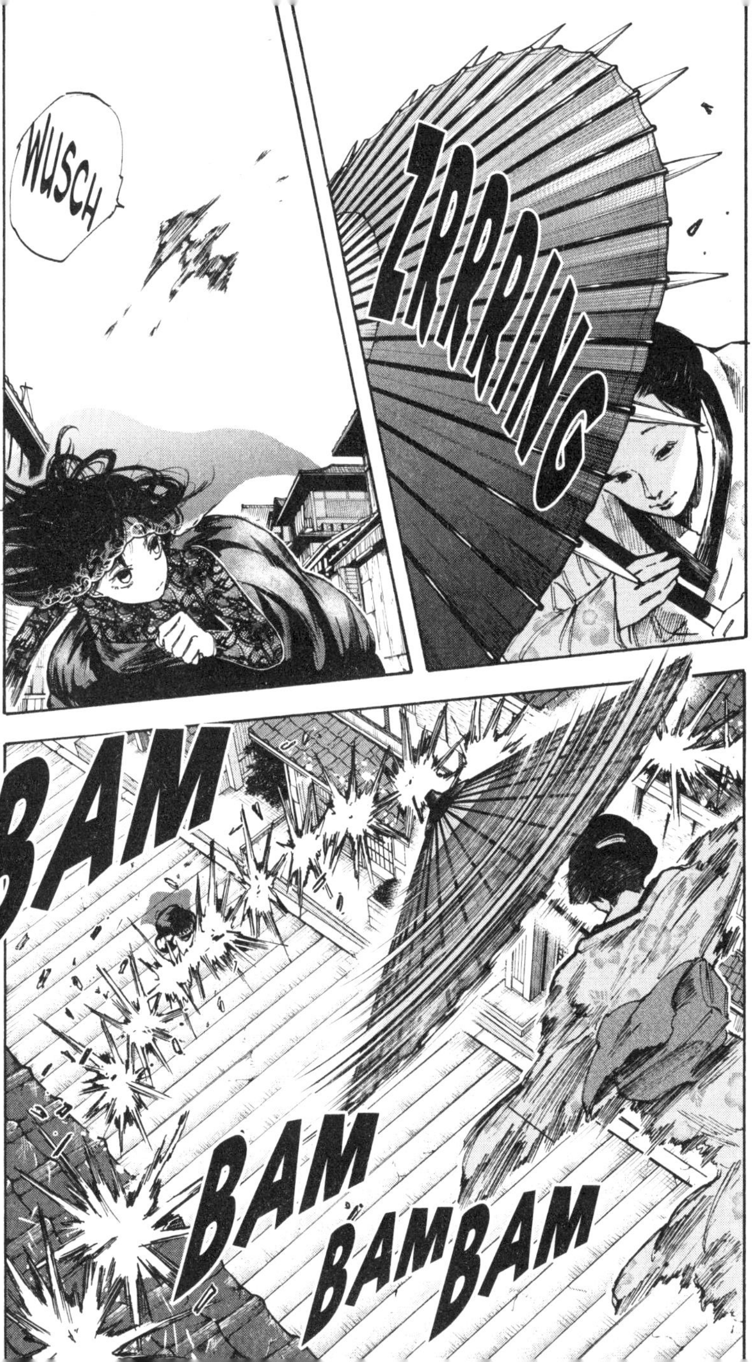

ZRRRING
WUSCH
BAM
BAM
BAM BAM BAM

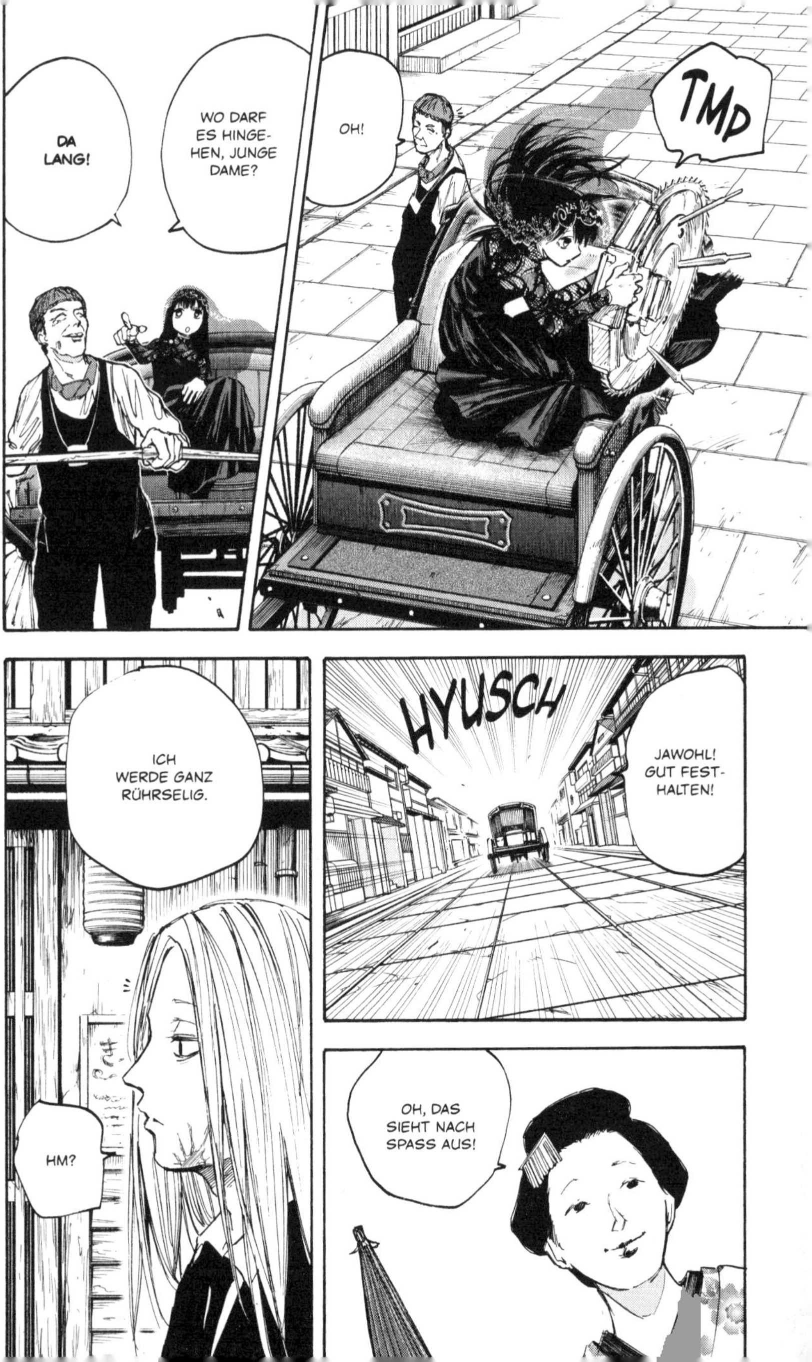
TMP
OH!
WO DARF ES HINGEHEN, JUNGE DAME?
DA LANG!
HYUSCH
JAWOHL! GUT FESTHALTEN!
ICH WERDE GANZ RÜHRSELIG.
OH, DAS SIEHT NACH SPASS AUS!
HM?

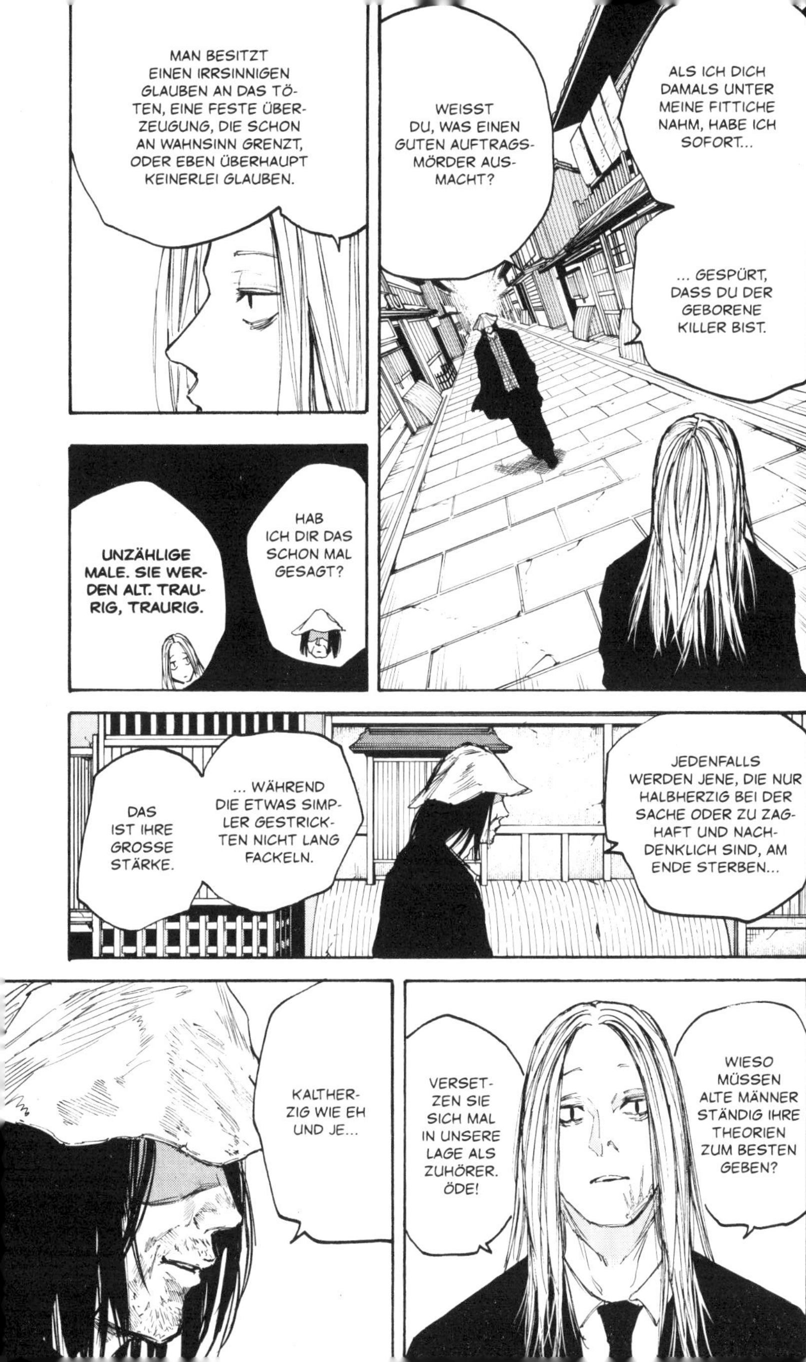
ALS ICH DICH DAMALS UNTER MEINE FITTICHE NAHM, HABE ICH SOFORT...
... GESPÜRT, DASS DU DER GEBORENE KILLER BIST.
WEISST DU, WAS EINEN GUTEN AUFTRAGS-MÖRDER AUS-MACHT?
MAN BESITZT EINEN IRRSINNIGEN GLAUBEN AN DAS TÖ-TEN, EINE FESTE ÜBER-ZEUGUNG, DIE SCHON AN WAHNSINN GRENZT, ODER EBEN ÜBERHAUPT KEINERLEI GLAUBEN.
HAB ICH DIR DAS SCHON MAL GESAGT?
UNZÄHLIGE MALE. SIE WER-DEN ALT. TRAU-RIG, TRAURIG.
JEDENFALLS WERDEN JENE, DIE NUR HALBHERZIG BEI DER SACHE ODER ZU ZAG-HAFT UND NACH-DENKLICH SIND, AM ENDE STERBEN...
... WÄHREND DIE ETWAS SIMP-LER GESTRICK-TEN NICHT LANG FACKELN.
DAS IST IHRE GROSSE STÄRKE.
WIESO MÜSSEN ALTE MÄNNER STÄNDIG IHRE THEORIEN ZUM BESTEN GEBEN?
VERSET-ZEN SIE SICH MAL IN UNSERE LAGE ALS ZUHÖRER. ÖDE!
KALTHER-ZIG WIE EH UND JE...

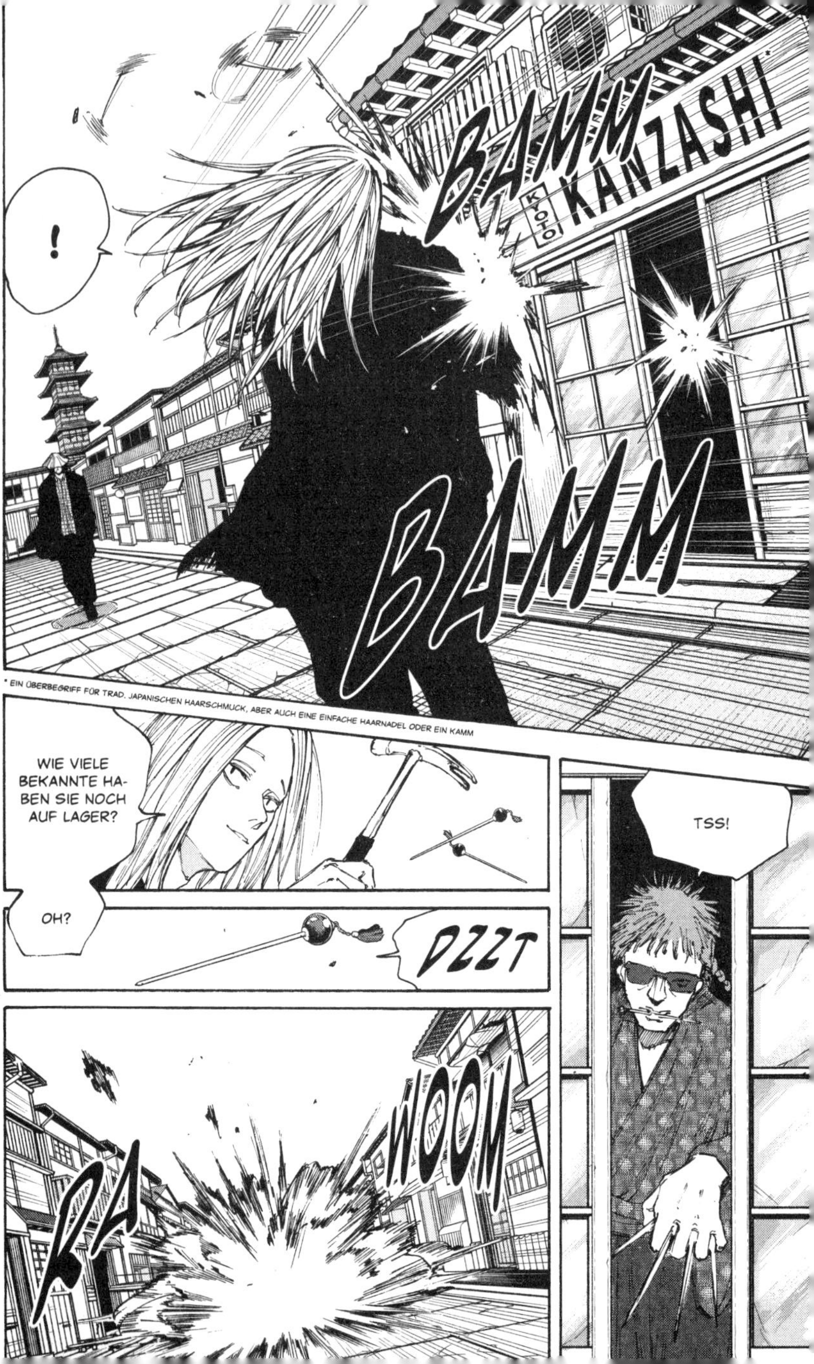

KYOTO KANZASHI*
BAMM
!
BAMM
* EIN ÜBERBEGRIFF FÜR TRAD. JAPANISCHEN HAARSCHMUCK, ABER AUCH EINE EINFACHE HAARNADEL ODER EIN KAMM
TSS!
WIE VIELE BEKANNTE HA-BEN SIE NOCH AUF LAGER?
OH?
DZZT
WOOM
RA

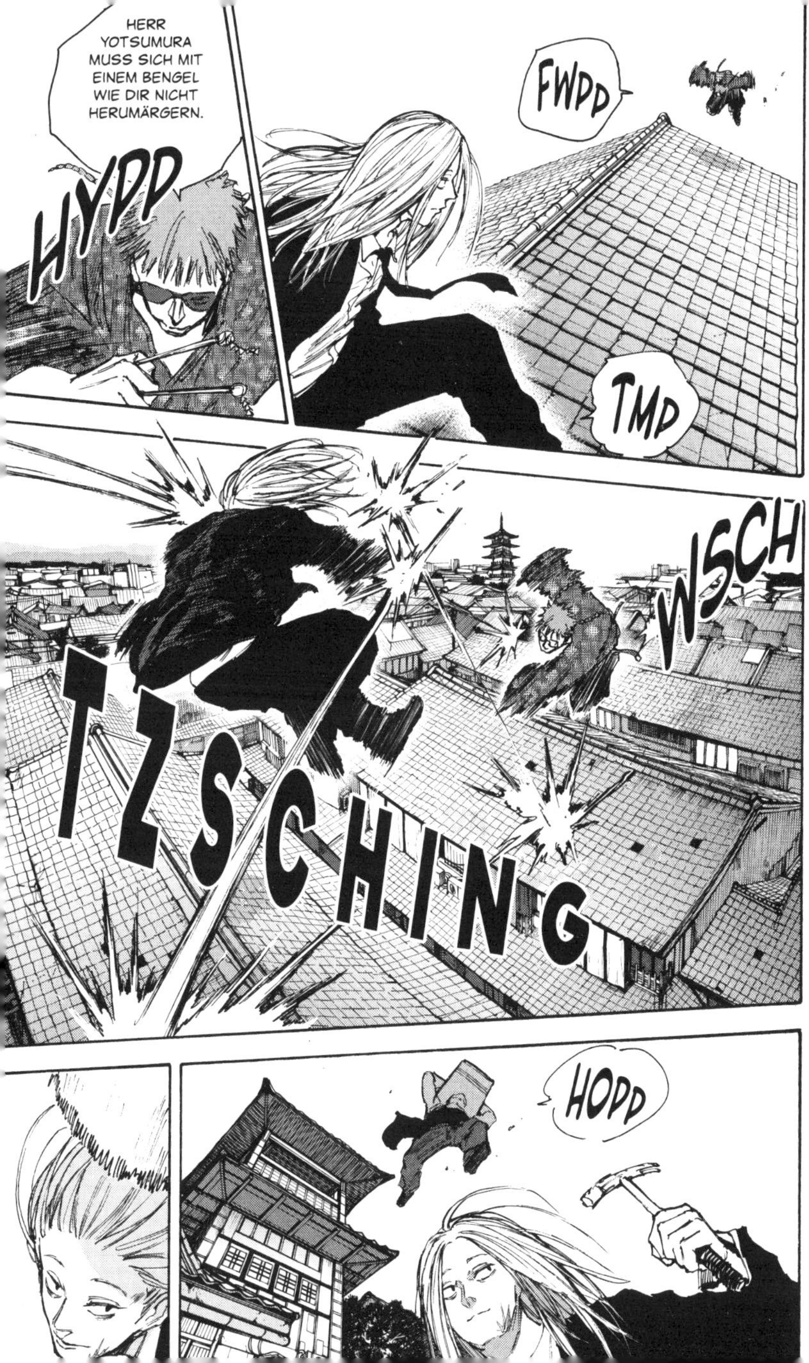

FWDD
HERR YOTSUMURA MUSS SICH MIT EINEM BENGEL WIE DIR NICHT HERUMÄRGERN.
HYDD
TMD
WSCH
TZSCHING
HODD

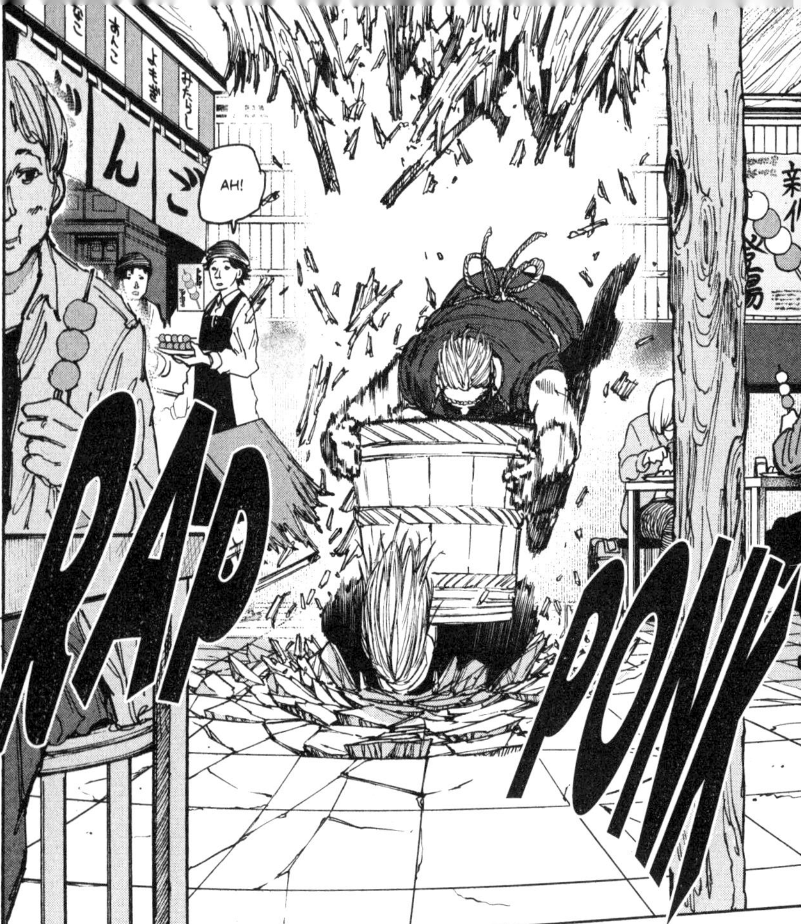

* DANGO

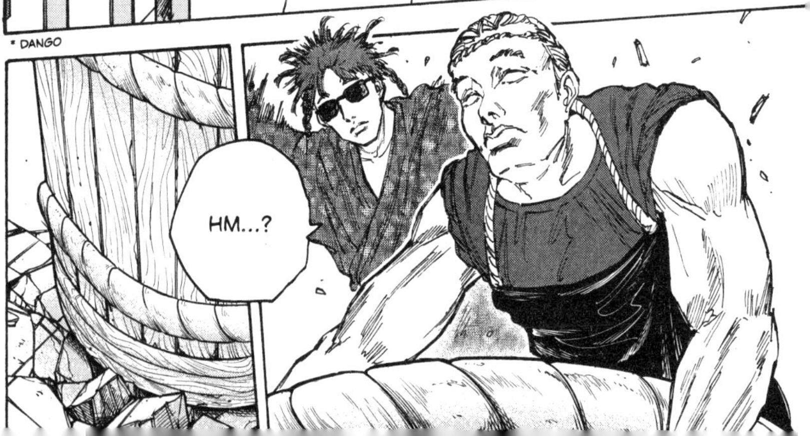

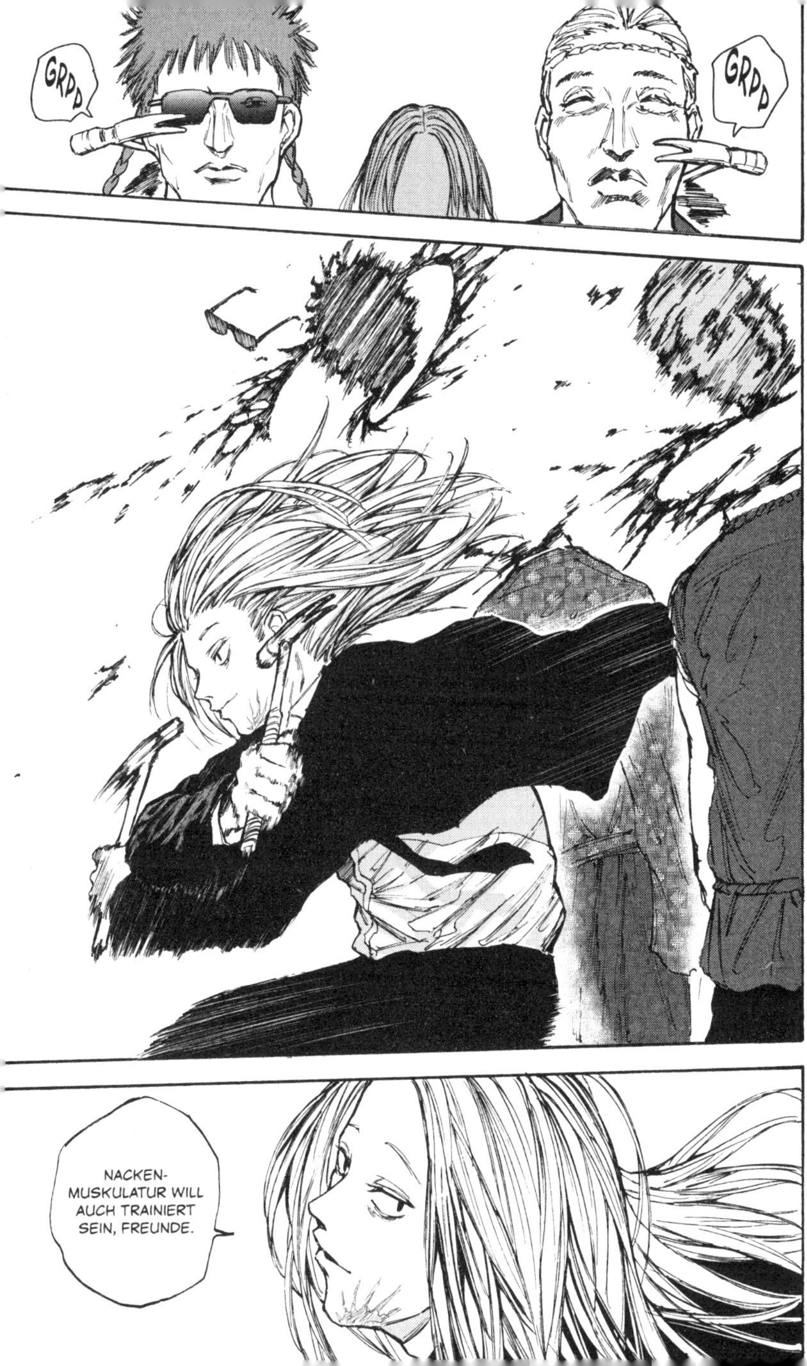
GRPD
GRPD
NACKEN-
MUSKULATUR WILL
AUCH TRAINIERT
SEIN, FREUNDE.

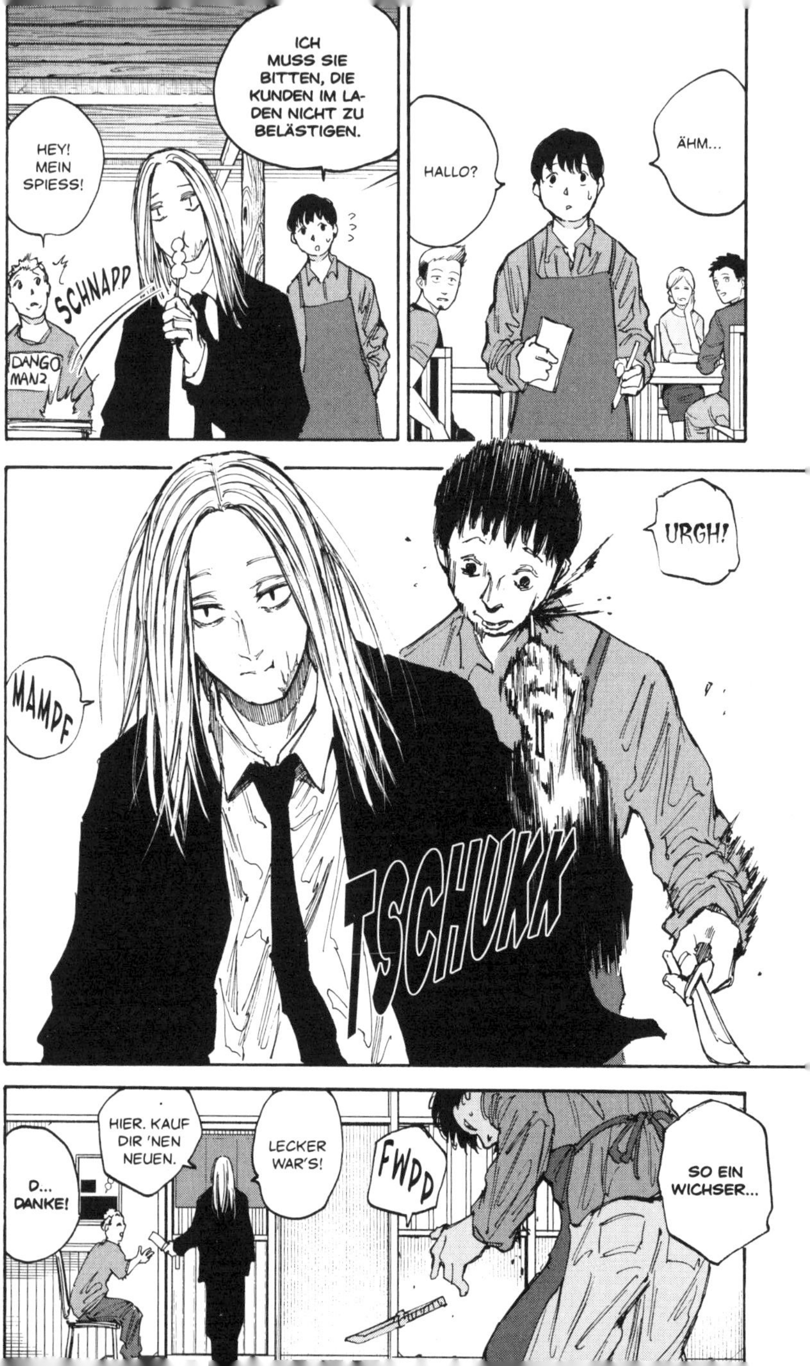
ÄHM...
HALLO?
ICH MUSS SIE BITTEN, DIE KUNDEN IM LADEN NICHT ZU BELÄSTIGEN.
HEY! MEIN SPIESS!
SCHNAPP
DANGO MAN2
URGH!
TSCHUKK
MAMPF
SO EIN WICHSER...
FWPP
LECKER WAR'S!
HIER. KAUF DIR 'NEN NEUEN.
D... DANKE!

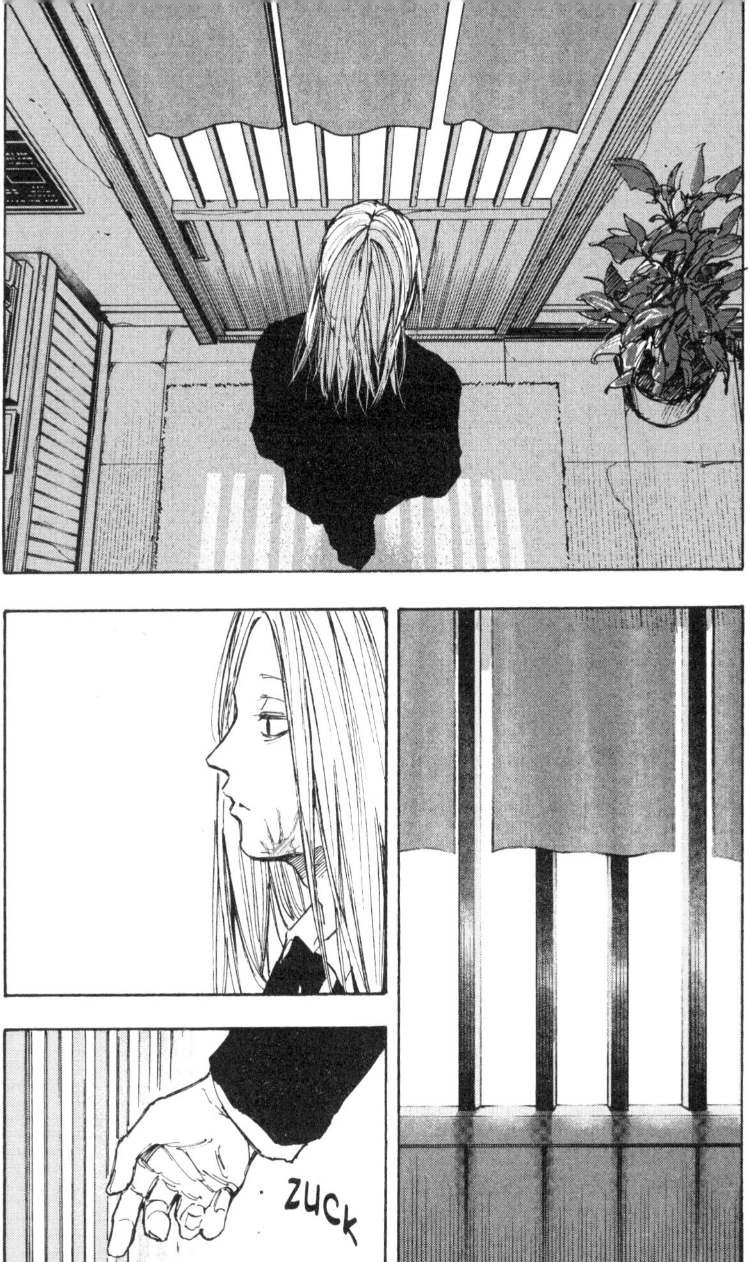
zuck

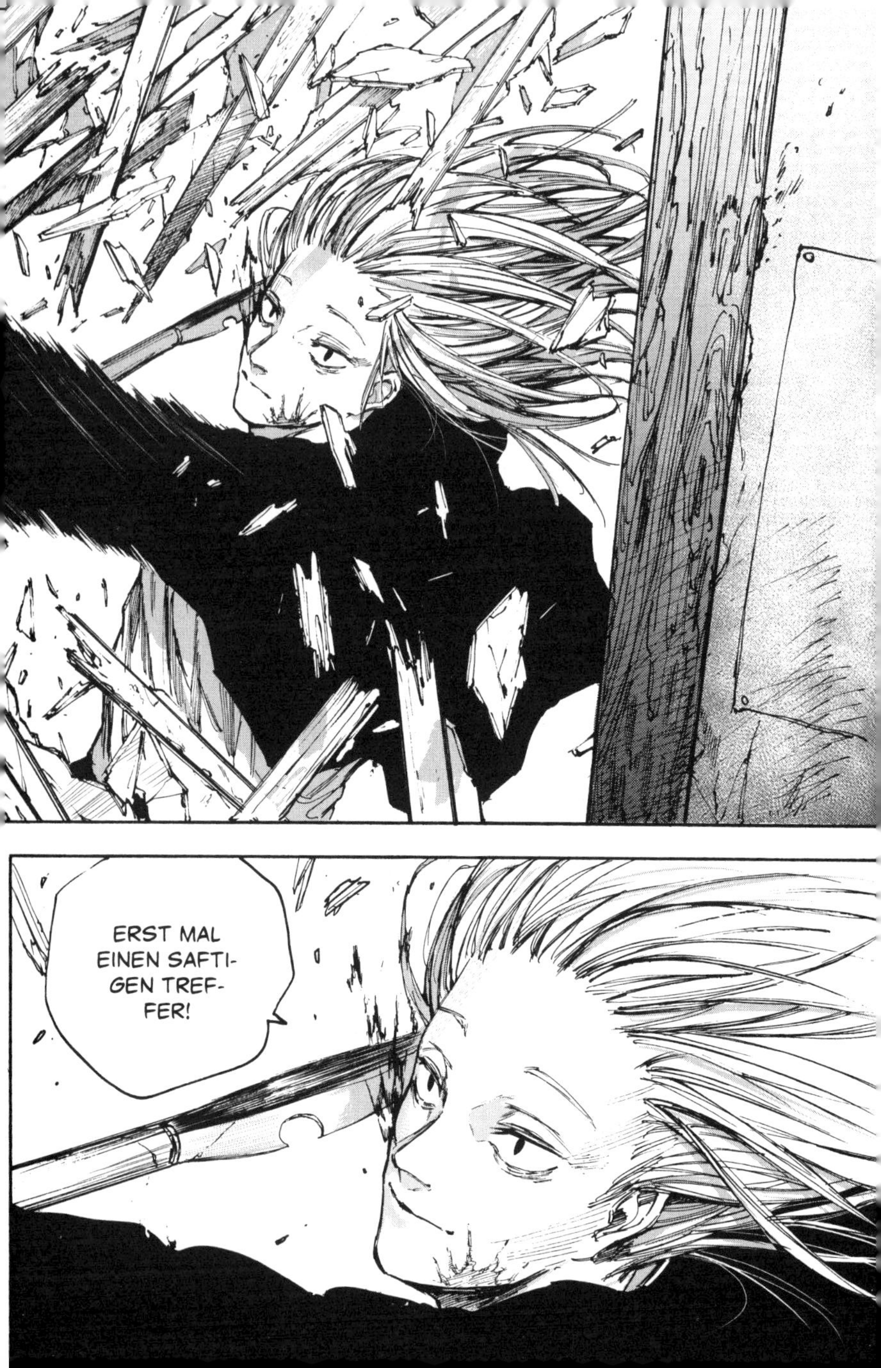
ERST MAL EINEN SAFTI-GEN TREFF-FER!

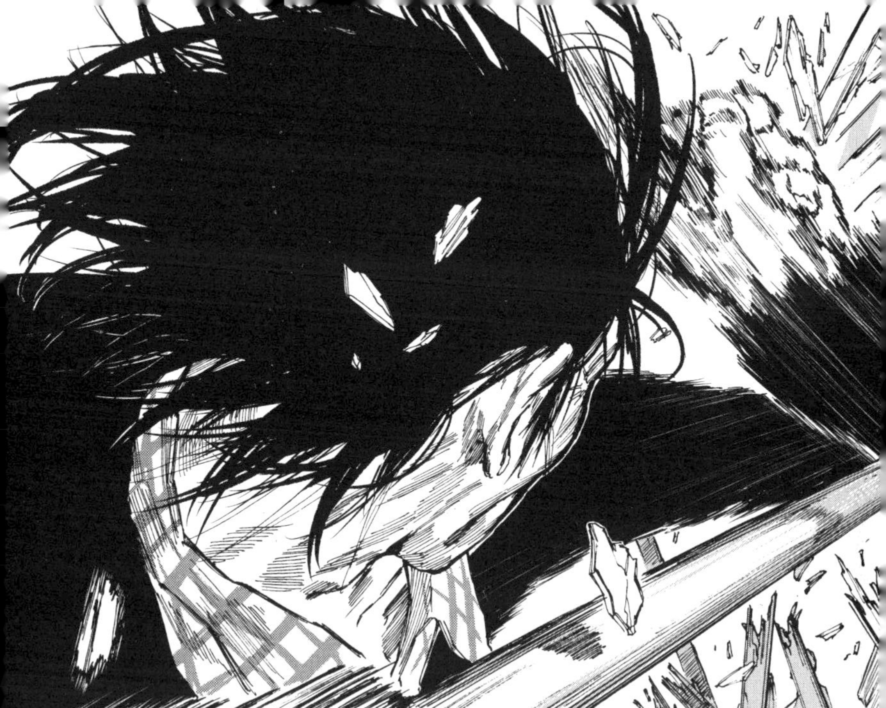

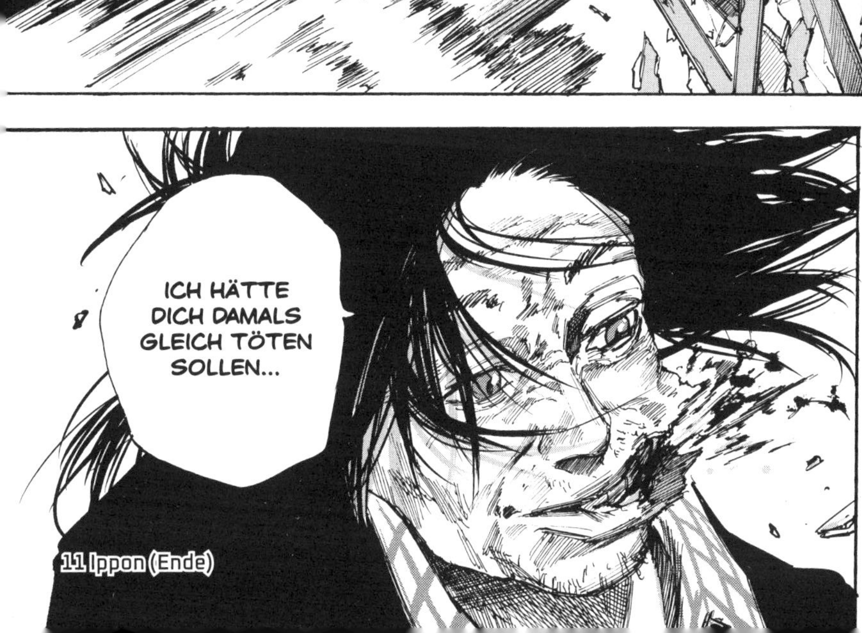

11 Ippon (Ende)

Erste Umfrage zu den beliebtesten Charakteren **Die Ergebnisse!!**

1. Platz Shin 12.138 Votes
2. Platz Nagumo 10.800 Votes
3. Platz Osaragi 6.689 Votes
4. Platz Shishiba 5.591 Votes
5. Platz Sakamoto 4.182 Votes
6. Platz Natsuki Seba
7. Platz Akira
8. Platz Takamura
9. Platz Gaku
10. Platz Heisuke
11. Platz Mafuyu Seba
12. Platz Slur
13. Platz Frau Satoda
14. Platz Rion
15. Platz Lu

Insgesamt haben wir 71.357 Stimmen ausgezählt! Vielen Dank, dass ihr so fleißig gevotet habt!

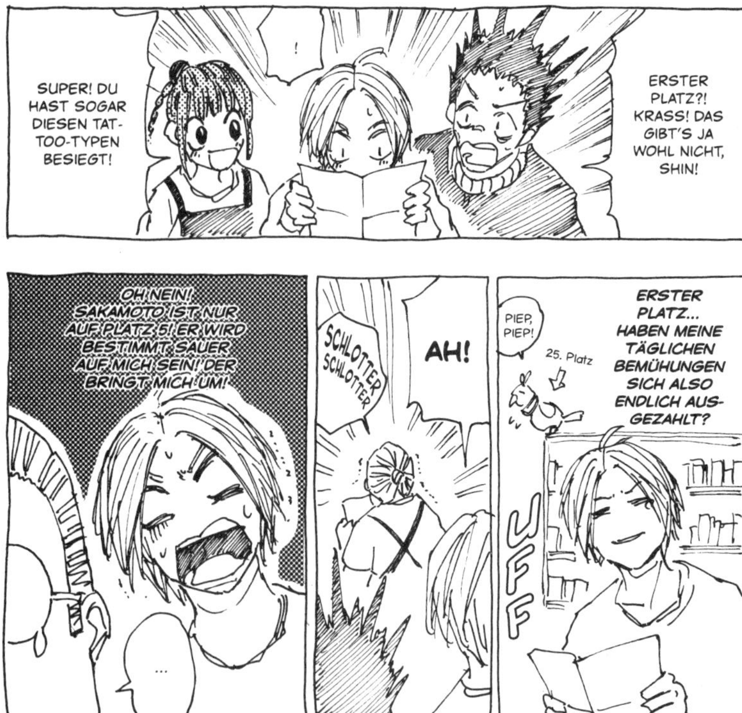

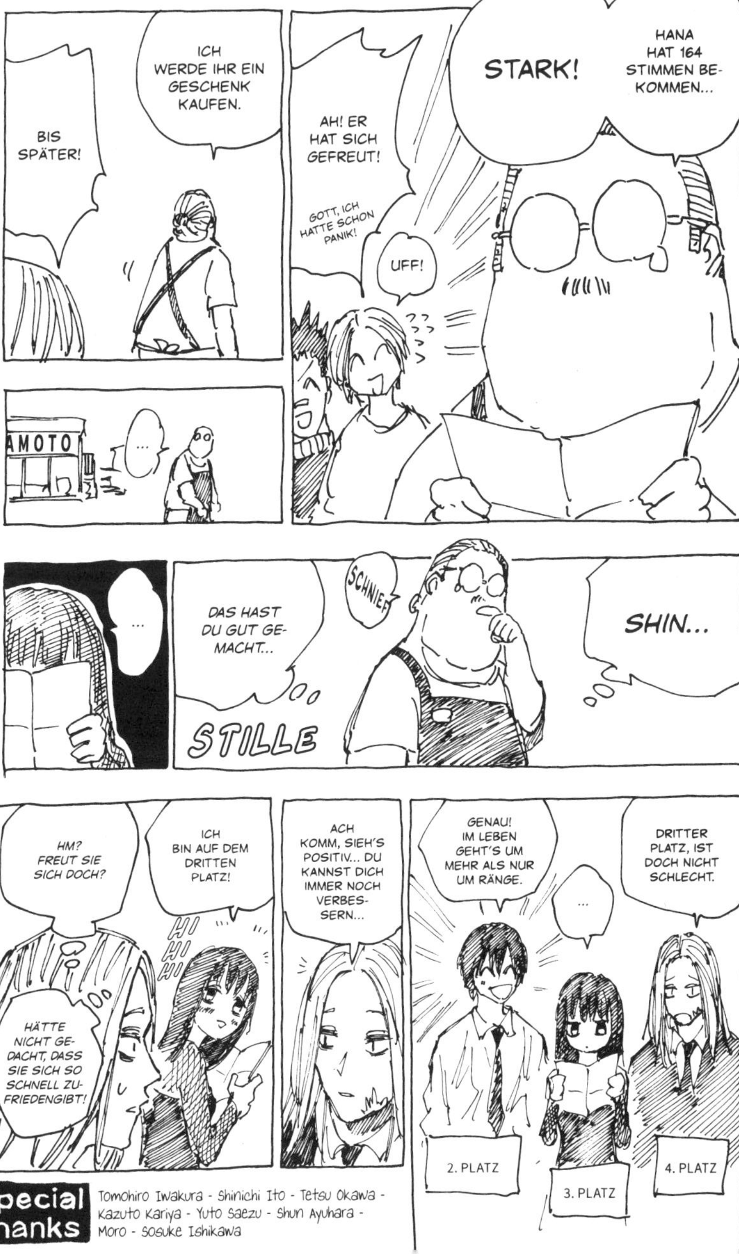

special thanks Tomohiro Iwakura - Shinichi Ito - Tetsu Okawa - Kazuto Kariya - Yuto Saezu - Shun Ayuhara - Moro - Sosuke Ishikawa

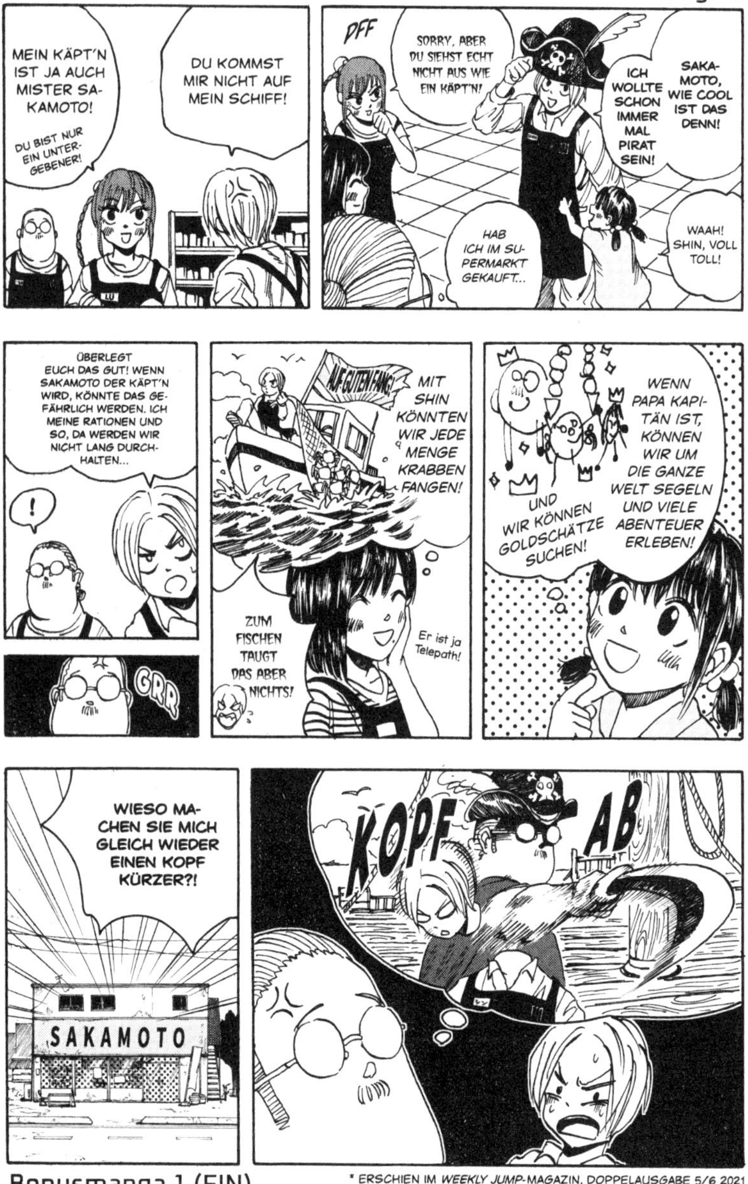

Bonusmanga 1 (FIN)

* ERSCHIEN IM *WEEKLY JUMP*-MAGAZIN, DOPPELAUSGABE 5/6 2021

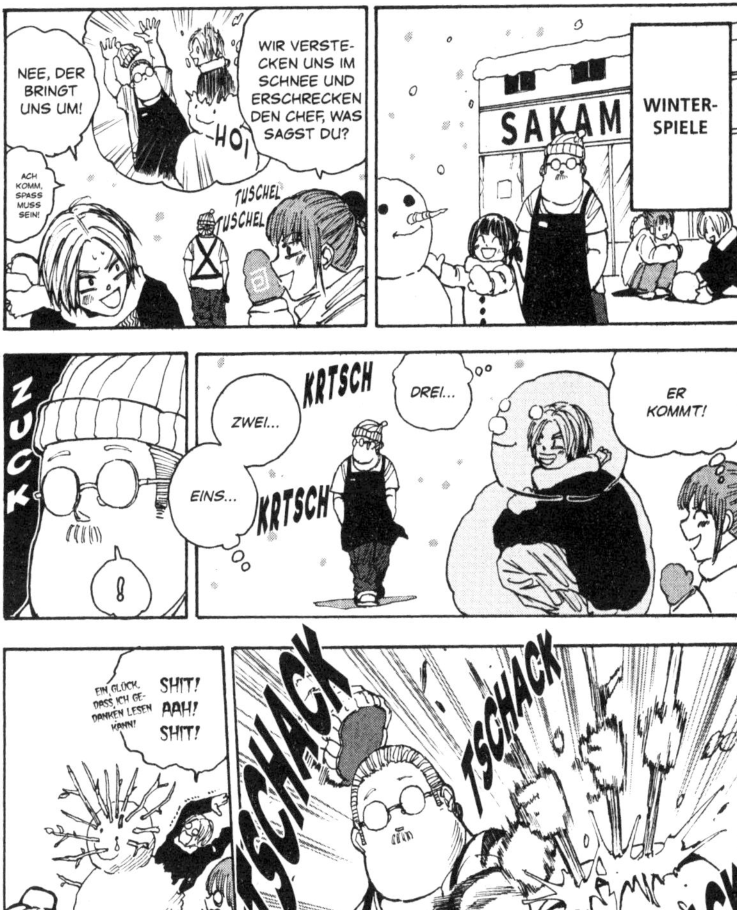

Bonusmanga 2 (FIN)

* ERSCHIEN IM *WEEKLY JUMP*-MAGAZIN, DOPPELAUSGABE 5/6 2022

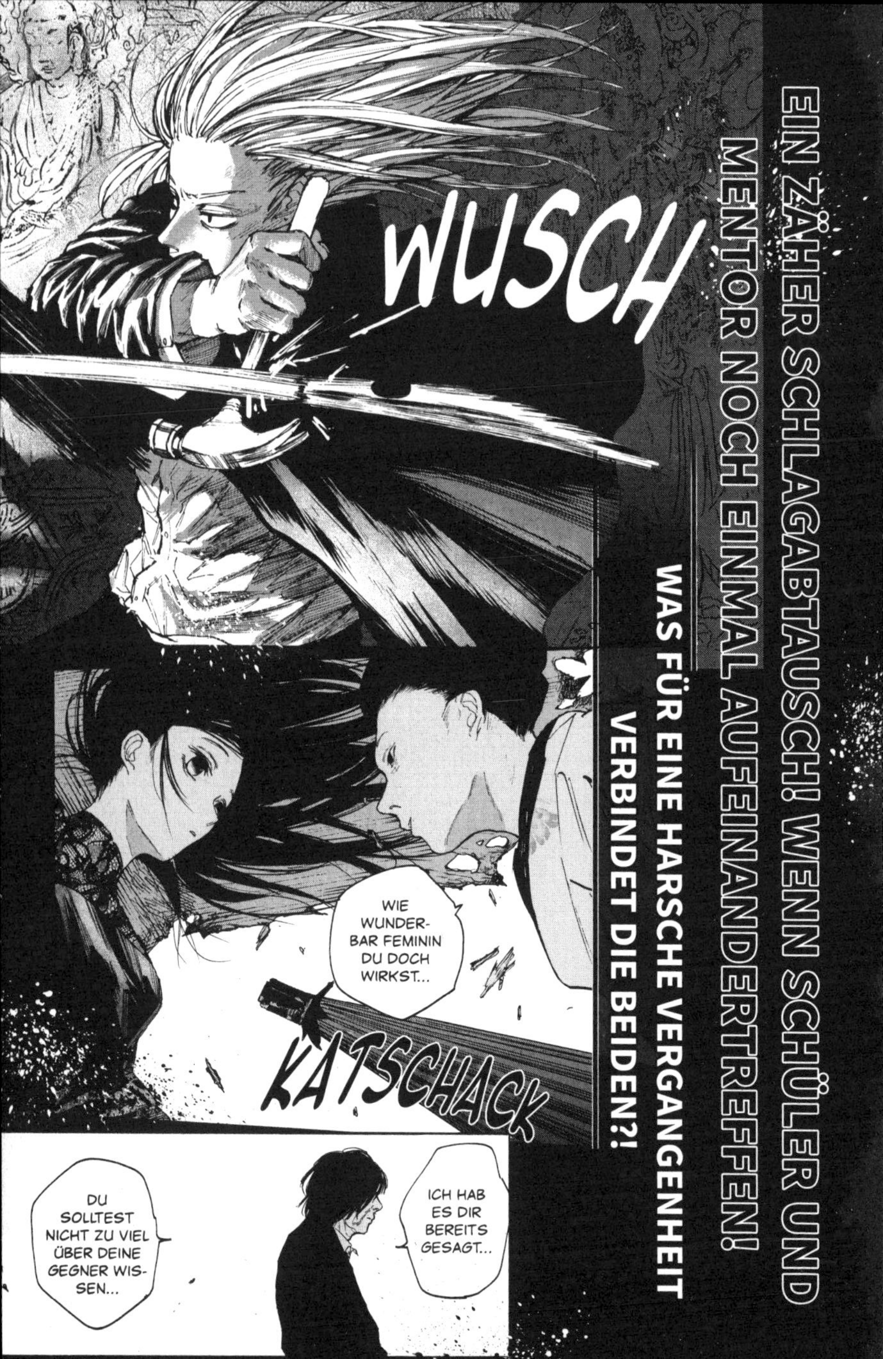
EIN ZÄHER SCHLAGABTAUSCH! WENN SCHÜLER UND MENTOR NOCH EINMAL AUFEINANDERTREFFEN!
WAS FÜR EINE HARSCHE VERGANGENHEIT VERBINDET DIE BEIDEN?!
WUSCH
WIE WUNDER-BAR FEMININ DU DOCH WIRKST...
KATSCHACK
ICH HAB ES DIR BEREITS GESAGT...
DU SOLLTEST NICHT ZU VIEL ÜBER DEINE GEGNER WIS-SEN...

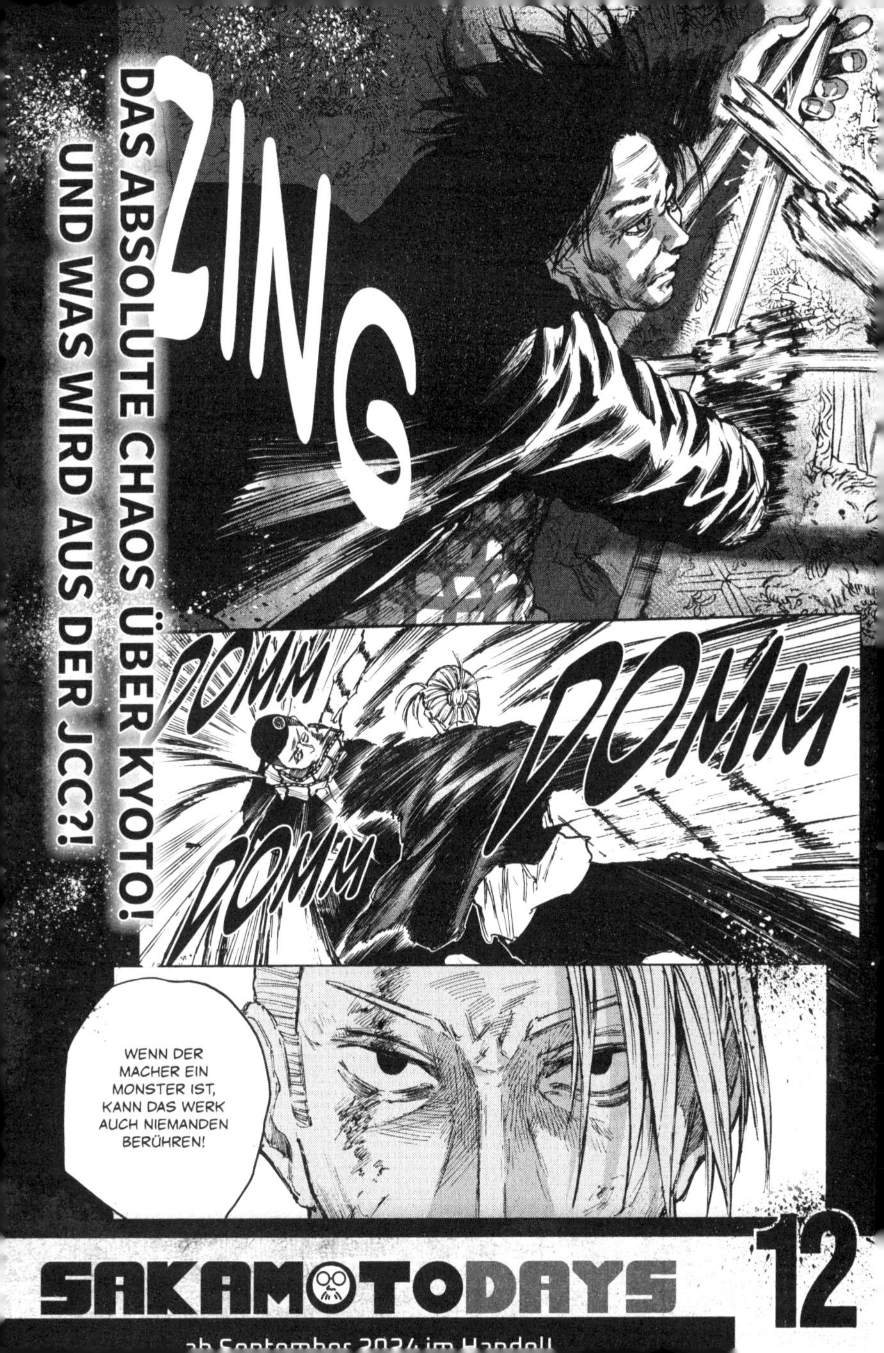

DAS ABSOLUTE CHAOS ÜBER KYOTO!
UND WAS WIRD AUS DER JCC?!
ZING
DOMM
DOMM
DOMM
WENN DER MACHER EIN MONSTER IST, KANN DAS WERK AUCH NIEMANDEN BERÜHREN!
SAKAMOTO DAYS 12
ab September 2024 im Handel!

SAKAMOTO DAYS

SAKAMOTO DAYS

SAKAMOTO DAYS

SAKAMOTO
DAYS

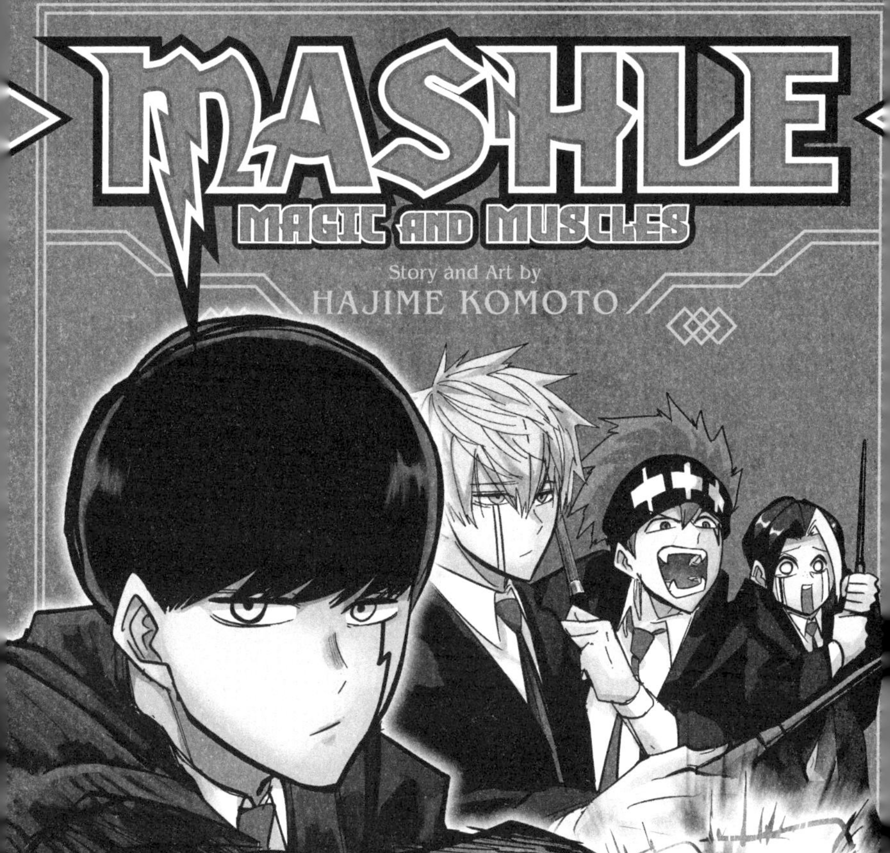

MAGIE IST GUT – MUSKELN SIND BESSER!

Im Reich der Magie wird der soziale Status durch die magischen Fähigkeiten bestimmt. Doch tief im Wald lebt Mash Burnedead, ein junger Mann, der seine gesamte Zeit damit verbringt, seinen Körper zu stählen. Er kann keine Magie benutzen, genießt jedoch ein friedliches Leben mit seinem Vater. Als das herauskommt, geraten beide in Gefahr. Die einzige Lösung: Mash wird in der Magieschule eingeschrieben, wo er die magische Konkurrenz schlagen muss! Wird sich Mash ohne einen Funken Magie und durch reine Muskelkraft einen Weg an die Spitze bahnen können?

CARLSEN MANGA!
www.carlsenmanga.de
carlsen_manga
carlsenmanga

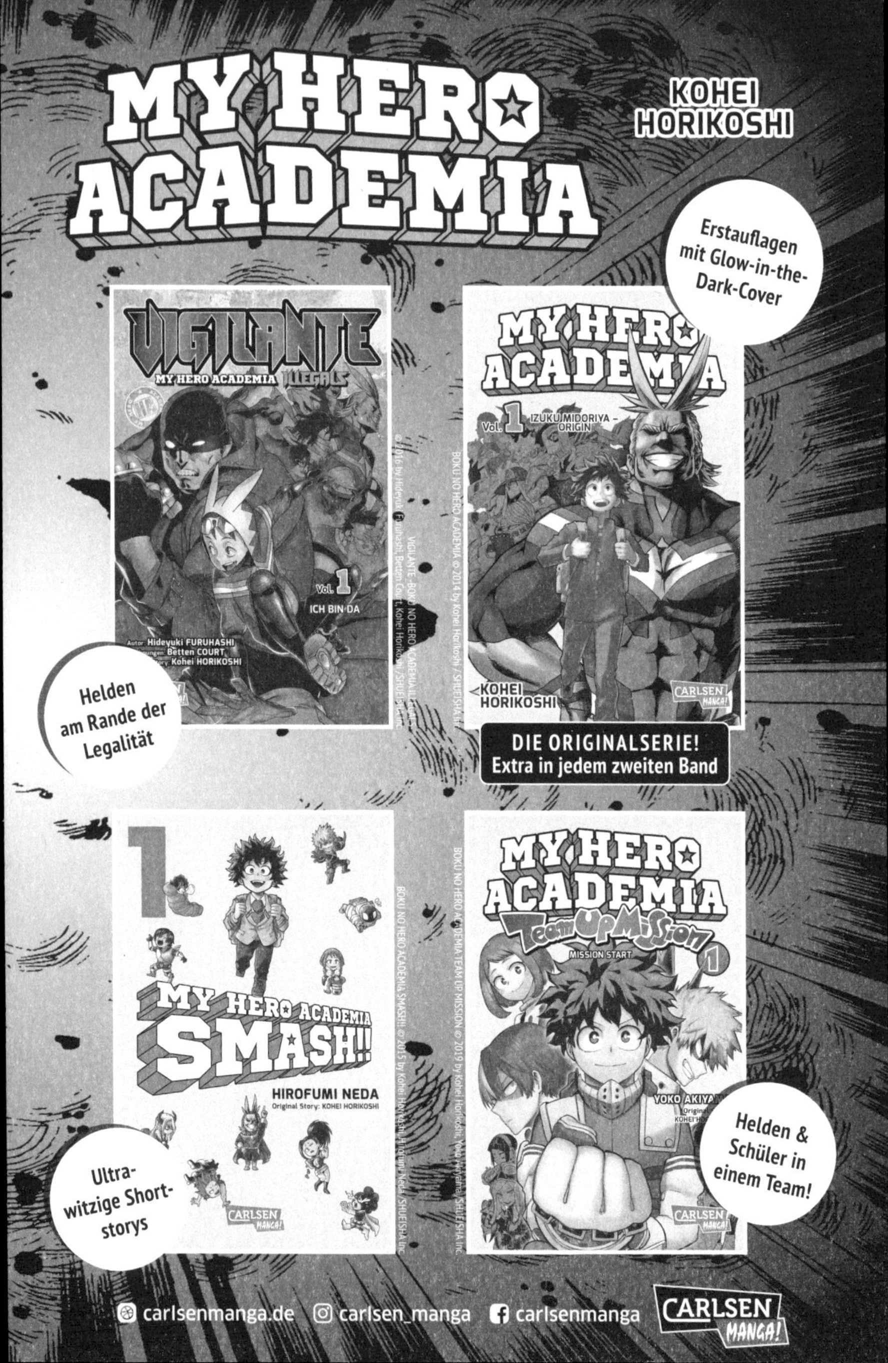
MY HERO ACADEMIA
KOHEI HORIKOSHI
Erstauflagen mit Glow-in-the-Dark-Cover
VIGILANTE
MY HERO ACADEMIA ILLEGALS
Vol. 1
ICH BIN DA
Hideyuki FURUHASHI
Betten COURT
Kohei HORIKOSHI
Helden am Rande der Legalität
VIGILANTE -BOKU NO HERO ACADEMIA ILLEGALS- © 2016 by Hideyuki Furuhashi, Betten Court, Kohei Horikoshi / SHUEISHA Inc.
MY HERO ACADEMIA
Vol. 1 IZUKU MIDORIYA - ORIGIN
KOHEI HORIKOSHI
CARLSEN MANGA!
BOKU NO HERO ACADEMIA © 2014 by Kohei Horikoshi / SHUEISHA Inc.
DIE ORIGINALSERIE!
Extra in jedem zweiten Band
1
MY HERO ACADEMIA SMASH!!
HIROFUMI NEDA
Original Story: KOHEI HORIKOSHI
CARLSEN MANGA!
Ultra-witzige Short-storys
BOKU NO HERO ACADEMIA SMASH!! © 2015 by Kohei Horikoshi, Hirofumi Neda / SHUEISHA Inc.
MY HERO ACADEMIA
Team Up Mission
MISSION START
1
CARLSEN MANGA!
Helden & Schüler in einem Team!
BOKU NO HERO ACADEMIA TEAM UP MISSION © 2019 by Kohei Horikoshi, Yoko Akiyama / SHUEISHA Inc.
carlsenmanga.de
carlsen_manga
carlsenmanga
CARLSEN MANGA!

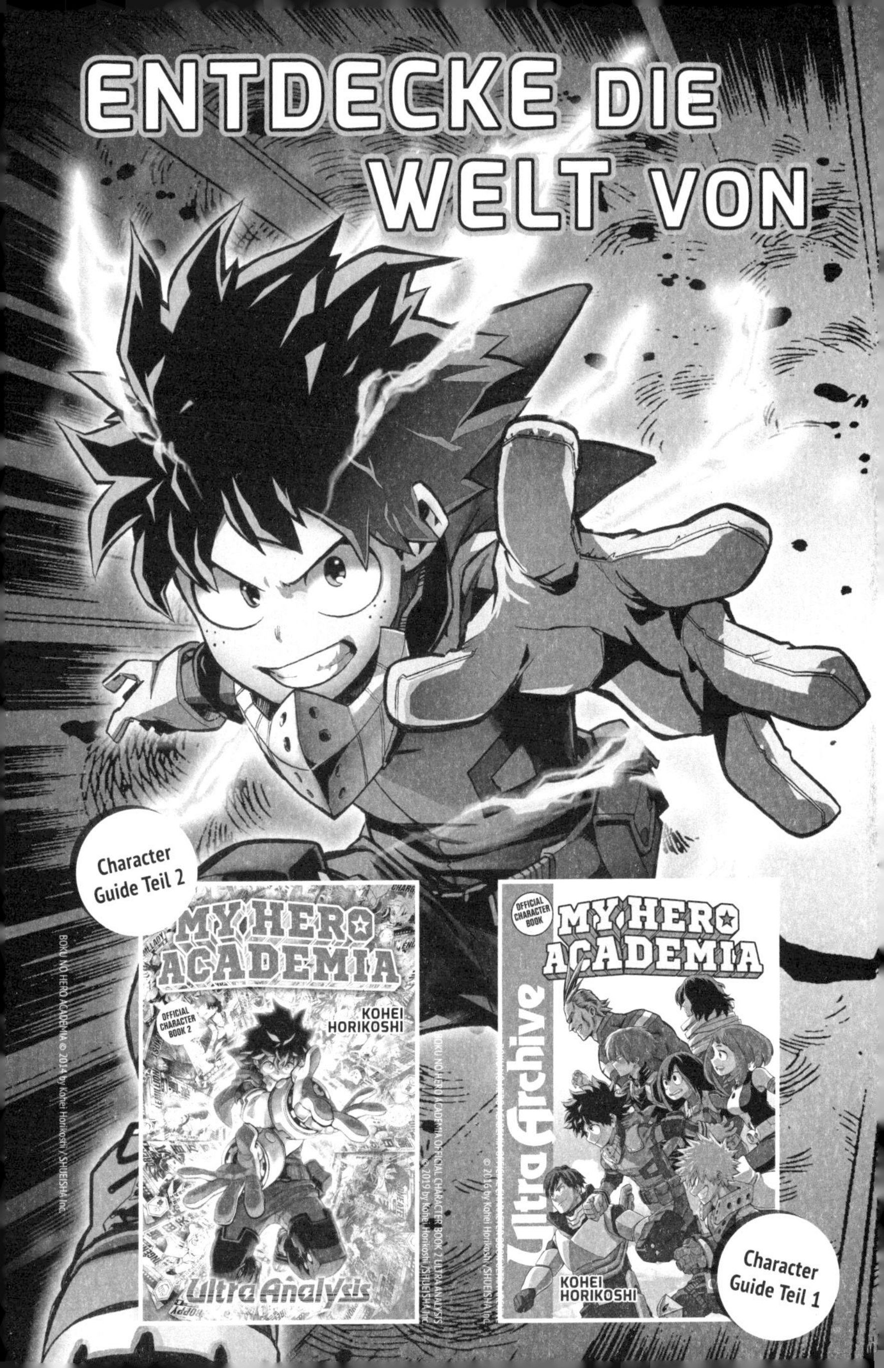
ENTDECKE DIE
WELT VON
Character
Guide Teil 2
MY HERO
ACADEMIA
OFFICIAL
CHARACTER
BOOK 2
KOHEI
HORIKOSHI
Ultra Analysis
OFFICIAL
CHARACTER
BOOK
MY HERO
ACADEMIA
Ultra Archive
KOHEI
HORIKOSHI
Character
Guide Teil 1
BOKU NO HERO ACADEMIA © 2014 by Kohei Horikoshi / SHUEISHA Inc.
BOKU NO HERO ACADEMIA OFFICIAL CHARACTER BOOK 2 ULTRA ANALYSIS © 2019 by Kohei Horikoshi / SHUEISHA Inc.
© 2016 by Kohei Horikoshi / SHUEISHA Inc.

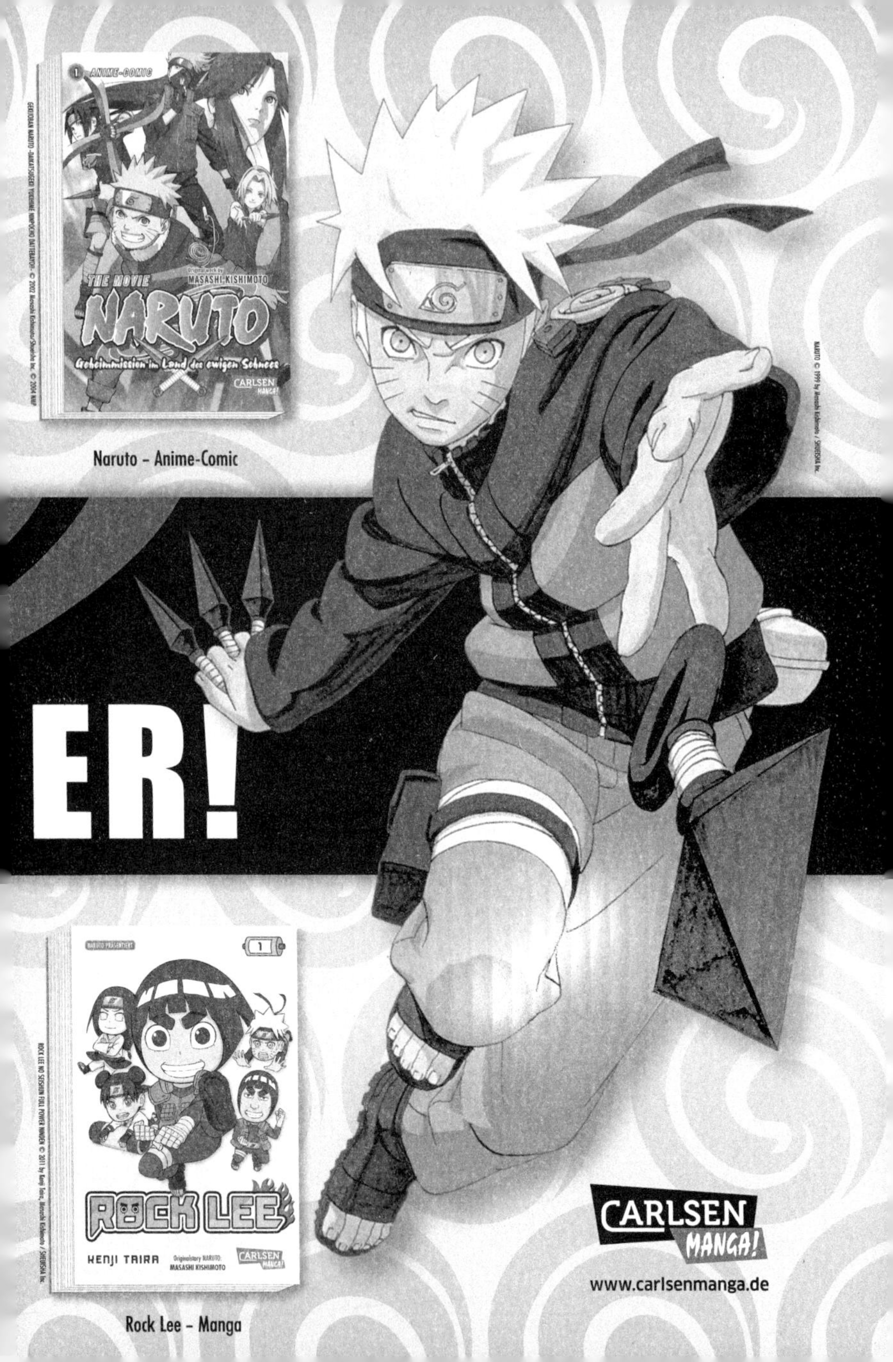
1 ANIME-COMIC
THE MOVIE
NARUTO
Geheimmission im Land des ewigen Schnees
Original work by MASASHI KISHIMOTO
CARLSEN MANGA!
Naruto – Anime-Comic
ER!
NARUTO © 1999 by Masashi Kishimoto / SHUEISHA Inc.
NARUTO PRÄSENTIERT
1
ROCK LEE
KENJI TAIRA
Originalstory NARUTO: MASASHI KISHIMOTO
CARLSEN MANGA!
Rock Lee – Manga
CARLSEN MANGA!
www.carlsenmanga.de

STOPP

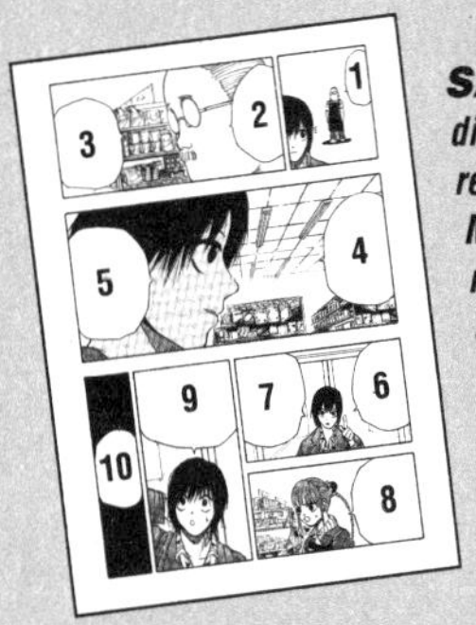

***SAKAMOTO DAYS** ist eine japanische Serie, die originalgetreu von »hinten« nach »vorne« und von rechts nach links gelesen wird. Man muss diesen Manga also »hinten« aufschlagen und Seite für Seite nach »vorn« weiterblättern. Auch die Bilder auf jeder Seite und die Sprechblasen innerhalb der Bilder werden von rechts oben nach links unten gelesen, so wie in der Grafik gezeigt.*

Ultimative Action mit dem besten Profikiller der Welt!

Bei Fragen zum Produkt: carlsen.de/kontakt

Carlsen Manga! News – jeden Monat neu per E-Mail!
www.carlsenmanga.de • www.carlsen.de

CARLSEN MANGA
Deutsche Ausgabe/German Edition

Völckersstr. 14–20 • 22765 Hamburg
Aus dem Japanischen von Martin Gericke

First published in Japan in 2020 by SHUEISHA Inc., Tokyo.
German translation rights in Germany, Austria, Luxembourg and German-speaking Switzerland arranged by SHUEISHA Inc. through VME PLB SAS, France.
Redaktion: Anne Berling • Textbearbeitung: Rebecca Richards
Lettering: Datagrafix • Produktionsmanagerin: Karen Kollmetz
 • ISBN: 978-3-551-78270-0

MIX
Papier | Fördert gute Waldnutzung
FSC® C083411